让 我 们 一 起 追 寻

**THE COLD WAR**
Copyright ©2005 John Lewis Gaddis
All rights reserved.

〔美〕约翰·刘易斯·加迪斯（John Lewis Gaddis）/ 著

翟强 张静 / 译

# 冷 战 The Cold War: A New History

社会科学文献出版社
SOCIAL SCIENCES ACADEMIC PRESS (CHINA)

谨以此书纪念乔治·凯南

1904 ~ 2005

# 前　言

　　每个秋季学期的星期一和星期三下午，我都要给耶鲁大学的几百名本科生讲授冷战的历史。我在讲课时，不得不提醒自己：这些学生都不记得我所叙述的事件。对于我的学生而言，我所提到的那些人物，斯大林和杜鲁门，甚至是里根和戈尔巴乔夫，都像拿破仑、恺撒和亚历山大大帝一样那么遥远。比如，当柏林墙被推倒时，2005届绝大多数学生还只有五岁。他们知道，冷战以不同的方式影响了他们的生活，因为他们曾经被告知冷战是如何影响他们的家庭的。他们中间有些人——但绝不是所有的人——知道，如果在冷战的几个关键时刻，政策决定是以不同的方式做出的话，他们可能不会来到这个世界上。但是，我的学生在选修我的课时，对于冷战是如何开始的，冷战的目的是什么，冷战为什么是以那样的方式结束等此类问题，一无所知。对于我的学生而言，冷战就是历史，就像古希腊的伯罗奔尼撒战争是历史一样。

　　但是，当我的学生在学习了那场主导20世纪后半叶的大对抗以后，他们中间的绝大多数人都对冷战表现出极大的兴趣，不少人对冷战中的对抗表示震惊。有些学生在听了古巴导弹危机的课后，是浑身颤抖着离开教室的。"妈呀！"他们惊呼（有的同学还用了更粗俗的词汇）。"我真不知道人类会离自我毁灭如此得近！"他们会异口同声地说："太不可思议了。"对于这些在冷战以后的年代长大的年轻人来说，冷战既遥远又危险。

他们会问：既然我们现在知道苏联是一个虚弱的、虚张声势的和昙花一现的国家，但是为什么在冷战中人们会那么害怕这样一个国家？他们自己思考并问我：我们是如何从冷战中生存下来的？

我写这本书的目的，既是为了回答学生们的上述问题，也是回应学生们常问我的一个具体问题，这个问题没有那么深奥。他们注意到，我过去写过好几本有关冷战史的书，我还经常指定他们读其中一本，那本书用了近 300 页的篇幅分析冷战，但也只讨论到 1962 年的事件为止。有的学生客气地问我："你能不能用少一点的篇幅讨论更长的冷战年代？"这是一个合情合理的问题。我的出版代理人安德鲁·惠利是个很有说服力的人，他也和我的学生有同样的想法。他建议我写一本简明扼要、面面俱到、通俗易懂的冷战史。

这个建议也是以婉转的方式告诉我：我以前写的几本有关冷战史的书，没能做到简明扼要、面面俱到、通俗易懂。我的太太也认为写一本简明的冷战史是一个好主意。对于我来说，学生的建议，我的代理人的建议，我太太的建议，都很重要，我应该写一本简明的冷战史。

因此，《冷战》这本书主要是为新一代读者写的，冷战对他们来说绝不是"目前的事件"。我也希望那些经历过冷战的读者会发现这本书有用，因为马克思〔我指的是格鲁科·马克思（Groucho Marx），不是卡尔·马克思〕曾说过："除了狗以外，书是人类最好的朋友；而在狗肚子内，太黑，没法看书。"当冷战还在进行时，人们很难搞清楚究竟发生了什么事情。现在冷战已经结束，苏联、东欧和中国的档案已经开始开放，我们现在对冷战知道得更多了；事实上，我们现在对冷战的历史知道的那么多，以至于很容易被我们所掌握的知识淹没。这也是促使我写这本冷战简史的另一个原因。如何看待我们现在所知道的大量有关冷战的新事实？我想用已故的耶鲁同事罗宾·温克斯（Robin Winks）常讲的一句名言作为我的写作指南，这句名言是："意义在哪里？"

再说几句本书并不想达到的目的：第一，这本书不是一个基于档案研究的原创著作，冷战史学家会发现我这本书的内容很熟悉，部分原因是它吸收了他们的许多研究成果，部分原因是我重复了一些自己过去写过的东西。第二，这本书不想从冷战历史中寻找后冷战时期出现的各种现象（比如全球化、种族清洗、宗教极端主义、恐怖主义和信息革命）的根源。第三，本书无意对国际关系理论做出任何贡献，因为该领域本身已经麻烦重重了，不用我再去添乱。

如果我对冷战的总体解释能够为理解冷战中的各个具体事件指出一些新的认识角度的话，我将很高兴。一个使我印象深刻的新视角就是乐观主义，而人们往往并不把乐观主义和冷战联系在一起。我坚信，正是因为冷战是以那样一种方式进行的，正是因为冷战是以西方作为赢家而结束的，我们今天所处的世界才是一个更好的世界。今天，没有人担心发生一场世界大战，或独裁者会全面胜利，或人类文明本身行将结束这样的前景。但在冷战开始时，人们却没有这种乐观的态度，也就是说，他们当时非常担心发生一场新的世界大战、非常担心独裁者当道，以及非常担心人类文明的终结。尽管冷战中有很多危险、屠杀、离经叛道和道义上的妥协，冷战就像美国内战一样，是一场必要的对抗，这一场对抗一劳永逸地解决了一些根本的问题。我们没有理由去惋惜冷战已成为历史，但是，考虑到如果西方没有与苏联冷战，而导致后来世界出现了另外一种结局的话，我们也就没有道理来抱怨冷战的发生。

冷战是一场在很长的时间内，在不同的地点，在不同的层面，以不同的方式展开的对抗。任何将冷战的历史仅仅归结于大国的作用或仅仅归结于有影响力的领导人的作用的做法，都不能如实地反映冷战，任何用单一的叙述方式概括冷战的做法，只会造成混乱和误解。因此，我决定每一章侧重一个主题，这样做可能会产生时空上的重复，但我可以不受限制地展开讨论，从讨论大趋势到深入刻画具体事件，然后再回到大趋势。冷战是如何结束的事实影响了我的写作视角，我不知道还有什么别的视角来写冷战史。

最后，我要感谢那些激发我的灵感、帮助我进行研究以及耐心等待我的书问世的人。这些人当然包括我的学生，他们对冷战所表现出的持续不断的兴趣也延续了我对冷战持续不断的兴趣。我要感谢安德鲁·惠利，我相信未来的学生也会感谢他，一是因为是他建议我在写这本书时，用简明的文字叙述更多的冷战年代；二是因为他还帮助我的几个学生出版了他们的著作。

约翰·刘易斯·加迪斯

纽黑文

# 目 录

# 序言　前瞻

　　1946 年，一个叫艾瑞克·布莱尔（Eric Blair）的 43 岁英
国人，在地球的边缘租了一个房子，他准备在这个房子里度过
余生。这个房子位于苏格兰一个叫朱拉（Jura）的小岛的北端，
坐落在一条土路的尽头，既不通汽车，也没有电话，更没有电。
往南走 25 英里才能到离这个房子最近的商店，那也是这个小岛
上唯一的商店。布莱尔选这么遥远的地方居住是有道理的：他
因为最近丧妻而伤心低沉，又身患结核而开始咯血；他的国家
由于军事胜利的代价巨大而摇摇欲坠，而且军事胜利既没有带
来安全，也没有带来繁荣，更没有让人们感到自由的生活方式
能够延续不断。欧洲正在分裂成两个敌对的阵营，整个世界似
乎也要分裂成两个敌对的阵营。由于原子弹可能被使用，任何
一场新的战争都将导致世界末日的来临。最后，他必须完成一
部小说的写作。

　　小说的书名是《1984》（1984），这个书名是他完成小说
的那年——1948 年的后两位数字颠倒而成。小说于 1949 年
在英国和美国出版，作者署名是布莱尔的笔名乔治·奥威
尔。《纽约时报》评论说，有关这部小说的书评"大多是充
满钦佩"，但是，"在赞扬声中也夹杂着恐怖的惊呼"。[1] 这样的
评论是不奇怪的，因为《1984》再现了 35 年前的世界，当时极
权主义到处横行，个人精神被抹杀，法律、伦理、创造力、开
诚布公、对历史的诚实都被抹杀，甚至爱都不被容许，除非你

不得不爱那个像斯大林的独裁者——"老大哥"和他的对手们，他们统治着一个永远处于战争状态的世界。"如果你想要知道未来是什么样子"，奥威尔笔下的主人公温斯顿·史密斯一边受着又一轮无情的严刑拷打，一边被告知"你就想象一个皮靴永远地踩在一个人脸上"。[2]

1950 年初，奥威尔英年早逝，他死在伦敦一家医院内，而不是他住的那个小岛上。他在临死之前得知，他的小说让第一批读者既感动又惊吓。在那以后，无数的读者以同样的方式，对《1984》做出反应：在二战以后的年代中，《1984》对未来世界的图景进行了最震撼人心的描绘。因此，当现实世界的 1984 年来临时，人们不可避免地要将现实世界的 1984 年和奥威尔所想象的那个 1984 年进行比较。结果是，这个世界还没有完全被极权主义统治，但是独裁者控制着世界的大部分地区；世界上有两个超级大国，美国和苏联，而不是奥威尔预见的三个超级大国，美苏之间的战争危险，要比过去任何时候都大；那个看上去永无止境的冲突，即冷战，没有表现出任何一丝结束的迹象，奥威尔还活着时，冷战刚刚开始。

1984 年 1 月 16 日晚上，美国总统里根出现在电视屏幕上，奥威尔过去做电影评论人时认识里根，因为里根曾经是电影演员。里根此时的形象是一个坚定的冷战斗士，但在电视演说中，他却为世界的未来描绘了一幅不同的图景：

> 请大家和我一块假设一下：如果在同一个等待室或因为大雨或风暴躲在同一个避雨处，有一个叫伊凡的男人和一个叫安娅的女人遇到一个叫杰米的男子和一个叫赛莉的女人，语言不同并不能阻止他们互相认识，在这种环境中，

他们会去考虑对方政府的不同吗？还是他们会去谈各自的
孩子和他们是从事什么样的职业？……他们甚至会决定在
不久的一个晚上一块吃晚饭。他们将向世人表明，老百姓
不发动战争。[3]

里根的讲话令人意外地但婉转地向世界建议：人类应该抛弃皮
靴、独裁者和战争机器。就是在奥威尔所描绘的 1984 年，里根
的讲话引起了随后发生的一系列事件，这些事件实现了人们抛
弃军靴、独裁者和战争机器的愿望。就在里根演讲以后的一年
中，一个极权主义的坚定反对者在苏联掌权。六年以后，苏联
对半个欧洲的控制崩溃了，几年以后，苏联本身也不复存在了，
正是这个国家促使奥威尔当年对未来世界做出那样悲观的预测。

　　苏联对东欧控制的终结和苏联自身的解体，并不是因为里
根发表了一个演讲或奥威尔写了一本书。本书以对未来的预测
为开端，因为对未来的预测揭示希望和恐惧，而历史则决定是
希望，还是恐惧，最终获胜。

# 第一章　恐惧的回归

5　　　　我们等他们上岸，我们可以看到他们的脸庞，他们就和平常人一样。我们还以为他们长得和我们不一样。他们是美国人。

　　　　——柳波娃·科津岑（Liubova Kozinchenka）

红军第 58 近卫师

　　　　我想我们不知道该如何想象俄国人，但是，当你看着他们，打量他们时，你没法判断你面前的人是否就是俄国人。如果你给他们穿上美国军服，他们看上去就和美国兵一模一样。

　　　　——艾尔·阿伦逊（Al Aronson）

美军第 69 陆军师[1]

　　这是第二次世界大战应该结束的方式：欢呼、握手、跳舞、喝酒，充满了希望。时间是 1945 年 4 月 25 日，地点是位于易北河边的德国东部小镇托尔高（Torgau），事件是美苏军队的首度会师，这两支军队从地球的两端进军纳粹德国，迎面相会。五天以后，希特勒在柏林的废墟中畏罪自杀。希特勒毙命一周以后，德国人无条件投降。二战中获胜一方的大同盟领导人是富兰克林·罗斯福、温斯顿·丘吉尔和约瑟

6　夫·斯大林，他们在战时的两次高峰会议——1943 年 11 月的德黑兰会议和 1945 年 2 月的雅尔塔会议——上已经握过手，为一个更好的世界祝过酒。但是，如果他们的士兵没有在战

争前线为打败敌人而庆祝的话，那么他们的那些握手和祝酒
是没有什么意义的。

　　然而，为什么在托尔高会师的士兵在迎接对方时会表现出
惶惶不安，仿佛他们在期待会见外星来客？为什么他们发现的
彼此之间的相同点会显得既令人意外，又令人心安？为什么，
即使有这种感觉，他们的上司还是决定分别举行德国受降仪式：
西线于 5 月 7 日在法国的兰斯（Reims）举行，东线于 5 月 8 日
在柏林举行？在正式宣布德国投降的消息以后，为什么苏联
统治者要驱散莫斯科自发出现的对美国表示友好的人群？为
什么在苏联政府镇压亲美人群一周以后，美国领导人先是突
然宣布终止向苏联运送租借援助物资，然后又宣布恢复提供
该援助？为什么罗斯福的重要顾问哈里·霍普金斯（Harry
Hopkins）（他曾在 1941 年为反法西斯同盟的建立立下过汗马
功劳）要在罗斯福去世六周以后急忙赶往莫斯科，试图挽救
大同盟，不使它分裂？为什么很多年以后，当丘吉尔在写那
个时候的回忆录时，要将回忆录的题目定为《胜利和悲剧》
（*Triumph and Tragedy*）？

　　对上述所有问题的回答都是一样的：在赢得第二次世界
大战胜利的同盟中，主要成员之间的关系已经破裂，它们尽
管还没有发生军事冲突，但在意识形态和地缘政治方面，却
已经处于对抗状态。不管二战大同盟在 1945 年春取得了什么
样的胜利，大同盟过去之所以能够成功合作，完全取决于其
成员国能够超越各自不同的政治制度，为了相同的目标而共
同努力。悲剧在于：为了使二战大同盟能够成功运作，以赢
得战争的胜利，成员国不得不暂时放弃自己的政治信仰和
追求。

一

7     如果 1945 年 4 月真有一个外星客来到易北河边，那么他或她或它可能真的会发现：在那里会师的美苏军队之间的相同点是那么肤浅，他们所代表的不同社会制度之间的相同点也是那么肤浅。美国和苏联都诞生于革命，两个国家都信奉具有世界意义和目标的意识形态。他们的领导人都认为，适用于他们自己国家的一套制度，也同样适用于世界的其他地方。作为领土广袤的陆地国家，美国和苏联都曾经在广阔的边疆中扩展；当时，从领土而言，苏联是世界第一大国家，美国是世界第三大国家。两国参加第二次世界大战的原因也相同，他们都遭到突然袭击：1941 年 6 月 22 日德国入侵苏联；1941 年 12 月 7 日日本袭击珍珠港，四天以后，希特勒以珍珠港事件为由，向美国宣战。美苏之间的相同点仅此而已，任何外星来客都会很快发现，美苏之间的不同点要大得多。

    发生在一个半世纪以前的美国革命，代表了一种对高度集中的权威的极度不信任。美国的建国领袖认为，只有约束权力，才能建立自由和公正。由于有一部聪明的宪法，由于在地理上同潜在的对手隔绝，由于拥有丰富的自然资源，美国人能够建立起一个非常强大的国家，美国的强大在第二次世界大战中得以充分的体现。但是，美国人之所以能建立一个强大的国家，是因为他们严格地限制政府管控他们日常生活的能力。不管是在政府对人们思想的灌输方面，还是在政府对国民经济的组织方面，抑或政府对国内政治的操作方面，美国人都大大限制了政府的权力。尽管美国曾采用过奴隶制，曾发生过对土著美洲人几乎灭绝式的对待，还存在着种族、性别和社会等方面的歧视，但美国公民在 1945 年却有理由声称：他们生活在地球上最自由的社会中。

　　相比之下，仅仅发生在 1/4 世纪以前的布尔什维克革命却信奉权力集中，并视此为打倒阶级敌人，在全世界推广无产阶级革命的方法。卡尔·马克思在其 1848 年出版的《共产党宣言》中指出，资本家所带来的工业化，既扩大了工人阶级的数量，也加大了对工人阶级的剥削，使得工人阶级最终要寻求自我解放。但是，弗拉基米尔·伊里奇·列宁没有耐心等待工人阶级自我解放的发生，他在 1917 年试图通过夺取俄国并将马克思主义强加给俄国，来加快历史发展的进程，尽管当时俄国的情况并不符合马克思的一个预言，即无产阶级革命只可能发生在一个高度工业化的社会。斯大林接着通过改造俄国，来使之适应马克思 - 列宁主义意识形态：他强迫一个只有极少自由传统的农业国家变成一个完全没有自由的高度工业化国家。结果，在第二次世界大战结束时，苏联是地球上最专制的国家。

　　如果说第二次世界大战中的战胜国之间有许多不同点的话，他们在 1941～1945 年打的许多仗也是不同的。美国同时和两个敌人开战：在太平洋和日本作战，在欧洲和德国作战，但是美国遭受的人员损失却是相当小的，总共不到 30 万美国人在战争中丧身，他们死在所有的战区。从地理上看，美国离战争发生的地方距离遥远，除了最初日本对珍珠港的袭击以外，美国没有受到别的什么重大进攻。英国是美国的盟友，在战争中有35.7 万人死亡。在英国的配合下，美国能够选择在什么地点、

8

在什么时间、以何种方式参加战斗，这就大大减少了伤亡代价和降低了战斗的风险。但是和英国不一样的是，美国在战争结束时，经济仍然繁荣，在四年的战争中，美国的战时支出使美国的国民生产总值翻了一番。如果军事史上有所谓"好的"战争的话，那么，对美国来说，第二次世界大战可以说是一个好的战争。

苏联却没有从第二次世界大战中获得这样的好处。在二战中，它只和一个敌人作战，但这场交锋却是人类历史上最惨烈的交锋。战争夷平了苏联的城市和乡村，摧毁了它的工业，没被毁灭的工业被迫迁移到乌拉尔山以东。除了投降以外，苏联唯一的出路就是在敌人选择的地点和环境中殊死抵抗。战争中苏联军民的死伤数字很难精确统计，但是多达 2700 万的苏联公民很有可能是直接死于战火的，这个数字是二战中美国死亡人数的 90 倍。对苏联来说，二战胜利的代价是无比巨大的，1945年的苏联是一个满目疮痍的国家，能生存下来就算幸运的了。当时一个评论员说，第二次世界大战"给俄罗斯人民带来最恐惧但又最自豪的记忆"。[2]

尽管美国和苏联在第二次世界大战中的经历和损失相差极大，但在讨论战后世界的安排时，他们却势均力敌。长期以来，美国外交一直有一个不介入欧洲事务的传统，在二战结束时，美国也没有决定要改变这一传统做法。在德黑兰会议上，罗斯福甚至曾向斯大林保证：在二战结束后的两年中，美国要把所有军队撤回国。[3] 鉴于 20 世纪 30 年代发生的经济大萧条，美国人不能确定战时的经济繁荣会不会在战后持续下去。战争结束时，民主制度只存在于少数一些国家，但美国人不能确定，民主制度会不会向更多的国家传播。在二战中，没有斯大林的帮助，美国和英国就不能打败希特勒，这一事实决定了二战的性质，即它只意味着对法西斯主义的胜利，而并不意味着对专制主义或对其在未来世界中的地位的胜利。

与此同时，尽管苏联在第二次世界大战中损失巨大，但它手中仍握着一些强有力的牌。因为处于欧洲，所以它不会将军队从欧洲撤出。二战之前，在资本主义民主国家不能提供充分的就业机会时，苏联的意识形态却在欧洲很受重视，因为在二战中欧洲的共产党组织领导了反对德国的抵抗运动。最后，苏联红军在打败希特勒时所承受的巨大代价，使得苏联在参与筹划战后世界安排时，在道义上拥有强有力的发言权。因此，1945年，共产主义和民主资本主义在决定未来世界走向的问题上影响力是同样大的。

苏联还有一个优势：第二次世界大战结束时，在所有的战胜国中，它是唯一一个还保留着经过战争考验的领导人的国家。1945年4月12日，罗斯福去世，缺乏经验和孤陋寡闻的副总统哈里·杜鲁门入主白宫。三个月以后，丘吉尔在英国大选中遭到意外失败，使名不见经传的工党领袖克莱门特·艾德礼（Clement Attlee）成为首相。与英美的情况相反，苏联领导人斯大林仍然大权在握，他从1929年开始就是苏联的最高领导人，他改造了苏联，并带领苏联取得二战的胜利。他老奸巨猾，经验丰富，外表不动声色，内心对自己要达到的目的清清楚楚。作为克里姆林宫的独裁者，斯大林清楚地知道，在战后他想谋求什么，而杜鲁门、艾德礼和他们领导的国家对战后想实现什么目标却不很清楚。

二

　　斯大林想要什么？从他的角度开始讨论是合乎情理的，因为在上面提到的三位战后领导人中，他是唯一一个有时间和权力来考虑并决定其政策轻重缓急的人。二战结束时，作为苏联统治者的斯大林已经有 65 岁，可谓身心疲惫，孤独相伴，周围都是溜须拍马、阿谀奉承之人。但是，尽管如此，他仍牢牢控制着苏联，而且控制程度让人胆寒。一位美国外交官后来回忆说，斯大林的八字胡、失去白色的牙齿、麻子脸和混浊的眼睛，"使他看上去像一只苍老的、由于厮杀而遍体鳞伤的老虎……一个不知底细的访客绝不可能想到，在这样一个不显山不露水的平凡外表后面，深藏着计谋、野心、嫉妒、冷酷、狡猾，充满权力欲望和报复心理"。[4] 通过 20 世纪 30 年代的一系列大清洗，斯大林早已将他的对手全部消灭。他的下属们都知道，皱一下眉毛或动一下手指，都可能招致杀身之祸。虽然斯大林身材非常矮小，只有五英尺四英寸，但这个大腹便便的小老头却是一个掌控着一个巨大国家的巨人。

　　第二次世界大战结束以后，斯大林的目标包括：个人的安危、政权的稳固、国家的安全和他信奉的意识形态的权威。他要保证下列情况不会发生：国内出现危及其个人统治的挑战；国外出现对其国家的威胁。尽管保护世界其他地区的共产党的利益也很重要，但是，斯大林对这个问题的考虑从来没有超过他对苏联国家利益的关注。斯大林的身上既有自恋心态，又有对世界的极度不信任和恐惧，还有对绝对权力的追求。[5] 在苏联，在国际共产主义运动内部，有很多人非常惧怕他，也有很多人崇拜他。

斯大林认为，哪个国家在第二次世界大战中付出的人力和物力最大，哪个国家就最有资格在战后提出自己想要的东西。按照这个逻辑，苏联在战后应该获得很多东西。[6]这些东西包括：收回在二战中被德国夺走的领土；获得1939年8月他和希特勒签订的那个投机却短视的《苏德互不侵犯条约》中划给苏联的土地，即芬兰的一部分、波兰的一部分、罗马尼亚的一部分以及全部三个波罗的海国家；那些紧挨着苏联已经大大扩张了边界的国家也应在苏联的势力范围之内；从伊朗和土耳其得到领土让步，包括对土耳其海峡的控制和在地中海的军事基地；最后，用军事占领、财产没收、战争赔偿和思想改造的方法，来惩罚已经被打败并受到战争创伤的德国。

但是，斯大林也遇到一个令他十分头痛的难题，即虽然在第二次世界大战中遭受的巨大损失使苏联有借口索取巨大的战后补偿，但战时的巨大损失又使苏联失去单方面获得战后补偿的能力和力量，苏联在谋取战后补偿时，不得不依赖它的战时美英盟友所提供的和平环境、经济援助和外交支持。所以，二战结束后，斯大林不得不继续寻求和美国与英国的合作。就像二战时，美国和英国依靠斯大林打败希特勒一样，斯大林要想以可以承受的代价达到他的战后目标，就不得不依靠与英美的合作。正因如此，他既不想打热战，也不想搞冷战。[7]但是，他有没有足够的本事来避免一场热战或冷战的发生，那就是另外一回事了。

因为，斯大林对他的战时盟友和他们的战后意图的了解，是建立在一厢情愿的基础上，而不是建立在从华盛顿和伦敦的角度准确评估美英政策的基础上。在对美英政策的判断上，

12

马克思主义－列宁主义意识形态影响了斯大林，因为他的不切实际的想法来源于马克思主义－列宁主义意识形态。从列宁开始，共产主义意识形态中的一个最重要观点就是资本主义国家之间不可能长期合作，因为他们将对利润的追求置于政治之上，这种出于本能的贪婪迟早会占上风，而无产阶级只需要耐心等待，等待对手自相残杀。斯大林在第二次世界大战快结束时曾说："我们和资本主义国家的民主派所结成的同盟将赢得战争胜利，是因为这些资本主义国家的民主派要阻止希特勒统治一切。而在将来，我们也将反对这些资本主义国家的民主派。"[8]

关于资本主义内部出现危机的说法是有一定的道理的。毕竟第一次世界大战就是一场资本主义国家之间的战争，它为世界上第一个共产主义国家的出现创造了机会。经济大萧条使那些还没有垮台的资本主义国家为自救而疲于奔命，无暇合作，无暇共同挽救世界经济或维护战后世界秩序。结果，纳粹德国就崛起了。斯大林相信，随着第二次世界大战结束，经济危机必然再度爆发，资本主义国家将需要苏联的帮助，而不是苏联需要资本主义国家的帮助。这就是为什么斯大林确信美国将借给苏联几十亿美元，作为苏联战后重建之用，因为美国人如果不这样做的话，他们在那场即将到来的全球金融危机中，将无法为他们的产品找到市场。[9]

斯大林还对英美矛盾坚信不疑。尽管他过去总是低估英国的弱点和缺陷，他现在认为，作为美国之外的另一个资本主义超级大国的英国，迟早会与它的盟友美国为了经济争夺而翻脸。直到1952年，斯大林还说，"资本主义国家之间发生战争的不可避免性仍然存在"。[10]因此，从斯大林的角度看问题，长远的历史力量的作用将补偿第二次世界大战给苏联带来的巨大灾难；斯大林不需要同美英直接对抗来实现他的目标，他只需要等待这些资本主义国家自己先吵作一团，只需要等待愤怒的欧洲人自己去抛弃资本主义，选择共产主义。

因此，斯大林的战后目标不是在欧洲恢复权力均衡，而是像希特勒当年曾经试图做的那样，完全控制欧洲大陆。1947年，斯大林做了如下一番带有渴望的但又很能说明自己意图的表述："如果丘吉尔把在法国北部开辟第二战线的行动推迟一年的话，红军就会开进法国……我们曾考虑是否进军巴黎。"[11]但是，和希特勒不同的是，斯大林并没有一个实现目标的时间表。他当时欢迎英美在法国诺曼底登陆，尽管英美的行动阻止了苏联红军进军西欧，但打败德国是当时斯大林的首要任务。斯大林也不排除用外交手段来实现他的目标，因为，至少在一段时期内，他指望美国会和他合作。罗斯福不是曾经说过美国不会在欧洲寻求建立势力范围吗？因此，斯大林对于未来世界格局是有一个宏大设想的，就是用和平手段实现对欧洲的控制；他坚信，这一结局也是历史注定的。但是，斯大林的宏大设想中有一个致命伤，就是他没有考虑战后美国目标的变化。

三

第二次世界大战以后美国人想要什么？毫无疑问是安全，但是和斯大林不同，美国人对为实现安全这一目标而采取什么方法的问题，并没有一个明确的答案。其原因和二战给美国带来的教训有关，即美国不能再既要置身于世界之外，又要做世界的榜样。

而在美国历史的大部分时期，美国人总是既置身于世界之外，又要为世界树立榜样。他们过去并不太担心安全问题，因为海洋把他们和那些可能侵犯他们的国家分割开来。就像托马斯·潘恩（Thomas Paine）在 1776 年曾经预言的那样，美利坚能从英国统治下独立出来，是因为由英国这样一个"岛屿永远地控制一个大陆"是一个不合乎情理的现象。[12] 尽管英国具有海军优势，但它没有能力跨过 3000 英里宽的海洋，向北美派遣足够的军队，以防止美国人脱离大英帝国或阻止美国人控制北美大陆。其他欧洲国家跨洋占领美洲大陆的可能性更小，因为后来伦敦的历届内阁都和美国人持同样的看法，即西半球不应再被殖民化了。因此，美国人就幸运地置身于一种得天独厚的处境：他们一方面控制了广阔的势力范围，另一方面又不用担心控制这么大的势力范围会损害其他大国的利益。

美国人在思想领域内确实寻求国际影响，毕竟他们的《独立宣言》提出了"人人生而平等"这样的激进主张。但是，在美国人获得独立以后的 140 年中，他们并没有为在全世界传播他们的思想观念而做出任何努力。美国只是树立一个榜样而已，世界上的其他国家自行决定如何仿效美国的榜样。1821 年美国国务卿约翰·昆西·亚当斯（John Ouincy Adams）说，美国"为世界上所有民族的自由和独立祝福，但她只是她自己自由和独立的保护者和维护者"。[13] 虽然美国人的思维是国际主义的，但他们的行为却表现出孤立主义。美国人还没有感觉到，他们要想维持自身安全，就必须向世界移植他们的价值观。美国是一个幅员辽阔和实力雄厚的国家，但它的外交和军事政策却是非常有限的，不是野心勃勃的。

　　直到第一次世界大战时，美国才开始改变这一行为模式。伍德罗·威尔逊总统由于担心德意志帝国可能打败英国和法国，所以告诫美国人，有必要动用美国的军事力量来恢复欧洲的力量平衡。他是用意识形态的语言来说明自己的地缘政治目标的，他指出，必须把世界变成一个"对民主制度来说是安全的"世界。[14]威尔逊还建议成立国联，作为世界和平秩序的基础，就像国家——起码是开明国家——将法制强加于每个人一样，国联将法制强加于每个国家。威尔逊希望，强权政治主导世界的思想将从此消失。

　　但是，威尔逊提出的未来世界设想和重新恢复的力量平衡，并没有长久的生命力。第一次世界大战的胜利并没有把美国变成一个世界强国，它只是再次提醒大多数美国人，在海外过多地承担义务是危险的。威尔逊要成立一个战后集体安全组织的构想，超出了美国民众对介入国际事务的意愿。另外还有两个因素使美国公民不觉得一战的胜利有那么辉煌，第一是他们对战时盟国的失望；第二是威尔逊在1918～1920年，为了反对布尔什维克政权，在西伯利亚和俄罗斯北部进行了军事干涉，那场军事干涉是不明智的和三心二意的。以下的国际现实状况也鼓励美国人转向孤立主义：《凡尔赛和约》所包含的不公正条款、全球经济衰退的出现、欧洲和东亚侵略国家的兴起，所有这一切使得美国坚信，避免干涉国际事务，对美国利多弊少。一个强国从国际事务中抽身而出，这种事例在历史上是很少发生的。

　　富兰克林·罗斯福1933年入主白宫以后，就一直——经常是反反复复地——试图让美国在国际政治中发挥更积极的作用，但这是一件很费劲的事。罗斯福曾经说："我就像在一个黑屋

17　子里摸索房门那样。"[15]罗斯福一直在告诫美国人：威尔逊的主张是对的，世界上别的地方发生的事会对美国安全构成威胁，但是即使在 1937 年日本侵略中国以及 1939 年第二次世界大战在欧洲爆发以后，罗斯福也没怎么能说服美国人相信他的话。直至 1940～1941 年发生的几个重大事变，即法国的沦陷、英国之战和日本袭击珍珠港，才使美国人重新承担起在西半球以外恢复力量平衡的责任。罗斯福总统在 1942 年说："我们从过去的错误中吸取了教训，这一次，我们知道应该如何充分利用战争胜利所带来的机会。"[16]

　　在第二次世界大战中，罗斯福关注四大问题。第一，支持盟国（主要是英国、苏联和国民党中国），因为美国要想赢得战争胜利，必须这样做，美国光靠自己的力量无法打败德国和日本。但美国支持国民党中国抗战不是很成功。第二，在决定战后世界格局的安排上，获得盟国合作，因为没有盟国的合作，维持战后长期和平的希望就会很渺茫。第三，战后世界格局如何确定，罗斯福希望盟国同意采取以下措施来消除最有可能引起未来战争的因素，包括：成立一个新的集体安全组织，它有力量遏制侵略发生，在必要时惩罚实施侵略的国家；恢复世界经济秩序，使这个秩序具有防止新的全球衰退的功能。最后，这些战后世界格局的安排能够被美国民众接受，罗斯福不愿重犯威尔逊的错误，即指引美国向她的人民还不愿意去的方向发展，第二次世界大战结束后，美国不应再回到孤立主义。美国不愿意看到二战后的世界局势像一战后的世界局势那样，苏联也不愿意看到这种情况出现。

　　最后，说一句英国的战后目标。在丘吉尔眼里，英国的战后目标很简单，就是不惜代价，生存第一，这可能意味着将英美同盟的领导权拱手交给华盛顿，可能意味着削弱英帝国的力量，还可能意味着和苏联合作。在布尔什维克革命刚发生时， 18 当时年轻气盛的丘吉尔还曾经希望予以剿灭。[17]英国人将试图影响美国人的决策，他们很想发挥像当年希腊人辅导后起之秀罗马人那样的作用，但无论如何，他们要避免和美国人发生冲突。斯大林希望英国是独立自主的，能够和美国对抗甚至和美国兵戎相见，但是对于那些实际决定英国战时和战后大战略的领导人来说，斯大林的希望显得很奇怪。

## 四

知道了罗斯福的四大关注点以后，我们再看看建立一个能够维持战时大同盟的战后世界格局的希望有多大。毫无疑问，罗斯福、丘吉尔和斯大林希望新的战后世界格局能维持战时同盟，因为没有人愿意在刚打败了过去的敌人以后，马上又去面对新的敌人。但是，英美苏战时同盟从一开始就起两个作用：它既是合作打败轴心国的手段，又是每个成员用来为自己在战后世界格局中获得最大影响力的工具。大同盟的作用也只能是如此，尽管同盟的三巨头曾公开声称，他们在战争期间不玩政治，但对于这一原则，他们只是口头说说而已。事实上，他们内心并不真信这一原则，而且在实际行动中也没有按照这个原则去做。在私下通信里，以及在秘密会谈中，他们实际做的是：在执行共同军事任务的同时，协调各自不同的政治目标。在大多数情况中，他们协调各自不同政治目标的努力是失败的，这一失败埋下了冷战的根源。大同盟中出现的主要争议如下：

## 第二战场和单独和平

英美领导人除了担心在战争中失败以外，他们最大的担心就是苏联会像 1939 年那样，再和纳粹德国达成交易，这个交易将使欧洲的大片地区沦入专制统治之手。因此，罗斯福和丘吉尔非常重视如何使苏联继续和德国交战。为此，他们向苏联提供各种可能的援助，包括食品、衣物、军火，尽管提供这些援助的代价是很高的，而且运送这些援助物资的方法也很不安全，比如，向苏联摩尔曼斯克（Murmansk）和阿尔汉格尔（Archangel）运输援助物资的轮船要想躲避德国潜水艇的袭击实非易事。为了不使苏联和德国单独媾和，英美领导人还不得不同意斯大林提出的恢复失去领土的要求，尽管这些所谓的失去的领土，包括波罗的海国家、波兰东部地区、芬兰的一部分地区和罗马尼亚的一部分地区，实际上是 1939 年斯大林和希特勒签订互不侵犯条约时获得的。最后，英美要想防止苏德单独媾和，就必须尽快在军事条件成熟时在欧洲大陆开辟第二战场。英美对军事条件成熟的理解是：以可以接受的代价争取战争的胜利。

结果，第二战场的开辟，更准确地说是几个第二战场的开辟，姗姗来迟，这使饱受战火之苦的俄国人很恼怒，因为他们遭受的人员伤亡太大了。1942 年 11 月初，英美联军在法国维希政权控制的北非登陆，标志着第一个第二战场的出现。接着，1943 年夏，英美联军进军西西里岛和意大利南部，开辟又一个第二战场。1944 年 6 月，英美联军在法国诺曼底登陆，这才帮苏联红军减轻了军事压力。与此同时，苏联红军也已扭转了东部战线的局面，开始将德军赶出苏联。尽管斯大林祝贺他的盟友在诺曼底登陆成功，但是，他怀疑英美故意推迟诺曼底登陆，好尽量让苏联负和德国作战的重任。[18]后来一个苏联分析家如此评价美国的动机：美国的计划就是"到它能容易地影响战争的结局并充分保证它的利益的时刻"才和德国交手。[19]

开辟第二战场的政治意义和军事意义同样重要，因为第二战场的开辟使得美国和英国有理由和苏联一块接受德国及其卫星国的投降，并占领德国及其卫星国。出于行动方便的原因，而不是其他什么原因，英美军事领导人在1943年9月迫使意大利投降时，没有让苏联参加在意大利开辟的第二战场。这给斯大林一个借口来以同样的方法对付英美：当苏联红军于1944～1945年占领罗马尼亚、保加利亚和匈牙利时，斯大林没有让美国和英国参加对这些国家的占领。当然，即使没有英美不邀请苏联参加对意大利的战事这样的借口，斯大林很可能一样不会让英美参加对罗马尼亚、保加利亚和匈牙利的占领。

1944年10月，斯大林和丘吉尔很容易地就达成共识：罗马尼亚、保加利亚和匈牙利是苏联的势力范围，希腊是英国的势力范围。但英苏协议的背后是存在很多争议的。罗斯福对英苏在达成协议时没有和美国商量表示不满。当1945年春，英美围绕意大利北部德军投降问题开始谈判时，斯大林的反应几乎是惊恐的，他同他的将领们谈了自己对英美的怀疑，即英美可能和德国人达成协议，让德国人在西线停战，但继续在东线抵抗苏联红军。[20]斯大林的话表明了他对英美可能和德国单独媾和的巨大恐惧。1945年春，二战已经接近尾声，到了这个时候，斯大林还在担心英美可能和德国单独媾和，这说明英美开辟第二战场的行动并没能让斯大林放心，并没有使斯大林相信英美。

## 势力范围

　　丘吉尔和斯大林达成的协议意味着将欧洲划分为势力范围，这将剥夺欧洲人自己决定他们未来命运的权利，由于这个原因，罗斯福对英苏协议深表忧虑。尽管他可能在内心深处提醒自己，第二次世界大战的目的是为了恢复国际力量平衡，但他在向美国公众解释二战的目的时，就像威尔逊可能会做的那样，却强调战争是为了保卫自由和民族自决权。1941 年丘吉尔签署《大西洋宪章》，表明他是同意罗斯福关于二战是一场保卫自由的战争的看法的。《大西洋宪章》是罗斯福重申威尔逊主义的产物。二战中，斯大林提出领土要求，并要求在欧洲划分势力范围，来确保靠近苏联战后边界的国家都是"友好"国家。斯大林的这些要求和英美的自由原则有很多矛盾，英美的一个主要任务就是解决这些矛盾。罗斯福和丘吉尔多次要求斯大林允许波罗的海国家、波兰和其他东欧国家举行自由选举。在雅尔塔会议上，斯大林同意这样做，但是他并不是真心要履行他的承诺。他对他的外交部长维亚切斯拉夫·莫洛托夫（Vyacheslav Molotov）说："不必担心，我们以后按我们的需要行事。问题的实质是力量的对比。"[21]

　　结果，斯大林获得了领土，得到了他想要的势力范围，苏联的领土向西推进了几百英里，苏联红军在整个东欧扶植起听命于苏联的政权。一开始，并不是所有的东欧政权都是由共产党控制，当时斯大林在这个问题上还较灵活，但是，没有哪个东欧政权要抵制苏联影响在欧洲中心地带的扩展。美国和英国曾希望东欧出现一个不同的结局，即东欧人民，特别是二战中最先受德国入侵的波兰人，将自己选择他们的政府。如果所有的东欧人民选了他们自己的领导人，这些领导人又同意接受苏联的要求的话——芬兰和捷克斯洛伐克就是这样——那么，英美和苏联的不同立场有可能调和。但是，波兰不愿意走这条路，因为，鉴于斯大林过去对波兰做的那些事，一个听命于苏联的波兰政府是不可能获得波兰民众的支持的。

苏联对波兰的伤害包括：1939 年的《苏德互不侵犯条约》，该条约终止了波兰的独立；1940 年的卡廷森林案，当时苏联人杀害了大约 4000 名波兰军官，另外还有 11000 名波兰军官下落不明。1943 年，因为这个问题，斯大林和设在伦敦的波兰流亡政府吵翻了。他转而支持在卢布林活动的波兰共产党人。1944 年，在伦敦的波兰流亡政府组织了华沙起义，起义遭到纳粹德国的残酷镇压。尽管当时苏联红军就在华沙附近，斯大林却见死不救。二战结束后，斯大林向波兰索要第三块领土，他的这一要求进一步得罪了波兰。斯大林保证用德国的领土补偿波兰，但他的保证并不能修复他对苏波关系造成的损害。

因为波兰人绝不会选择一个亲苏政府，斯大林就将一个亲苏政府强加到波兰人头上。他这样做的代价是波兰人对苏联永久的厌恶，以及使他的英美盟友越来越感到，他们不再能信任他了。罗斯福对斯大林大失所望，他在逝世前两周时说，"（斯大林）没有履行他在雅尔塔做的任何一个承诺"。[22]

## 被打败的敌人

和苏联独家控制东欧相反，德国将被多国共同占领，对于这一点，起码从诺曼底登陆以后，是没有什么疑问的。但是，对德国实行共同占领的方式和过程却使苏联人感到被欺骗了。

美国、英国和法国——英美出于大度邀请法国加入——最后占领了德国 2/3 的领土，这不是因为他们在二战中流血最多，而是因为他们攻打德国的军队在地理上捷足先登，再加上斯大林已经将德国东部很大一块领土划给了波兰人。尽管被多国占领的德国首都柏林位于苏联对德国的占领区内，但是苏占区只包含德国总人口的 1/3 和比 1/3 还少的德国工业设备。

斯大林为什么接受了这样的安排？很可能是因为他相信，他打算在德国东部建立的马克思－列宁主义政府将成为一个对生活在西方国家占领区的德国人的"吸铁石"，迫使他们去选择一个最终将全德国统一在苏联控制下的领导人。马克思曾经预测，无产阶级革命会在德国出现，但革命一直没有发生，现在终于可以发生了。1946 年斯大林声称："整个德国应该是我们的，也就是应该是苏维埃共产主义的。"[23] 但是斯大林这个战略有两大缺陷。

第一个缺陷是苏联红军占领德国东部地区时所表现出的残暴行为。苏联士兵不仅大规模地掠夺财产和勒索赔偿，他们还肆无忌惮地强奸妇女，在 1945 年至 1947 年间，大约 200 万名德国妇女被施暴。[24] 这些行为造成的后果是，几乎所有的德国人都恨苏联人。结果，在整个冷战时期德国一直存在一个不对称的局面：斯大林在德国东部建立的政权缺乏合法性和民众支持，而德国西部的政权却很快获得合法性和民众的支持。

第二个缺陷是盟国的拒绝合作。苏联在处理德国和东欧事务中所表现出的单边主义倾向，使美国和英国在处理对德国西部的占领时，对是否和苏联合作这一问题心存疑虑。结果，他们不失时机地和法国一块，将他们控制的占领区合成一体，并准备接受将德国一分为二的现实。英美的考虑是：让尽可能多的德国领土置于西方的控制之下，而不是冒让所有德国领土落入苏联控制的风险。大多数德国人在知道了斯大林的统治将意味着什么之后，不情愿地接受了英美的政策。

在德国和东欧发生的事，转过来又影响了美国对日本占领的态度：美国不愿意让苏联参加对日本的占领。珍珠港事件以后，苏联并未向日本宣战，当时，苏联的盟国也没有指望苏联会向日本宣战，因为德国军队在莫斯科正兵临城下。但是，斯大林曾经保证，在德国投降三个月以后，苏联将在太平洋参战。作为回报，罗斯福和丘吉尔曾同意将日本控制的千岛群岛交给苏联，将萨哈林岛南部归还给苏联，将中国东北的一些领土和海军基地交给苏联——所有这些都是 1904～1905 年日俄战争中俄国因为战败而让日本获得的。

当时，华盛顿和伦敦的主流看法是：苏联红军的援助，特别是苏联红军进攻被日本占领的中国东北，将对打败日军至关重要。但 1945 年 7 月美国成功试验了它的第一颗原子弹后，那个主流看法的影响力就下降了。一旦美国掌握了原子弹，他们对苏联军事援助的需要就不复存在了。[25] 杜鲁门领导的美国新政府对苏联在欧洲的单边主义行为记忆犹新，他们无意在东北亚再看到那种局面出现。在东北亚，美国用的是斯大林的方法，即流了多少血，就有资格发挥多少影响。由于太平洋战争中大多数的战斗都是美国人打的，所以美国将自己一家单独占领日本。

## 原子弹

与此同时，原子弹的出现也加深了美苏之间的不信任。美英一直在秘密地研制原子弹，准备用于打击德国，但还没等原子弹试验成功，德国就已经投降了。由于研制原子弹的曼哈顿计划的保密工作不严格，苏联情报部门通过间谍手段获取了许多有关曼哈顿计划的信息，苏联起码三次成功地渗透进研制原子弹的拉斯阿拉莫斯实验室。[26]在二战中，斯大林对与苏联并肩战斗的盟友搞间谍活动这一事实本身就说明他是多么不信任盟友。当然，我们也必须承认英美自己也没有向斯大林透露试制原子弹的活动。他们是等美国在新墨西哥州成功试验了第一颗原子弹以后，才将此事通知斯大林的。

　　因此，当杜鲁门在波茨坦会议上将美国成功试爆第一颗原子弹的消息告诉斯大林时，斯大林并没有表现出惊讶，因为他比美国新总统还要早地知道了美国的原子弹研制工作。但当美国在三周以后对日本使用原子弹时，斯大林的反应却很强烈，因为在斯大林眼里，在沙漠里试爆原子弹是一回事，真的将原子弹用于战争却是另外一回事。斯大林在得知广岛被美国的原子弹夷为平地后，愤愤地说："战争是野蛮的，但是使用原子弹则是超级野蛮。"斯大林一直坚信：一个国家在战争中流了多少血，这个国家在战后就应获得多少国际影响，而美国试验原子弹的成功对斯大林的这一信念是一个挑战，因为一夜之间，美国获得了一个巨大的军事威力，这个军事威力不是依赖于美国在战场上部署了多少军队。美国人创造的军事技术和他们的军队一样重要。斯大林对苏联科学家说："广岛震动了全世界，力量平衡被打破了——事情不应该这样。"他命令苏联科学家赶紧研制苏联自己的原子弹，以追赶美国。[27]

　　斯大林认为，美国的原子弹有两个作用：第一是缩短战争的时间，不让苏联在打败和占领日本的过程中起重要作用；第二是作为战后美国从苏联那里索取让步的手段，他指出："原子弹讹诈是美国的政策。"[28] 斯大林的话也不是没有道理。杜鲁门决定使用原子弹,主要是为了结束战争,但他和顾问们也希望,他们掌握的新武器会促使苏联对美国表现得更妥协一些。但是美国领导人并没有制定一个具体战略来用原子弹迫使苏联让步,斯大林自己的做法也使美国人用原子弹来压制苏联的希望落空。在实现苏联的目标时,斯大林实际上采取了更强硬的做法,以向美国表示他是吓不倒的。1945 年末,斯大林对他的主要顾问们说:"显而易见……如果我们在威吓前让步或表现出犹豫不决,我们什么大事也做不成。"[29]

因此,冷战的根源就在第二次世界大战中,这一事实说明了为什么旧的冲突刚刚结束,新的冲突就这么快地发生了。从国家行为的规律来看,大国之间的竞争就像大国之间的结盟一样司空见惯。一个外星人如果知道了国际关系中的这个特点,它就不会对冷战的出现感到意外了。研究国际关系理论的专家也不会对此感到奇怪。有意思的问题是:为什么第二次世界大战中的同盟国领导人自己会对战时大同盟的崩溃感到奇怪,甚至是震惊?他们确实曾希望大同盟在战后能继续存在,不然的话,在战时他们就不会为了战后的关系问题而努力寻求一致,达成谅解了。他们抱有相同的希望,但是他们对战后世界格局的大构想是不同的。

从根本上说,在罗斯福和丘吉尔的眼中,战后世界格局应该既保持力量平衡又维护基本原则,他们希望通过避免再犯导致第二次世界大战的那些错误,来防止一场新的战争的发生,希望大国之间互相合作,希望用联合国这样一个集体安全机构来恢复威尔逊的国联传统,希望促进最大限度的政治自决和经济融合,从而铲除那些在他们看来导致战争爆发的根源。斯大林对战后世界格局的构想是完全不同的，他心目中的战后世界格局是能保证他和他的国家的安全，同时鼓励资本主义国家之间的竞争。他认为，这种竞争将导致一场新的战争的发生，资本主义国家之间的相互残杀最终将使苏联统治整个欧洲。罗斯福和丘吉尔的战后世界构想是一个多边的构想，在这个构想中，即使是在不同的政治制度之间也可以实现不同利益的相互包容，而斯大林的战后世界构想却是建立在不同利益必然冲突的基础之上。

# 五

政治学家喜欢用"安全困境"（security dilemmas）这个概念，指的是一个国家为了自身安全而采取行动，但它这样做时会损害另一个国家或另外几个国家的安全，而当那些国家也采取措施来维护自己被损害的安全利益时，它们采取的措施又反过来危及第一个采取行动的国家。结果就出现了一个不断加深的互不信任的旋涡，在这样一个旋涡中，就是那些最用心善良、最富远见的领导人也发现自己无法自拔，一方的猜疑加重另一方的猜疑。[30]由于英美同苏联的关系在第二次世界大战还没结束之前就已经陷入互不信任的旋涡，所以很难准确地说冷战是何时开始的。他们之间没有发生突然袭击，没有对彼此宣战，甚至没有断绝外交关系。但是，在华盛顿、伦敦和莫斯科的最高层中，一种不安全感却在不断上升，这种不安全感来源于战时他们为确保自身的战后安全所采取的行动。一旦战时的共同敌人被消灭，这些曾经的盟友就不再觉得有必要掩盖他们由于不安全感而产生的焦虑了。一个危机导致又一个危机，结果一个分裂的欧洲成为现实。

## 伊朗、土耳其、地中海和遏制

在东欧和东北亚得到了自己想要的领土后，斯大林在战后首先关注的是消除他认为是薄弱环节的苏联南部。有一本书是这样描绘斯大林的：他带着满意的表情看着一幅标注苏联新边界的地图，但同时又指着高加索地区说，"我不喜欢我们在这儿的边界"。[31]然后，斯大林采取了三个步骤：第一，他推迟从伊朗北部撤出苏联军队，这些军队是根据英苏的一个协议，从1942年起就一直部署在那里的，目的是阻止德国获得伊朗的石油。第二，他向土耳其索取领土和基地，从而可以有效地控制土耳其海峡。第三，他要求参加战后对意大利在北非的前殖民地的管理，从而能够在东地中海再获得一个或几个海军基地。

但是，斯大林的这些行动和要求从一开始就遭到西方的反对，因为他的要求太过分了。对斯大林一向唯唯诺诺的外交部长莫洛托夫在谈到西方领导人对苏联寻求控制土耳其海峡的反应时，说："他们不会同意的。"斯大林不悦，说："向他们提出共同控制土耳其海峡，我就不信了。"[32]莫洛托夫随后向西方提出这个要求，但被拒绝。杜鲁门和艾德礼一口拒绝了苏联要重划土耳其边界和获得土耳其与地中海海军基地的要求。1946年初，他们还做出一个使斯大林吃惊的举动：他们将苏联继续占领伊朗北部一事提交到联合国安理会，这是该机构第一次被用来处理国际危机。考虑到苏联军事力量铺得太开和自己的过分要求被曝光，斯大林不得不在几个月后悄悄地从伊朗撤军。与此同时，杜鲁门把美国第六舰队部署在东地中海，以加强美国在那个地区的军事力量。美国的行 29

动是一个明确的信号，即战时盟国的合作已成往事，斯大林应
该明白，不要以为过去盟国同他合作过，他现在就可以为所欲
为了。[33]

华盛顿在表现出强硬态度的同时，也在探寻苏联行为背后
的原因：为什么战时大同盟会分崩离析？斯大林还想要什么？
对苏联行为的最好解释来自乔治·凯南，他当时是一个年轻有
为的外交官，在美国驻苏联大使馆任职。国务院给大使馆发了
好几个要求分析苏联外交政策的指示，凯南急匆匆地写了一个
八千字的电报，于 1946 年 2 月 22 日发给国务院。凯南事后说，
他的长电报给"发收电报的工作人员带来巨大负担"。如果说
凯南的电报震动了华盛顿的话，这样的说法还不足以反映凯南
电报的意义：凯南的"长电报"实际上成为整个冷战时期美国
对苏联战略的基础。[34]

凯南认为，莫斯科一意孤行的原因不是因为西方做了什
么事，而是源于苏联政权内部的需要，对于这一点，西方在
可预见的将来是改变不了的。苏联领导人必须把外部世界看
成是对苏联充满敌视的，因为这样一来，他们就有了一个维
持他们独裁统治的借口。"没有这个借口，他们不知道该如何
去统治苏联；没有这个借口，他们不敢对人民施暴；没有这个
借口，他们不知道该如何去说服人民做出牺牲。"指望西方的
让步可以换来苏联的让步，是一种天真的想法，苏联的战略不
会改变，除非在它遭遇了一连串的失败后，苏联将来的领导
人意识到苏联的行为是有害于自身利益的，但凯南不相信斯
大林会有这样的觉悟。凯南不认为只有战争才能改变苏联目
前的政策，他在 1947 年发表的一篇文章中指出：西方应该对
苏联采取一个"长期的、耐心的，但是坚定的政策，以遏制

苏联的扩张倾向"。[35]

凯南当时并不知道，斯大林很认真地读了他的电报。苏联情报部门很快就获得了这份电报，搞到这份电报并不难，因为它尽管是绝密的，但在政府内部广泛流传。[36]斯大林也不示弱，他命令苏联驻华盛顿的大使尼古拉·诺维科夫（Nikolai Novikov）也起草一份"电报"，这份电报于1946年9月27日被发往莫斯科。在电报中，诺维科夫指出："美国外交政策反映了美国垄断资本主义的帝国主义倾向，其目标是建立世界霸权。"因此，美国正在"大规模"地增加军费开支，在远离美国的地方建立基地，并和英国达成将世界划分为势力范围的协定。但是，英美合作"充满了内部矛盾，是不能长久持续的……近东很有可能成为英美矛盾的一个中心，近东问题将破坏美国和英国之间达成的协定"。[37]

诺维科夫的分析反映了斯大林的看法，也是在莫洛托夫的影响下写成的。[38]诺维科夫的电报解释了为什么斯大林在会见刚被杜鲁门任命为国务卿的乔治·马歇尔（George C. Marshall）时表现出自信和淡定。1947年4月美国、英国、法国和苏联的外交部长在莫斯科开会时，斯大林见到马歇尔。斯大林有一个习惯，每当他会见重要的访客时，他都会用红笔在一个笔记本上胡乱地画狼的头。他在会见马歇尔时，又这么做了，他一边画，一边对马歇尔说，解决战后欧洲问题的失败不是什么大问题，不用着急。马歇尔是一个很安静，寡言少语，但很敏锐的退役将军，在第二次世界大战中他对美国军事战略的贡献最大。他对斯大林的话不以为然。他的一个助手后来回忆说，"在返回华盛顿的路上"，马歇尔一直在强调"必须找到一个防止西欧完全崩溃的办法"。[39]

## 杜鲁门主义和《马歇尔计划》

斯大林曾认真阅读有关美国原子弹和凯南"长电报"的情报分析，这次如果他同样认真阅读有关莫斯科外长会议的情报分析的话，可能会预料到即将发生的事。马歇尔同英法外交部长举行了长时间的会谈（特别是当他们和莫洛托夫谈不拢时），讨论如何重建欧洲。他们开会的房间肯定被安装了窃听器。尽管如此，斯大林这次没有太重视窃听，而是更相信他自己的共产主义信念。列宁不是教导资本主义国家的合作长不了吗？诺维科夫的"电报"不是已经证实了这一论断吗？斯大林有理由感到自信。

但是，使斯大林感到自信的理由并不是什么好理由。1947年3月12日，杜鲁门已经宣布对希腊和土耳其提供经济和军事援助，这一决定是被两周前英国政府一个令人意外的声明推动的，当时英国声称它已经没有能力负担对希腊和土耳其的支持。杜鲁门是从一个大的角度来解释美国为什么要向希腊和土耳其提供援助的。他说："有人企图通过武装少数民族或施加外部压力来征服自由的国家，美国的政策必须是支持那些不愿被征服的自由国家。……我们必须协助自由的国家以他们自己选择的方式来决定他们自己的命运。"[40]斯大林没有重视杜鲁门的讲话，当时他把注意力放在修改一本刚出版的哲学史书上，他要求把书中那些赞扬西方的话删去。[41]

斯大林集中精力修改哲学史书时，马歇尔按照杜鲁门的指示，制定了一个冷战大战略。凯南的"长电报"已经指明了问题所在，即苏联对外部世界的敌意来源于苏联内部，但"长电报"没有指出解决问题的办法。马歇尔要凯南提出一个办法，

他给凯南唯一的指令就是"避免琐细"。[42]平心而论，凯南很好
地完成了马歇尔的指示，结果就是《欧洲复兴方案》（the Euro-
pean Recovery Program）。1947 年 6 月，马歇尔正式予以宣布。
这个方案使美国负担起重建欧洲的任务，它立刻被称为《马歇
尔计划》（the Marshall Plan）。当时《马歇尔计划》在字面上并
没有区分被苏联控制的欧洲和不被苏联控制的欧洲，但是在私
下的讨论中，美国领导人是做了区分的。

　　有几个基本判断决定了《马歇尔计划》的制定：第一，对 32
西方在欧洲利益构成最大威胁的，不是苏联军事干涉，而是那
些可能导致欧洲人把欧洲共产党送上台的饥饿、贫困和绝望等
社会因素，那些掌了权的欧洲共产党人可能会服服帖帖地按苏
联意志行事；第二，美国的经济援助将首先发挥心理作用，然
后是物质作用，从而扭转欧洲往共产主义方向倾倒的趋势；第
三，苏联不光自己不会接受美国的经济援助，也不会让其东欧
卫星国接受美国援助，从而使苏联和东欧国家之间的关系出现
紧张；第四，美国到时就可以在日益扩大的冷战中处于地缘政
治和道德上的有利地位。

　　斯大林落入《马歇尔计划》设下的陷阱，这个陷阱迫使
他修建分裂欧洲的隔离墙。马歇尔的建议使斯大林措手不及，
他急忙派一个大型代表团去巴黎讨论苏联参加《马歇尔计划》
的问题，然后又撤回苏联代表团，但允许东欧国家代表团留
在巴黎继续参加讨论，最后又禁止东欧国家代表团接受美国
援助。在这个过程中，最具戏剧性的是斯大林把捷克领导人
从巴黎紧急召到莫斯科听取指示。[43]一向很自信的克里姆林宫
独裁者这次乱了方寸，这也表明以《马歇尔计划》为中心的
遏制战略开始打乱斯大林的外交布局，他不得不把修改哲学

史书的事放一放。

## 捷克斯洛伐克、南斯拉夫和柏林封锁

斯大林对《马歇尔计划》的反应不出凯南所料：他要加强对他能控制的地方的控制。1947 年 9 月，他宣布成立共产党情报局，这是第二次世界大战前共产国际的翻版，其宗旨是维系国际共产主义运动内部的一致和团结。斯大林派驻共产党情报局的代表安德烈·日丹诺夫（Andrei Zhdanov）对持有异议的波兰人说："不要指手画脚的，我们苏联人最知道应该如何使用马克思－列宁主义。"[44] 日丹诺夫的话表明，斯大林要东欧国家完全按他的意志行事。1948 年 2 月，斯大林批准捷克斯洛伐克共产党要求夺权的计划，当时捷克斯洛伐克是东欧唯一一个还有民主政府的国家。捷克斯洛伐克共产党发动政变后不久，人们就在布拉格一幢建筑物前的院子里发现了外交部长扬·马萨里克（Jan Masaryk）的尸体，但我们不知道他是自己从楼上跳下来的，还是被人从楼上推下来的。他父亲是第一次世界大战结束后捷克斯洛伐克的创建人托马斯·马萨里克（Thomas Masaryk）。[45] 马萨里克之死让斯大林势力范围内任何独立的倾向消失殆尽。

但是，并不是所有的共产党国家都在斯大林的势力范围之内。第二次世界大战结束以后，南斯拉夫曾经是苏联最可靠的盟友之一，但是南斯拉夫领导人约瑟夫·布罗兹·铁托是依靠自己的力量掌权的。第二次世界大战中，是他和他领导的游击队，而不是苏联红军，将纳粹士兵赶出了南斯拉夫。和东欧的其他共产党国家不同，铁托并不是依赖斯大林的撑腰才得以维护其统治。铁托对迫使他听命于共产党情报局的压力非常反感和气愤，1948 年 6 月底，他公开和莫斯科决裂。斯大林嘴上不示弱，他说："我只要动一下我的小指头，铁托就没了。"[46]铁托的行为给苏联乃至整个国际共产主义运动带来的不仅仅是一个小指头的震动，它是共产党国家反抗克里姆林宫的第一次造反，铁托没被消灭，他很快就开始接受美国的经济援助。1949 年，刚接任国务卿的迪安·艾奇逊（Dean Acheson）用辛辣的语气说，南斯拉夫那个独裁者可能是个"狗娘养的"，但他现在是"我们的狗娘养的"。[47]

　　与此同时，斯大林又做了一件更不会给他带来好处的事，即柏林封锁。即使在今天，我们对斯大林的动机仍不十分清楚。他可能是希望迫使美国、英国和法国从他们在柏林的占领区中撤走，因为通向西方占领区的运输线必须经过苏联占领区。或者，他是想阻止美国、英国和法国将他们的占领区合为一体并组成一个苏联施加不了任何影响的强大的西德国家。不管他是出于什么动机，斯大林封锁柏林的举动给他带来的恶果就像他试图教训铁托的恶果一样。西方盟国临时组织了一场用空投的方式为受到陆路封锁的柏林提供救援的行动，他们也因此获得了柏林人的由衷感谢、大多数德国人的尊敬、世界舆论的好评。相比之下，斯大林显得既凶残无情，又笨拙无力。斯大林在看了一份有关柏林封锁情况的外交电文后，为自己辩护说："这帮混蛋！都是谎言……这不是封锁，这是一个防卫性的措施。"[48]

　　柏林封锁可能是防御性的，但它的进攻性色彩，以及斯大林在应对《马歇尔计划》时所采取的其他措施，加重了而不是缓解了苏联的安全困境。捷克斯洛伐克政变促使美国国会迅速批准杜鲁门的《欧洲复兴方案》，在捷克斯洛伐克政变以前，

34

国会迟迟未通过该法案。布拉格发生的事情，再加上柏林封锁，使欧洲接受美国经济援助的国家感到它们也必须获得军事保护，所以，它们要求成立北大西洋公约组织，这个组织使美国第一次在和平时期为西欧的防务承担义务。到1949年5月斯大林很不情愿地结束柏林封锁时，北大西洋公约组织已经在华盛顿正式签字成立了，德意志联邦共和国也在波恩宣告成立了，这是斯大林不愿看到的另一个结果。斯大林对铁托的离经叛道也没有做出什么惩罚，从而表明共产党国家是有可能和莫斯科保持一定的独立性的。斯大林出于意识形态幻想曾预料资本主义国家之间会出现分歧，或英美之间会发生战争，但这些现象都没有发生。他控制战后欧洲的战略破产了，一切都是他自己的错误造成的。

# 六

我们今天回过头来看当时欧洲的局势，有一点很清楚，即斯大林对他自己政策的失败负责，但在当时，许多人并没有认识到这一点。1949年至1950年间，似乎是西方遭受了一连串的挫折，当然这些挫折还没有严重到改变美国和盟国在欧洲掌握主动的局面，欧洲对世界的未来是举足轻重的。但是对于那些经历了上述挫折的人来说，他们并没有意识到美国及其盟国仍在欧洲掌握主动，他们看到的是冷战在几条广阔战线上意外却同时地扩展，而其发展前景似乎对他们不利，这一切似乎使西方在欧洲战线的胜利显得微不足道。

第一个挫折发生在军事技术领域。美国人曾预计他们对原子弹的垄断可以维持六至八年，因此，他们并不很担心苏联红军在欧洲具有巨大的常规力量优势。1947年末，国防部长詹姆斯·福雷斯特尔（James Forrestal）说："只要我们在制造业上领先世界，能够控制海洋，能够用原子弹打击内陆，我们就敢冒否则不敢冒的风险。"[49]《马歇尔计划》的最基本原则就是美国能够放心地侧重欧洲的经济恢复，同时推迟采取那些旨在追赶苏联常规军事力量的重大扩军步骤。在用原子弹遏制苏联的同时，美国可以复兴欧洲，给欧洲人以信心。

但是，1949年8月29日，苏联获得了自己的原子弹。苏联在哈萨克斯坦沙漠中成功试验了原子弹，但是斯大林不让公开宣布。在苏联成功试爆原子弹的几天之内，美国采集样品的飞机就发现了辐射物，这些辐射物清楚表明，原子弹在苏联境内爆炸了。美国是在前不久刚开始用飞机执行空中采样任务的。杜鲁门对苏联这么快就成功试爆原子弹感到意外，同时他又担心，如果他不告诉外界美国已经掌握了苏联试验原子弹的情报，这个情况一旦外泄，会对美国不利。鉴于此，9月23日，杜鲁门亲自透露苏联已经拥有第一颗原子弹，紧接着克里姆林宫证实了杜鲁门的消息。

对美国人来说，苏联拥有原子弹的震撼是巨大的。失去了对原子弹的垄断，杜鲁门政府将不得不考虑采取几个新措施。第一，扩大美国的常规军事力量，甚至可能在欧洲永久部署美国军队，而《北大西洋公约》最初是没有计划在欧洲永久地部署美国军队的。第二，如果美国要在军事数量和质量上都领先于苏联的话，就不得不制造更多的原子弹。第三，实施一个更厉害的计划，即制造"超级弹"，用今天的语言说，就是热核弹或"氢弹"，"超级弹"的威力要比摧毁广岛和长崎的原子弹威力起码大1000倍。美国科学家也是在这时候才告诉杜鲁门有

36

关"超级弹"的情况的。

最后，杜鲁门批准了上面提到的三个计划。他悄悄地下令加速制造原子弹。在苏联试爆它的第一颗原子弹时，美国掌握的原子弹数量不到 200 枚。五角大楼的一项研究表明，如果美国真的同苏联打一场战争，美国手上的原子弹并不足以打败苏联。[50]1950 年 1 月 31 日，杜鲁门宣布，美国开始执行"超级弹"计划。在三个计划中，杜鲁门最不愿意采取的就是增加美国常规军事力量，主要原因是这个计划太花钱。把美国陆、海、空军的规模恢复到第二次世界大战时水平的费用要高于制造更多的原子弹甚至是制造氢弹的费用。杜鲁门一直希望有一个"和平红利"，在多年财政赤字以后，这个"和平红利"能使他平衡联邦预算。他已经在《马歇尔计划》问题上冒了一次险，因为《马歇尔计划》要求美国在重建欧洲的过程中花费美国政府几乎 10% 的年支出。很显然，在财政平衡、扩军和恢复欧洲这三个目标上，有一个目标不能实现，因为不可能同时实现这三个目标，此外还要对付因为苏联的核爆炸成功而使美国人产生的不安全感。

冷战的第二个扩展是在东亚。1949 年 10 月 1 日，就在杜鲁门宣布苏联拥有原子弹后的一周，获得胜利的毛泽东宣告中华人民共和国成立。他在北京天安门广场组织的庆典标志着已经进行了近 1/4 世纪的国共内战的结束。毛泽东的胜利使杜鲁门和斯大林感到意外，他们都曾以为，国民党在其领袖蒋介石的长期领导下，会在第二次世界大战以后继续统治中国。两人都没想到，在日本投降以后的四年中，国民党会逃往台湾岛，中国共产党会掌控世界上人口最多的国家。

那么中国是不是就会成为苏联的一个卫星国呢？杜鲁门和

他的顾问们对南斯拉夫发生的事情记忆犹新，所以他们认为，中国不会成为苏联的卫星国。1948 年末，国务院的一份分析报告指出："莫斯科要想完全控制中共，任务艰巨，因为毛泽东拥有权力（掌握军队）的时间比铁托拥有权力的时间长十倍。"[51]毛泽东和铁托都长期控制他们各自的共产党；两人都带领各自的党赢得内战胜利，他们打的内战都和世界大战同时发生；两人都是在没有苏联的帮助下，获得胜利的。美国官员还记得铁托和斯大林决裂所带来的意想不到的好处，因此，他们在对待中国问题时，也产生了一个中国"丢失"给共产主义并不代表苏联就"获益"的想法，这个想法给了他们心理上的安慰。他们认为，毛泽东很可能成为"亚洲的铁托"。因此杜鲁门政府对保卫台湾没有承担义务，尽管国会中势力强大的亲蒋"院外援华集团"要求杜鲁门保卫台湾。国务卿艾奇逊说，美国的政策是"等待尘埃落定"。[52]

艾奇逊的话并不明智，因为毛泽东无意效仿铁托。尽管毛泽东在发展中国革命的过程中没有得到莫斯科的什么支持，但他是一个坚定的马克思－列宁主义者，愿意把斯大林看作国际共产主义运动的领袖。1949 年 6 月，毛泽东宣告，新中国必须和"苏联联盟……和所有其他国家的无产阶级和广大人民群众结盟，建立国际统一战线……我们必须一边倒"。[53]

毛泽东决定"一边倒"的第一个原因是他的意识形态信念，马克思－列宁主义使毛泽东得以将他领导的革命同他认为是人类历史上最成功的革命（即 1917 年布尔什维克革命）联系在一起。斯大林的统治给毛泽东提供了一个有用的先例，因为毛泽东也打算用类似的方法统治中国。毛泽东还感到美国人背叛了他。第二次世界大战中，他曾支持和美国人合作，但当

38

美国人继续向蒋介石提供军事和经济援助时，他就确信美国人
正向蒋介石"一边倒"。他不了解杜鲁门政府实际上早已认定
蒋介石赢不了，只是迫于"院外援华集团"的压力，才不情愿
地向蒋介石提供军事和经济援助。毛泽东认为，杜鲁门准备派
兵进攻中国大陆，要支持国民党重新掌权。杜鲁门政府并没有
想要这么做，因为它关注的重点是欧洲重建，它正为美国常规
军事力量的薄弱而一筹莫展，这承担的义务太多了，摊子铺得
太开了。但是，毛泽东害怕美国可能进攻中国大陆，他的担心，
再加上他要表示自己是一个真正的革命者，他要模仿斯大林的
统治，这几个因素加在一起，就足以使毛泽东下定决心选边
站队。[54]

毛泽东的"一边倒"宣告反过来又增加了美国人的恐惧，
他们感到，尽管有铁托和斯大林反目的例子，国际共产主义运
动确实是一个由莫斯科指挥的铁板一块的运动。说不定斯大林
一直就将中共的胜利看作他在冷战中开辟的"第二战场"，以
防他在欧洲的战略不成功。毛泽东掌权后不久，艾奇逊就说过：
"这个中国政府确实是苏联帝国主义的工具。"[55]没有证据证实斯
大林在亚洲有这样一个长远的大战略，但是他很快就从毛泽东
的胜利中看到了机会，并设法利用这个机会。

斯大林打破常规，首先向他的中国同志道歉，承认他过去
低估了他们的力量。1949年7月，他对一个来访的中共代表团
说："我们的意见并不总是正确的。"然后，他提出开辟美国人
害怕的"第二战场"：

39　　　　　中苏两家……应该有某种分工……［在亚洲］苏联起
　　　　不到像中国那样的影响……犹如中国难以像苏联那样在欧
　　　　洲产生影响一样。因此，为了国际革命的利益……你们多

做东方……的工作。我们对西方多承担些义务……总而言之，这是我们义不容辞的国际义务。[56]

毛泽东显得很愿意合作，1949 年 12 月，他出远门访问莫斯科，这也是他第一次出国访问，他要去和国际共产主义运动的领袖会面，讨论共同的战略。他在苏联的访问持续了两个月，最后签订了中苏条约，这个条约同大约一年以前签订《北大西洋公约》在性质上大致一样，即两个共产党国家保证，当一方受到攻击时，另一方将提供援助。

就在毛泽东访问苏联、杜鲁门决定制造氢弹的时候，两起重大的间谍案发生了，一起发生在美国，另一起发生在英国。1950 年 1 月 21 日，美国国务院前官员阿尔杰·希斯（Alger Hiss）被判伪证罪，因为他在 20 世纪 30 年代后期和 40 年代初期曾为苏联工作，但他又发誓否认此事。三天以后，英国政府宣布，一个叫克劳斯·福克斯（Klaus Fuchs）的德国移民科学家已经招供，第二次世界大战中他在为曼哈顿计划工作时，为苏联作间谍。

美国人对间谍的忧虑由来已久，整个第二次世界大战时期，有关苏联从事间谍活动的指责时常出现。1947 年，杜鲁门出于对间谍问题的担心，开始在政府内实行"忠诚"调查。但是，在希斯被判罪和福克斯招供这两起案子几乎是同时发生之前，还没有发现一例证据确凿的间谍案。因此，我们可以肯定地说，间谍活动使苏联能够如此快地制造它自己的原子弹。[57]间谍是不是也帮助了毛泽东在中国获胜？对那些批评杜鲁门的美国人来说，苏联研制原子弹的成功同毛泽东在中国的胜利都是灾难性的事件，很难想象这两个事件是孤立发生的。两个事件之间一定有什么联系。

40

参议员约瑟夫·麦卡锡（Joseph McCarthy）是强调这两个事件有联系的最起劲的人。1950 年 2 月，他开始质疑：为什么苏联能这么快就制造原子弹？为什么在同一时间，共产党也能够这么快地夺取中国？麦卡锡在提出这些质疑之前，还只是一个默默无闻的威斯康星州共和党人。他在西弗吉尼亚州惠林市共和党妇女会上提出指控说：国际上之所以发生了那些事，"不是因为敌人派兵入侵了美国，而是因为有些人的叛国行为……这些人一直在享受地球上最富有国家给他们的最好福利：最好的住房、最好的大学教育和最好的政府工作"。[58] 在随后的几个月中，杜鲁门行政当局不得不应对麦卡锡的指控。由于麦卡锡拿不出有力证据来证实他的指控，所以很快人们就对其指控的可信度产生疑问。在美国人眼里，尽管国际事态发展很糟，但用政府内部有叛国通敌行为来解释国际事态的发展似乎是可笑的和不大可能的。1950 年 6 月 25 日，北朝鲜发起对南朝鲜的进攻。

# 七

和德国一样，朝鲜在第二次世界大战结束时，被苏联和美国军队共同占领。1910 年以后，朝鲜就一直是日本帝国的一部分。1945 年夏，日本投降以后，准备进攻中国东北的苏联红军，也同时开进朝鲜北部。同时，一批原来准备参加攻打日本本土的美国军队也开进了朝鲜南部。因此，对朝鲜的占领并不是事先精心策划的，而是由突然事件（日本投降）引发出来的，这也就是为什么莫斯科和华盛顿很容易地就同意用北纬三十八度线将朝鲜暂时一分为二，这个分界线将在朝鲜成立了一个全国政府以及占领军撤退以后被取消。

占领军在 1948 年至 1949 年间从朝鲜撤出，但是对谁来领导朝鲜这个问题，意见不一。所以，朝鲜仍然处于分裂状态，美国支持的大韩民国控制南部，这个政府是通过由联合国监督的选举产生的。苏联支持的朝鲜民主主义共和国控制北方，在北方，选举从未举行过。当时唯一联系南北方的事情就是内战，在内战中，南方和北方的政府都声称自己代表整个朝鲜，并威胁要进攻对方。

但是，没有超级大国的支持，不管是南方，还是北方，都没有能力进攻对方。美国不允许其南朝鲜盟友攻打北朝鲜，主要是因为杜鲁门政府已经决定放弃保卫亚洲大陆，转而侧重守卫主要的岛屿：日本、冲绳、菲律宾，但不包括台湾。南朝鲜总统李承晚不断要求美国支持他解放北方，他向华盛顿以及美国驻日本占领军司令道格拉斯·麦克阿瑟将军提出要求，但总是遭到拒绝。导致美国领导人决定从南朝鲜撤军的一个原因就是：他们害怕反复无常的李承晚可能发动"北进"攻势，从而把美国拖入一场他们不想打的战争。[59]

李承晚的北朝鲜对手金日成也想攻打南朝鲜，但也没有获得苏联的同意。他一直在要求苏联支持他发动统一朝鲜的军事行动，但总是被拒绝。直到 1950 年 1 月，金日成再一次提出这一要求时，苏联的态度变得积极了。苏联态度改变的原因是：斯大林开始相信在东亚开辟冷战的"第二战场"是可行的，可以通过代理人来开辟这个"第二战场"，并且美国不会干涉。毕竟，美国并没有出兵援救中国国民党政府，而且 1950 年 1 月 12 日国务卿艾奇逊甚至公开宣布美国的"防御线"不包括南朝鲜。斯大林认真地看了艾奇逊的讲话，同时他还阅读了为艾奇

42

逊讲话提供分析依据的国家安全委员会的一份绝密研究报告，是英国间谍将这个研究报告提供给苏联的。斯大林命令他的外交部长莫洛托夫与毛泽东讨论艾奇逊的讲话。斯大林然后告诉金日成："根据从美国得到的消息……美国的大多数意见是不干涉。"金日成向莫斯科保证："进攻将是迅速的，三天之内就可以打赢这场战争。"[60]

斯大林给金日成"开了绿灯"，这是他要在东亚争取主动权的大战略的一部分，他和中共领导人已经讨论了这个大战略。他在同意金日成攻打南朝鲜后不久，又鼓励胡志明在印度支那加强越盟对法国的战争。在朝鲜和印度支那这两个地方的胜利将继续一年前毛泽东的胜利所产生的进攻势头。这一系列胜利将补偿斯大林在欧洲遭受的挫折，同时将反击美国把日本纳入其战后军事同盟体系的做法。斯大林的东亚大战略的一个好处是：它不需要苏联直接出兵，北朝鲜和越盟将以统一国家的名义打头阵，而中共由于希望通过得到斯大林的认可来加强他们革命的合法性，也会在必要的时候非常情愿地向北朝鲜和越盟提供军队支持。[61]

这就是导致北朝鲜进攻南朝鲜的背景。斯大林没有预料到的是北朝鲜进攻南朝鲜的行动对美国的影响。北朝鲜的行动对美国人的震动，几乎就像九年前日本偷袭珍珠港所造成的震动一样巨大，它对美国战略的影响也像珍珠港事件对当时美国战略的影响一样巨大。南朝鲜本身以及朝鲜战争本身在全球力量平衡中没有那么重要，但是三十八度线是经联合国认可的分界线，北朝鲜明目张胆地越过三八线进攻南朝鲜是对整个战后集体安全体系的挑战。20 世纪 30 年代，就是这样的挑战导致了国际秩序的崩溃，导致了随后发生的第二次世界大战。杜鲁门马上知道他应该怎么做，他多次对顾问们说："我们不能让联合国失望。"[62] 几个小时之内，杜鲁门内阁就做出决定，美国将保卫南朝鲜，美国不但是自己采取行动，而且还是在联合国的授权之下采取行动。

美国能够迅速采取行动的原因有两个。第一，美国军队因为占领日本的需要，正好就部署在朝鲜附近，斯大林似乎忽视了这个情况。第二，联合国安理会授权出兵干涉朝鲜时，苏联驻安理会的代表正好缺席，不能投否决票。苏联代表是在几个月前为了抗议联合国拒绝接纳中共政权而选择离开安理会的。斯大林也忽视了这个情况。在联合国的批准下，国际社会在几天之内就动员起来，反击对国际安全的新威胁，莫斯科没有料到国际社会对朝鲜冲突会做出如此反应。

当然，国际社会的反应几乎要以失败而告终，美国和南朝鲜的军队被迫撤到朝鲜半岛的最南端。9月中旬，联合国军在麦克阿瑟将军的领导下，在汉城附近的仁川实施大胆的两栖登陆，打了北朝鲜一个措手不及。如果没有联合国军采取这一出色的军事行动，美国和南朝鲜军队将不得不完全撤出朝鲜半岛。很快，麦克阿瑟将北朝鲜军队包围在三十八度线以南，联合国军并长驱直入地开进北朝鲜。这一连串事件使斯大林大惊失色，他几乎准备接受一场失败的战争的事实，甚至准备面对美国占领北朝鲜的事实，北朝鲜同中国和苏联直接接壤。斯大林疲惫不堪地说："该怎样就怎样吧，让美国人当我们的邻居好了。"[63]

但是，问题在于中国人会怎么做？毛泽东是支持北朝鲜进攻南朝鲜的，在仁川登陆之前，他就将中国东部沿海（面对台湾）的军队调遣到靠近北朝鲜的边境地区。毛泽东估计到美军

45

可能在仁川登陆，还特别提醒金日成要加强提防。8 月初，毛泽东对他的顾问们说："我们必须援助朝鲜同志，我们应该用派遣志愿军的形式支持朝鲜同志。"[64]美国领导人担心中国干涉的可能，出于这个担心，杜鲁门命令麦克阿瑟不要把军队一直开到作为中朝边界线的鸭绿江边。与此同时，美国国务院通过各种渠道，试图用给中共军队造成巨大伤亡的威胁来恫吓中共不要干涉。有一阵子毛泽东不能说服他的顾问们赞同中国有必要干涉朝鲜战争，斯大林知道了这一情况后，于 10 月初告诉金日成准备完全放弃北朝鲜。但是，很快毛泽东主张干涉朝鲜的看法占了上风，他通知苏联和北朝鲜，中国将出兵朝鲜，挽救金日成。[65]

　　结果，1950 年 11 月末，两支军队又一次隔着一条河剑拔弩张，这一次双方的戒备状态没能转化成庆祝、握手、饮酒、跳舞和憧憬未来。一个美国军官后来回忆："我以为我们已经打赢了朝鲜战争，感恩节到了，我们享受节日大餐……感恩节意味着我们回家了……那时，我们已经快打到鸭绿江了，我们该回家了。"[66]但是，这一次河对岸的军队却是来者不善。那支军队的领导人毛泽东对斯大林说："我们的目标是解决朝鲜冲突，也就是说在朝鲜境内消灭美国军队或者是将他们以及其他国家的侵略军赶出朝鲜。"[67]11 月 26 日，大约 30 万中国军队开始入朝参战，在军号的激励下，发起人海式攻势，使联合国军猝不及防。两天以后，麦克阿瑟告诉参谋长联席会议："我们面对一场全新的战争。"[68]

八

　　因此，第二次世界大战的胜利并没有给战胜方带来安全感。

在 1950 年结束时，不管是美国，还是英国，还是苏联，谁都不认为自己在二战中为了打败德国和日本而付出的生命和物质代价换来了战后的安全感：昔日大同盟中的战友如今已成为冷战对手。他们的利益是互相矛盾的；他们的意识形态就像在战前一样，是不相容的；美英苏的军事领导人都害怕再发生一次突然袭击。一个围绕战后欧洲走向的冲突已经扩展到亚洲。斯大林的统治仍然那么严厉，仍然那么依赖于内部大清洗，再加上美国出现麦卡锡主义以及在大西洋两边都发现间谍渗透的确凿证据，人们不能确定：西方民主国家是不是还能继续容忍不同意见，是不是还能继续尊重公民自由，而尊重公民自由恰恰是区别西方民主国家同法西斯独裁国家的关键因素。

1947 年，凯南对国家战争学院（National War College）的学生说："事实上，在我们每个人的内心深处都有那么一点极权主义的倾向，因为我们有自信和安全感，所以能够将我们身上的极权主义罪恶倾向压下去……如果没有了自信和安全感，恐怕我们身上的极权主义倾向就会冒出来。"[69]凯南是在提醒人们，需要加以遏制的敌人既存在于享受自由的人中间，也存在于压制自由的人中间。遏制政策的发起人会说出这样的话，表明当时对战后国际秩序存在着广泛的恐惧，而战时人们曾对这个战后国际秩序抱有很大的希望。这也解释了为什么奥威尔的《1984》一书在 1949 年一出版就立刻在文坛获得成功。[70]

但是，奥威尔在他的书中起码还描述了一个世界的未来，尽管这个未来是非常惨淡的，而在 1950 年初，凯南却担心这个世界可能没有未来。凯南写了一份绝密备忘录，但杜鲁门政府没有把它当一回事。在这份备忘录中，凯南指出，从历史上看，

47

使用武力一直是"实现目的的一个手段，这个目的不是战
争……这个目的起码不否定生命存在的原则"。但是，原子弹
和氢弹却不符合上述历史定律，因为：

> 它们将西方文明推回到野蛮时期，推回到亚细亚部落
> 所推崇的那种战争观念上。如果政治的目的是改变对手的
> 生命，而不是消灭对手的生命的话，原子弹和氢弹不可能
> 为这样的政治目的服务，因为它们不可能顾及人对人的最
> 终责任，甚至不可能顾及人们对彼此失误和错误的包容。
> 它们意味着人们不仅可能是，而且就是自己最坏的敌人。

凯南认为，其中的教训就如莎士比亚的一首诗所说的：

> 权力成为意志，意志变成欲望，欲望就如一条贪婪不
> 足的恶狼，它在得到了意志和权力后，把全世界都当作它
> 的猎物，最后把自己也吃掉。[71]

# 第二章　死亡艇和救生艇

杜鲁门总统：我们会一如既往采取必要的措施来应对　48
军事局势。

记者：这将包括使用原子弹吗？

杜鲁门总统：这包括我们掌握的所有武器……战场上
的指挥官也将一如既往有权决定使用什么武器。

——总统新闻发布会[1]

1950 年 11 月 30 日

中国人民志愿军——这是中国入朝部队的正式称呼，却是
不准确的称呼——于 10 月中旬开始秘密地越过鸭绿江，于 11
月底部署完毕。当主要由美国和南朝鲜士兵组成的联合国军挺
进北朝鲜边界时，中国士兵突然开火，重创联合国军。就在杜
鲁门总统举行新闻发布会的那天，麦克阿瑟将军指挥的军队在
敌人的猛攻面前，节节败退。在华盛顿的美国官员不得不考虑
采取紧急措施以挽救局势。

12 月 2 日，在杜鲁门的授权下，麦克阿瑟命令美国空军向
正在顺着朝鲜半岛往南推进的中国军队投掷了五枚原子弹，这
些原子弹每一枚的当量都相当于美国投向广岛的那枚原子弹的
当量。尽管这次在朝鲜投放的原子弹所造成的破坏力不如第二
次世界大战结束时对日本城市使用的原子弹的破坏力大，但它　49
们产生的冲击波和热浪还是阻止了中国军队的攻势。大约有 15
万中国士兵和一些数不清的美国和南朝鲜战俘被炸死。北大西

洋公约组织盟国立刻谴责麦克阿瑟的行为，因为他在对中国军队使用原子弹时没有事先和盟国商量。联合国安理会要撤销六个月前它授权采取军事行动保卫南朝鲜的决定，由于美国投了否决票，安理会的这个新决议没能获得通过。苏联的盟友中国强烈要求苏联用原子弹回击美国，苏联向美国发出 48 小时最后通牒：停止在朝鲜半岛的一切军事行动，否则将面临"最严重的后果"。

12 月 4 日，苏联最后通牒的期限已过，两架苏联轰炸机从海参崴起飞，每一架都携带一枚初级的但完全可以使用的原子弹。他们的目标是南朝鲜的城市釜山和仁川，这两个城市都是为联合国军运输补给的重要港口。苏联的原子弹将釜山和仁川夷为平地。美国和南朝鲜在釜山和仁川的死亡人数是麦克阿瑟先前使用原子弹给中国军队造成的死亡人数的两倍，同时，麦克阿瑟还几乎完全失去了他的后勤补给线。麦克阿瑟命令驻扎在日本基地的美国轰炸机向海参崴和中国的沈阳、哈尔滨扔原子弹。消息传到日本后，引发广泛的反美示威——日本在苏联轰炸机的飞行范围内——同时英国、法国、比利时、荷兰、卢森堡宣布正式从北大西洋公约组织中撤出。很快，有关西德城市法兰克福和汉堡上空出现蘑菇云的消息不胫而走，借用作家克特·冯尼格特（Kurt Vonnegut）的话，事情可能就这样发生了。[2]

但是事情并没有这样发生。在上面叙述的事件中，只有杜鲁门总统的新闻发布会和第一段中所提到的中国军队入朝重创联合国军的事真的发生了。美国向在朝鲜的中国军队使用原子弹和苏联向釜山、仁川投原子弹的事都是虚构。事实上，在杜鲁门总统新闻发布会讲话之后，美国政府就急忙向媒体、盟国，

甚至是敌人，做出澄清：总统讲话中的措辞是欠考虑的，美国
政府无意在朝鲜使用核武器，只有军队的最高统帅（即总统）　50
才能改变不在朝鲜使用核武器的决定。虽然美国在朝鲜遭受了
自美国内战以后最屈辱的军事挫折，但是它仍执意要在朝鲜打
一场有限的战争，尽管这样做意味着它要面对一个无限期的僵
局。当麦克阿瑟不同意这个有限战争的政策时，杜鲁门于 1951
年 4 月毅然决然地将他解职。

朝鲜战争又拖延了两年，很像第一次世界大战的阵地战。
当中国、美国以及它们各自的盟友最后于 1953 年 7 月达成停战
协议时，战争已经使朝鲜半岛满目疮痍，哪一方也没有真正获
胜。南北朝鲜的分界线基本上还是 1950 年时那样，改动不大。
根据官方的数据，共有 36568 名美国人在战争中死亡，但其他
参战方死亡人数的统计却难以精确做出。在三年的战争中，中
国很有可能损失了 60 万士兵，可能有超过 200 万的朝鲜士兵和
平民丧生。[3] 朝鲜战争有一个明确的教训：它为以后的冲突提供
了一个先例，即拥有核武器的国家可以卷入一场流血和持久的
冲突，但它们不会使用核武器。

———

1945 年第二次世界大战结束时，人们害怕的不仅仅是极权
主义，他们还害怕原子弹。美国在广岛和长崎投掷的原子弹促
使日本投降了。当时，原子弹既使人们兴奋，也使人们恐惧，
因为如果一枚原子弹就可以摧毁一个城市的话，那么将来的战
争会是什么样子？在历史上，武器被发明出来但不被使用的先
例非常少，唯一一个主要先例就是第二次世界大战中没有一方

51　使用毒气弹，原因是在第一次世界大战中，毒气弹被广泛使用，没有被有效地控制。而几乎所有其他被发明的武器，从弓箭到火药，从大炮到潜水艇，再到轰炸机，只要有机会，它们就会被使用。

但是，原子弹和先前那些武器不一样，因为正如美国战略家伯纳德·布罗迪（Bernard Brodie）于 1946 年说的那样，原子弹"要比过去最有威力的炸弹的杀伤力还要厉害几百万倍"。[4] 广泛使用原子弹可能改变战争的性质，因为原子弹不仅可以消灭前线士兵，还可以摧毁后方运输线以及支撑战争的城市和工业基础，一切都可以被置于战火之下。

战争伴随人类历史的全过程，在最早的部落和定居点出现时，战争就发生，以后随着城市、民族国家、帝国和现代国家的出现，战争一直持续不断。战争的不同只是表现于在战争中使用的手段不同而已，即技术的进步导致战争杀伤力的增强，战争规模的扩大造成战争代价的提高。公元前 5 世纪雅典和斯巴达之间的伯罗奔尼撒战争是我们能够具体描绘的第一场战争，那场战争大概造成 25 万人死亡。20 世纪的两次世界大战可能导致 7500 万人死亡。人类倾向使用武力的特点导致了过去所有战争的发生，就像修昔底德曾经预言的那样"一切都是人性使然"。[5] 不同的只是武器的"改进"增加了死亡的人数。

这一严酷的现象促使著名的普鲁士战略家克劳塞维茨在拿破仑战争之后提出一个警告：采取无限制武力的国家最后自己将会被武力吞并。如果战争的目标是保卫国家的生存——除此之外，还能有别的目的吗？——那么，战争就必须是有限的。下面就是克劳塞维茨对战争性质分析的精髓所在，他指出："战争是……用另一种方式继续进行政治活动……政治目标是

目的，战争是达到政治目标的手段，不能将手段和它所服务的
政治目标分开来考虑。"[6] 武器已变得如此具有杀伤力，如果它　52
们威胁到战争所服务的政治目标本身，那么，国家自己就会成
为战争的牺牲品。在这种情况下，使用武力只会毁灭武力原应
保卫的目标。

　　20 世纪前半期就发生了上述事情。德意志帝国、俄罗斯帝
国、奥匈帝国和奥斯曼帝国由于在第一次世界大战中战败而瓦
解，英法两个帝国虽然是第一次世界大战的战胜国，也仍然元
气大伤。第二次世界大战造成了更具灾难性的后果：不光是很
多国家在政治上完全消失，而且它们的城市和乡村也遭受了巨
大的破坏；犹太人作为一个民族，几乎被完全消灭。在美国还
没有在广岛和长崎扔原子弹之前，克劳塞维茨对全面战争后果
的警告就已经不幸言中了。

　　尽管原子弹具有前所未有的革命性质，但指导原子弹研制
的基本思想却是古老的和熟悉的，即如果一个武器有效，就使
用这个武器。数千人为第二次世界大战中的曼哈顿项目工作，
他们几乎都认为，研制原子弹的工作和过去人们研制常规武器
的工作没什么区别，一旦成功研制原子弹，他们就会使用原子
弹，届时，哪个敌人还存在，就用在哪个敌人头上。[7] 技术可能
改变了，但人们不断加强使用暴力的习惯没有改变。

　　因此，原子弹的研制者可能对后来的情况感到意外，即美
国在 1945 年 8 月 6 日和 9 日首次在军事上使用原子弹以后，这
两次原子弹的使用也成为 20 世纪对原子弹的唯一两次使用。随
着打大规模战争的手段更加具有摧毁力，出现大规模战争的可
能性也在变小，并且最终将完全消失。与修昔底德从他那个时
代的大规模战争吸取的教训相反，人类的本性真的改变了，广

岛和长崎遭受原子弹打击所产生的震撼开始了人类改变自己使用武力习惯的过程。

二

53　　改变人们使用武力的习惯需要有人起领导的作用。在这方面率先采取最重要行动的领导人是哈里·杜鲁门，他也是唯一一位曾下令用原子弹杀人的领导人。他曾说，他今后一生都不会因为下令使用原子弹而失眠，但是他的实际行为却表明：他对使用原子弹是很谨慎和不安的。就在原子弹在新墨西哥州沙漠试验成功的那天，他在日记中写道："机器的发展要比道德的进步快好几个世纪，当道德的进步最后赶上机器发展的时候，我们就不需要任何机器了。"一年以后，他在日记中进一步阐明他对技术发展的担心，他写道："在过去历史的长河中，人类及其思想改变不大，但现在人类必须改变自己的思想，否则，人类将面对完全和彻底的毁灭，接替人类的可能是昆虫时代或一个没有大气层的星球。"[8]1948年，杜鲁门对一些顾问说："下令使用具有如此巨大破坏力的武器……是一个非常糟糕的决定，这个武器的破坏力超过我们手中所有武器的破坏力……所以，我们在对待这个武器时，必须采取同对待步枪、大炮及其他类似的常规武器不同的态度。"[9]

　　杜鲁门说的这些话直来直去，因为他是一个平实无华的人，但话中的含义却是革命性的。在历史上，政治领袖几乎总是让手下的军事指挥官决定在战争中使用什么武器，不管它们具有什么样的破坏力。克劳塞维茨的警告从来没有改变这一传统。林肯总统充分授权他手下的将军采取一切行动打败南方军队，结果，在美国内战还没有结束，60多万美国人已经死于战火。在第一次世界大战中，文职领导人基本上不限制军方的行动，结果是战争残酷无比，在索姆河一战中，英国一天之中就损失了2.1万名士兵，他们中大多数是在一个小时之内就战死的。在第二次世界大战中，英美实施了战略轰炸，经常是一夜之间造成数以万计的平民死伤。每一次发生这种情况时，没有谁为了通报情况而去叫醒丘吉尔或罗斯福。杜鲁门自己也是让陆军航空兵决定何时、何地使用第一批原子弹，在原子弹使用前，"广岛"和"长崎"的名字对杜鲁门来说，就像对所有其他人一样，是非常陌生的。[10]

54

但是，美国在广岛和长崎投了原子弹以后，杜鲁门就开始改变过去的做法。他命令文职部门，而不是军方，控制原子弹和负责进一步的原子弹研发和生产。1946年，他还建议将所有的原子弹和生产原子弹的设备交给刚成立的联合国管理，尽管根据"巴鲁克计划"〔即由美国资深政治家伯纳德·巴鲁克（Bernard Baruch）提出的计划〕，在一个有效的国际监督机制建立之前，美国不会放弃对原子弹的垄断。与此同时，尽管美国军方领导人总是不厌其烦地要杜鲁门表态，在未来的战争中，在什么样的情况下，他们可以使用原子弹，但是杜鲁门拒绝在这个问题上明确表态。只有总统才能决定在什么情况下可以使用原子弹。杜鲁门不愿意让几个"毛毛躁躁的中校来决定什么时候是扔原子弹的适当时机"。[11]

在杜鲁门对待原子弹的态度中有不合逻辑的成分。他的态度不仅使美国军队不能将核武器装备到部队中去；还使美国人弄不清楚他们应该如何利用自己掌握的核垄断来促使苏联在政治上更合作一些；最后，它还妨碍了美国对苏联采取

威慑行动，因为美国官员一方面想用核武器来阻止斯大林利
用苏联红军在欧洲的人数优势，但另一方面，杜鲁门却又不
让五角大楼知道美国到底有多少枚原子弹以及它们的爆炸威
力有多大。因此，没有人知道美国该如何使斯大林就范。事
实上，在第二次世界大战结束以后的最初几年中，苏联情报
部门对美国原子弹的了解很可能超过了美国参谋长联席会议
对美国原子弹的了解，因为苏联的间谍是很出色的，他们混
入了英国情报系统的最高层，而杜鲁门却执意要保持文职官员
对军方的控制。[12]

55

　　从长远的角度看，杜鲁门开启的由总统控制核武器使用的
先例是非常重要的，相比之下，他在对待核武器问题上所表现
出的那些不合逻辑的地方，就显得并不那么重要了，因为通过
拒绝让军方控制核武器，他重申了总统控制战争权的基本原则。
尽管据我们所知杜鲁门总统并没有看过克劳塞维茨的书，但是
他却重复了克劳塞维茨的一个精深的思想，即战争应该是政治
的工具，而不是政治为军事服务。我们如果看看杜鲁门的履历，
很难想象他会达到克劳塞维茨那样的思想境界。杜鲁门的军事
经验很有限，他只是在第一次世界大战中当过炮兵上尉，后来
经商，但不成功。他是一个成功的但并非突出的政客。如果不
是罗斯福总统在1944年总统选举中把当时任参议员的杜鲁门挑
选为自己的副竞选伙伴，如果不是罗斯福总统在任上去世，杜
鲁门是不可能成为总统的。

　　杜鲁门再次强调克劳塞维茨思想也和他当时所处的独特环
境有关：1945年8月以后，由于杜鲁门掌握了原子弹，他只要
下一个命令，就可以造成死亡和毁灭，他这种可以导致死亡和
毁灭的能力是历史上任何一个人都不具备的。这样一个严酷的

事实，使得一个平凡的人做出了一个不平凡的举动：他扭转了人类历史上的一个规律，即只要一个武器被发明，人们就会使用这个武器。这个规律可以一直追溯到古代，由于时间久远，这个规律的古代根源时常不被人们注意。

三

　　杜鲁门虽然否定了上述武器使用规律，但这一局面能维持多久也不完全取决于他，因为美国军方的压力一直很大。五角大楼的官员们非常担心欧洲的军事力量对比，原因是部署在那里的苏联红军的数量远远超过美国及其盟国军队的数量。他们不得不假设：如果苏联采取行动占领欧洲的其余地区，杜鲁门会下令使用原子弹。他们如此假设也不是没有根据的，因为杜鲁门自己在1949年就曾经说过，如果不是美国掌握了原子弹，"俄国人可能早就把欧洲全部拿下来了"。[13]杜鲁门的话表明，斯大林的反应对决定未来战争的走向也至关重要。

　　杜鲁门和他的顾问们曾希望斯大林意识到原子弹的威力，从而相应收敛一下他的野心。所以，他们邀请苏联军官去参观原子弹在广岛留下的废墟，邀请他们于1946年夏观看第二次世界大战后首次原子弹试爆。杜鲁门曾一度相信："如果我们让斯大林和他手下的官员看了广岛废墟或美国原子弹试爆的场景以后，未来会不会发生战争就不再是问题了。"[14]杜鲁门以为，让苏联人亲眼看原子弹爆炸的威力就能改变斯大林这个老独裁者的行为，但是杜鲁门低估了斯大林，因为斯大林从他过去的经历中早就得出这样一个结论，即不管你有多大的恐惧，都不要表露出来。

56

　　我们现在知道，斯大林是充满恐惧的，因为他曾经私下说，原子弹是"一个巨大的东西，威力非常巨大"。[15] 他的恐惧促使他启动建造苏联原子弹的重大工程，这个工程给苏联受战争摧残的经济带来了巨大负担，这个负担要远远高于曼哈顿计划对美国经济所造成的负担，因为斯大林使用强制劳工，并不顾该工程在健康和环境方面的负面作用。杜鲁门曾经通过巴鲁克计划（Baruch Plan）表示愿意将美国的核武库交给联合国监管，但是斯大林否定了巴鲁克计划，因为该计划要求苏联同意联合国核查人员到苏联去检查和监督。他担心，美国会对苏联发动先发制人的打击，从而使苏联核工厂在还没来得及生产出原子弹以前就被毁灭掉。斯大林的担心是不必要的，因为当时美国官员并没有把握确信：美国如果对苏联采取先发制人的打击，摧毁苏联的核工厂，引发一场战争，就一定能够打赢这场战争，尽管美国拥有核垄断。[16]

　　斯大林的恐惧很可能是促使他在 1948 年柏林封锁期间允许英美飞机对柏林实施空投的原因。斯大林可能通过间谍手段获悉，在柏林危机期间杜鲁门派往欧洲的 B－29 轰炸机没有携带原子弹，但他同时也知道，如果苏联击落美国飞机的话，美国很可能真的用携带原子弹的轰炸机对苏联进行报复。他害怕美国核报复所产生的后果。1945 年美国在没有原子弹的情况下，将德累斯顿夷为平地，那么，现在拥有原子弹的美国要是打击莫斯科，会有什么结果？[17] 在苏联第一枚原子弹试爆之前，斯大林对一个来访的中国代表团说："如果我们作为领导人"让第三次世界大战打起来的话，"苏联人民不会理解我们，他们可以把我们赶下台，因为我们低估了所有战时和战后付出的努力和遭受的苦难，因为我们把一场世界大战看得太无所谓"。[18]

但是，对斯大林来说，他不能表露出他的恐惧，不然的话，美国人就会知道他们把他吓住了。1946年，斯大林在被采访时语带讥讽地说："原子弹只能吓唬意志薄弱的人。" 斯大林知道，杜鲁门和他的顾问们会看到他的讲话。[19]在随后的几年中，苏联外交表现出更多的一意孤行，而不是合作，在几乎所有的谈判中，苏联的反应总是"不"。除了柏林封锁这个唯一的例外，很难发现美国从其核垄断中还占过其他什么政治上的便宜。斯大林一方面提醒中国人小心不断增加的战争危险，另一方面，他又对他们说："他们（美国人）用原子弹吓唬我们，但是我们不害怕。"[20]斯大林的话可能并不代表他的真实想法，但是，他的战略谋划是有道理的，他洞察原子弹的性质和作用：除非发生战争，否则，原子弹就是几乎不可使用的武器。

尽管斯大林对原子弹的作用得出了上述结论，但是，当苏联科学家于1949年8月成功研制出原子弹时，斯大林仍然大松一口气。他说："我们如果再晚一年或一年半制造出原子弹，可能就会遭到美国的核打击。"斯大林在这一时期说的另一句话更耐人寻味，他说："如果战争爆发，原子弹会不会被使用，取决于像杜鲁门、希特勒这样的领导人是否掌权。人民不会让这样的人掌权，使用原子弹就意味着毁灭世界。"[21]

斯大林对杜鲁门产生误解是情有可原的，因为就像斯大林将他对原子弹的恐惧藏而不露一样，杜鲁门也不将他对原子弹作用的怀疑公之于众。但是斯大林对美国人民所表现出的信心却是令人意外的。他对美国人民的看法和他对苏联人民的看法相吻合，因为他曾担心，如果他轻率地发动战争，苏联人民会 58

"将我们赶下台"。斯大林关于世界末日的想法也是很有意义
的，因为如果杜鲁门知道他的想法的话，会表示完全同意。看
来，在对待原子弹的作用这个问题上，莫斯科的领导人和美国
领导人持相同的看法。

很有可能的是，拥有原子弹就不可避免地产生一个结果，
即原子弹使拥有原子弹的人，不管他们是谁，变成了克劳塞维
茨信徒，使他们明白：不管文化、意识形态、国籍、个人道德
价值观的差距有多大，战争必须成为政策的工具，因为有像原
子弹那样威力的武器存在，如果不把战争作为政策的工具，结
果就是人类的灭亡。

## 四

但是，在1950～1951年那个寒冷的冬天，杜鲁门政府官
员担心的不是一场民族的或全球的毁灭，而是美国和南朝鲜
军队被几十万中国军队消灭的可能性，当时中国士兵正把美
国和南朝鲜士兵赶往朝鲜半岛南部。在1950年底的时候，美
国掌握着369枚可供使用的原子弹，美国可以从日本和冲绳
的基地将这些原子弹轻而易举地运到朝鲜战场，打击中国军
队或摧毁中国军队的补给线。当时，苏联很可能拥有不超过
5枚可供使用的原子弹，苏联的这些原子弹不像美国的原子
弹那样可靠。[22]在美苏原子弹数量的对比上，美国具有74∶1
的优势，但是，美国为什么没有利用核优势来扭转自己在朝
鲜的军事挫折呢？这个军事挫折是美国在过去一百年中首次
遭遇的。

杜鲁门坚定地认为，原子弹有别于所有其他的武器。基

于这一信念，他得出了一个不使用核武器的原则，但是军事
上的迫不得已是可以改变这个原则的，比如，如果当时苏联
入侵西欧的话，杜鲁门是极可能放弃那个原则的。另外，还
有具体的操作问题阻止了美国在朝鲜使用核武器。比如，用
原子弹炸什么目标这个简单的问题。研制者在设计原子弹时
考虑的打击目标是城市、工厂、军事基地和交通枢纽，但是
朝鲜却没有这样的目标，联合国军在朝鲜面对的大多是在土
路或崎岖山道上徒步行走、肩扛补给的军队。有一位美国将
军曾问道："把原子弹往哪儿扔？"答案不清楚，也没有明确
的证据表明：在朝鲜扔一个或几个或更多的原子弹就能对扭
转战局起决定性作用。[23]

　　当然，美国可以考虑用原子弹打击鸭绿江北岸的中国城市、
工厂和军事设施，杜鲁门政府官员也确实讨论过这样的行动，
1951年春，他们甚至考虑将还没有拼装好的原子弹运往西太平
洋的基地。但是，用原子弹打击中国目标的政治代价是巨大的。
正如一位历史学家所说，"华盛顿的欧洲盟友非常害怕战争被
扩大"。[24]一个原因是如果美国用原子弹打击中国而使苏联凭借
中苏同盟条约介入战争的话，美国就将不得不使用西欧的基地
来打击苏联的目标，从而使北大西洋公约组织国家面临苏联报
复性空中打击的危险，甚至受到苏联的全面陆上入侵。鉴于北
约当时的军事力量很薄弱，美国在朝鲜使用原子弹可能最终导
致西方盟国不得不从欧洲撤到英吉利海峡边上，甚至不得不跨
过英吉利海峡。

　　美国在朝鲜没有使用原子弹的另一个原因是战场的军事形
势。到1951年春季时，中国军队的补给线已经跟不上了，而联
合国军在李奇微将军的领导下已经开始反攻。尽管联合国军的

攻势并没有向北推进多远，但是它起码在三八线稍北的地方把战场稳固下来，这为谈判创造了条件。通过苏联的渠道，停战谈判于 7 月举行，但没有取得进展，战争又拖延了两年，使所有的参战国以及朝鲜人民都为此付出巨大的代价。但是，不扩大战争和可能不使用原子弹的原则被确定下来。

60

在所有这些问题上，斯大林的作用是含糊不清的。当然，是他允许北朝鲜的进攻从而引发朝鲜战争的。美国果断和坚决的反应使他大惊失色，当麦克阿瑟的部队推进到鸭绿江边时，斯大林死命要中国参战，如果中国不参战，他就会放弃北朝鲜。[25]他同意通过谈判来结束战争，这一决定表明他准备接受军事上不分胜负的结局，但他也意识到将美国在军事上陷在东亚的好处，因此，他要使停战谈判旷日持久。他对毛泽东说："一场拖延不断的战争将使中国军队有可能在实战中学习现代战争，同时，它又可以削弱杜鲁门政府在美国国内的地位，打击英美军队的军事威望。"[26]中国和北朝鲜都因为战争而筋疲力尽，到 1952 年秋时，他们都想结束战争，但是斯大林却要他们继续打下去。直到斯大林去世以后，他的继任者才同意签订停战协议，那已经是 1953 年 7 月了。

因此，美国和苏联并没有在朝鲜直接兵戎相见，很多年来人们接受了这个结论。但是最近发现的证据却使我们不得不重新看待这个结论。有一点很清楚：斯大林允许苏联飞行员驾驶战斗机进入朝鲜，和美国飞行员驾驶的战斗机相遇。所以，朝鲜战争是一场美苏之间真刀真枪直接较量的战争，在整个冷战中，美苏如此直接的对抗也只有这一次。但是双方都对此事三缄其口，苏联从未公开提及其空军参加朝鲜空战，而美国方面完全知道苏联空军的介入，却也选择对此事避而不谈。[27]在对抗这个问题上，两个超级大国都觉得既有必要又太危险。因此，他们达成默契：都不声张他们在朝鲜战争中进行空中对抗的事。

# 五

发明了一个武器，但又不使用这个武器，这是一个使人感到陌生的概念，但是这个概念并没有撼动人们常有的一个想法，即必须探索新技术的军事运用。在这样一个想法的驱动下，1949 年 8 月苏联成功试爆原子弹以后，美国一些科学家向杜鲁门进言，告诉他有可能制造热核弹或超级弹。科学家对这个武器早有所知，但杜鲁门却是第一次听说。热核弹的原理和原子弹的原理是不一样的，热核弹是用融合原子的方法产生爆炸力，而原子弹是用分裂原子的方法产生爆炸力。科学家预计，热核弹的爆炸力非常巨大，他们没法告诉杜鲁门在战争中使用热核弹会产生什么效果。也正是由于这个原因，许多人反对制造这个武器，凯南反对，负责曼哈顿计划的罗伯特·奥本海默（J. Robert Oppenheimer）反对，杜鲁门的另外几个高级顾问也反对。他们都认为，热核弹这个可以带来世界末日的武器违反了克劳塞维茨的原则，即一个军事行动不应该毁灭它本应该保卫的东西。[28]

但是，支持研制"超级弹"的人考虑的不是核武器的实际军事使用。他们认为，热核武器在心理上，而不是军事上，是有必要的。如果西方不拥有这个武器而苏联却掌握了这个武器的话，整个西方世界就会惊恐不安。如果西方拥有了这个武器，西方世界就有了安全感，就可以对苏联产生阻吓效果，就可以

61

抵消斯大林由于掌握了原子弹而获得的任何优势，就可以使美国在核武器竞赛中保持领先地位。如果美苏双方都研制成功"超级弹"怎么办？杜鲁门认为，那也要比苏联一家垄断"超级弹"要好。

杜鲁门总统最后决定，如果美国能够制造后来被人们称作"氢弹"的武器的话，那么，美国就必须制造这个武器。如果美国在任何武器领域落后的话，哪怕只是表面上落后，后果都是灾难性的。美国所面临的问题不是如何打败对手，而是如何让对手从一开始就不敢发动战争。这就产生了一个耐人寻味的现象：一方面，美国人认为，要使苏联不敢发动战争，美国就必须研制威力巨大的武器，尽管他们并不知道这个武器的实际军事用途是什么；另一方面，美国拥有了这样的武器就使苏联人相信，一旦战争真的打起来，美国毫无疑问就会使用它所掌握的"超级武器"。根据这个逻辑，只有通过非理性的方法才能取得理性的结果，即战争的终极武器变成了使战争服从于政治目的的手段。1950 年初，杜鲁门指出："我们必须制造氢弹，尽管没人想使用它，但是……为了应对苏联，我们必须拥有它。"[29]

实际上，苏联科学家从 1946 年开始就一直在研发"超级弹"，但是他们不像美国的核科学家那样把注意力集中在区别核裂变武器同核聚变武器上。他们也不像美国人那样认为氢弹要比原子弹更有威力，他们并不认为使用氢弹在道义上是站不住脚的。正是因为苏联在研制氢弹方面先走了一步，所以，美苏在热核武器领域的竞赛非常接近，远远小于两家在原子弹竞赛中所产生的差距。在研制氢弹的过程中，苏联主要依靠他们的聪明才智，而不是依靠间谍活动。1952 年 11 月 1

日，美国第一次试验氢弹，削平了太平洋中的一个岛屿，接着苏联于1953年8月12日在中亚沙漠中第一次试爆氢弹。美苏的试验都使天上的鸟儿顿时失明，遍体灼伤，从天空中坠落。这个结果当然危害了鸟类，对人类却是一个小小的但是意义重大的启示。

观察这两次试验的美苏科学家都对氢弹成功爆炸的印象深刻，他们在记录氢弹爆炸的破坏性时做了几乎完全一样的描绘：既然"超级弹"不能像原子弹那样在人群中进行试验，科学家只能用鸟做试验，来研究氢弹可能会对人造成什么危害。这些鸟是最具危险性的矿井巷道中的金丝雀。爆炸现场的目击者都证实了氢弹设计者曾经的预言，即在战争中是不可能理性地使用威力如此巨大的武器的。一位美国物理学家后来回忆说："氢弹看起来使全部地平线都变成一片黑暗。"　63一个苏联科学家则说：氢弹"爆炸的威力是不可想象的"。[30]这两位科学家说的话是如此相像，就好像他们是在描述同一个事件，而实际上他们说的是两次不同的爆炸试验，时间上相差9个月，爆炸地点则相隔9000英里，而两个人又代表了两个不同的国家，这两个国家正在进行一场将世界分为两极的地缘政治竞争。物理的原理是一样的，尽管有许多别的分歧将世界划分开来。

# 六

氢弹的出现使苏联和美国的科学家产生了一个看法，即氢弹这个新武器可以使克劳塞维茨曾经做过的一个预言成为现实，那个预言是人们可能打一场总体的却无目的的战争。这个看法是杜鲁门、斯大林已经开始意识到的，尽管两人并不知道彼此的担忧。但是，1953 年 1 月，杜鲁门任期结束，卸任总统职位，两个月以后，斯大林也离开了人世。在华盛顿和莫斯科，新的领导人掌权，他们很快就要面对核责任以及如何避免不要出现克劳塞维茨上述预言的艰巨任务，这些责任和任务将给他们带来很多困扰和纠结。

　　和他的前任杜鲁门不一样，德怀特·艾森豪威尔在 20 世纪 20 年代还是一个年轻军官时就数次读过克劳塞维茨的书。艾森豪威尔同意军事手段必须服从于政治目的的观点，但他又认为，应该可以将核武器作为军事手段。他在成为总统时仍抱有一个信念，即战争的性质并没有发生根本性的改变。在朝鲜战争的最后几个月中，他不断要求他的军事顾问们想办法，看是否有可能用战略和最近研发的"战术"核武器来结束朝鲜战争。他还允许他的新任国务卿约翰·福斯特·杜勒斯（John Foster Dulles）公开暗示，美国正在计划这么做。艾森豪威尔知道盟国将反对美国的做法，但是他认为："总会有办法打破那些限制使用核武器的条条框框。"[31]

64　　在艾森豪威尔看来，打破限制使用核武器的束缚的道理很简单：美国不能再卷入一场像朝鲜战争那样的有限战争。再打那样的战争就意味着将战争的主动权拱手交给对手，让对手决定在什么地点、什么时间和用什么方法打仗，让对手控制美国资源的使用，其结果将削弱美国经济，打击美国人民的士气。艾森豪威尔认为，解决上述问题的办法就是改变战略，即美国应该在回应侵略行为时，自己决定回应的时间、地点和方法，那就涉及核武器的使用。1955 年，艾森豪威尔总统说："在任何一场战斗中，如果能够将核武器用于纯粹的军事目标，服务于纯粹的军事目的话，我认为，就像使用一颗子弹或任何别的武器一样，我们应该可以使用核武器。"[32]

但是，到艾森豪威尔说上面那番话时，热核爆炸的物理效应已经打破了那番话所体现的逻辑。一个关键事件是1954年3月1日美国在太平洋进行的"布拉沃"（BRAVO）热核试验，那次试验失去了控制。那颗氢弹的核爆力是1500万吨，比预期的500万吨要高两倍，是轰炸广岛的那枚原子弹核爆力的750倍。氢弹试爆所产生的放射性微粒随风飘散了几百英里，污染了一艘日本渔船，导致一个日本船员死亡。世界各国的放射物检测站都采集到危害性不大的放射性颗粒。一场核战争所提出的问题是令人不寒而栗的，那就是：如果一颗氢弹爆炸就可以产生全球性的生态后果的话，那么，使用几十颗、几百颗，甚至几千颗核弹将会产生什么样的后果？

有趣的是，第一个对上述问题做出回答的人是乔治·马林科夫（Georgii Malenkov），他是一个满脸冒油的苏联官僚，政绩恶劣。在斯大林去世以后的权力斗争中，马林科夫由于幸运而非本事，成为在苏联掌权的三驾马车之一。在"布拉沃"试验12天以后，他说了一番使他自己的同事以及西方观察家都很惊讶的话。他公开地说，用"现代武器"进行新的世界战争将导致"世界文明的终结"。苏联科学家很快证实了马林科夫的说法，他们在给克里姆林宫最高层的绝密报告中指出，只要有100颗氢弹爆炸，"整个地球的生命就会无法生存"。[33]

与此同时，又一次担任英国首相的温斯顿·丘吉尔也得出相似的结论。丘吉尔作为政治家要比马林科夫杰出得多，丘吉尔过去也不是以和平主义者闻名，几年以前，他曾经建议美国趁仍拥有核垄断优势时在军事上抗衡苏联。[34]但是，在"布拉沃"试验以后，他完全改变了立场。他对他的二战盟友艾森豪威尔说，如果在英国爆炸几颗氢弹，英国将变成无法居住的地方。但是，这也并非一定就是坏消息。他在英国下议院说，核武器产生的"新恐怖导致了战争中消灭对手的平等性出现，我的话听上去可能很奇怪，但我们应该从核战争会造成所有人毁灭的事实中看到希望，甚至信心"。[35]

这确实是一件很奇怪的事：马林科夫和丘吉尔这样如此不同的领导人会在几乎同一时间说出相同的话。对这两位领导人来说，"毁灭对手的平等性"这一命题的含义是十分清楚的：因为用核武器进行的战争会毁灭战争原本要保卫的东西，这样的战争绝不应该发生。对核危险的共同意识又一次占上风，这一共识超越了美苏双方在文化、民族、意识形态、道德观以及国民性方面的差别。但是，不管是马林科夫，还是丘吉尔，他们都没能改变冷战战略。马林科夫很快被他的克里姆林宫同事罢了官，理由是他执行失败主义；而丘吉尔也很快因为年龄问题和下属不听话于1955年初辞去了首相职务。接下来，艾森豪威尔和推翻马林科夫的尼基塔·赫鲁晓夫将面对平衡热核革命所带来的恐惧与希望这一挑战。

# 七

66      艾森豪威尔在应对上述挑战时，做得很完美，但也很吓人：他是核时代中最巧妙又最无情的战略家。热核爆炸的物理效应使他震惊，在这一点上，他的反应同马林科夫和丘吉尔两人的反应是一样的。他在"布拉沃"试验几个月以后说："原子战争将消灭文明，成百万的人将死亡……如果克里姆林宫和华盛顿陷入战争，结果将不堪设想。"[36]1956 年初，有人对他说，一场苏联对美国的进攻将会消灭整个美国政府并杀死 65% 的美国人民，艾森豪威尔答道："那将意味着我们不得不从废墟中爬出来，重建家园。"随后不久，他又对一个朋友说，"战争意味着竞争"，但是，"如果结局是敌人的毁灭和我们的自杀"，那么这样一个竞争又是一个什么样的竞争呢？到 1959 年时，他很沮丧地说，如果发生战争，"你干脆就走出去，见人就开枪，然后对自己开枪"。[37]

看看艾森豪威尔的这些话，再看看他先前所说的话，即美国在发生战争时应该"像使用一颗子弹或任何别的武器一样"使用核武器，这两番表达是多么不一样。他后来的话表明：他的看法变了。他似乎认为，向敌人发射一颗"核"子弹就意味着同时向自己发射了一颗"核"子弹。在核战争危险性这个问题上，艾森豪威尔的看法和马林科夫与丘吉尔的看法基本一致，唯一的区别就是，艾森豪威尔只强调美国应该准备对付一场全面的核战争。

艾森豪威尔关于美国只应准备对付一场全面的核战争的观点使他最贴身的顾问们都感到不安。他们一致认为，一场用核武器打的战争将是灾难性的，但是他们担心，美国及其盟国在军队人数上永远无法与苏联、中国及其盟友所拥有的军队人数相匹敌，完全排除使用核武器将会促使共产党国家发动一场无核战争，而在这样一场无核战争中，西方是无法获胜的。大多数顾问认为，解决上述问题的办法是寻找一种有限的核战争，即制定一个用美国的技术优势抵消共产主义世界的人数优势的战略，这样不管敌人发动何种规模的战争，西方都拥有一种有效的军事反击能力，同时不冒自杀的风险。

67

到 1957 年艾森豪威尔第二任期开始之时，持上述观点的官员包括国务卿杜勒斯、参谋长联席会议的大多数成员以及学术界正在形成的战略研究群体。在这个学术群体中有年轻的基辛格，他出版了一本有影响的书，书名是《核武器和外交政策》（*Nuclear Weapons and Foreign Policy*）。在那本书中，基辛格阐述了后来被称作"灵活反应"的思想。贯穿于上述这些人思想中的一个重要概念就是：尽管核武器的破坏力很大，核武器仍然是一种可以在外交和战争中被理性使用的工具。核武器可以被用来适应克劳塞维茨的原则，即使用武力，或威胁使用武力，必须服务于政治目的，而不是破坏政治目的。

最令人惊讶的是，艾森豪威尔坚决否定了有限核战争的概念。他曾说，即使把核战争想象为一场"像第二次世界大战那样打得顺手的战争"也是荒唐的。[38]不管战争是以什么形式打起来，美国都将在战争中使用其武器库中的所有武器，因为苏联肯定会使用它的武器库中的所有武器。艾森豪威尔一直坚守这个信念，尽管他也意识到先使用核武器打击对手的道义代价，使用核武器会导致的生态灾难，以及美国及其盟国不能确定他们可以避免毁灭性的报复。艾森豪威尔似乎在拒绝面对现实，似乎他患了核自闭症，不愿听取那些聪明的顾问们提出的建议。

现在回过头来看，艾森豪威尔的想法其实是最聪明的，因为在对待战争现实的理解上，他的看法要比顾问们的看法更聪明。在他的顾问中，没有哪一个人像他那样曾指挥过自 1688 年以来第一次大军成功越过英吉利海峡的行动，也没有哪一个像他那样率军解放西欧，更没有哪一个像他那样细读克劳塞维茨的著作。克劳塞维茨确实强调过，战争必须是政策的理性工具，他这样说是因为他知道，情绪、冲突和恐惧这些非理性因素可以很容易地将战争升级成没有目的的暴力行为。因此，他提到抽象意义上的全面战争，目的是吓唬一下政治家们，让他们知道限制战争规模的重要性，从而使他们领导的国家不致完全灭亡。

在这个问题上，艾森豪威尔和克劳塞维茨的观点一致，但不同的是，艾森豪威尔生活在核时代，核武器已经将全面战争从一个抽象概念变成了一个完全可能发生的事。由于没有人能保证情绪、冲突和恐惧不会使有限战争升级，因此有必要使有限战争难于发动，这就意味着不要准备去打有限战争。这就是为什么艾森豪威尔只强调准备打全面战争，他的目的就是以此来保证什么样的战争也打不起来。他吃透了克劳塞维茨思想的精髓。[39]

# 八

我们有很多理由担心冷战战略中情绪、冲突和恐惧所起的作用。1955 年 11 月，苏联第一次试验了从空中投掷热核弹。这时，苏联已经掌握了可以飞到美国目标的远程轰炸机。1957年 8 月，苏联又成功发射了世界上第一枚洲际弹道导弹。10 月4 日，苏联用洲际弹道导弹将第一颗人造地球卫星"史泼尼克"号（Sputnik）送入轨道。即使你不是火箭科学家，你也可以预测到下一步，即苏联可以将核弹头装在洲际弹道导弹上，并在半个小时之内将导弹发射至美国境内的任何目标。但是，预测克里姆林宫新领导人赫鲁晓夫的行为却是另外一回事。

尼基塔·赫鲁晓夫是一个没有受过很好教育的人，他当过

69　农民、煤矿工人和工厂工人，后来受到斯大林的器重，在打倒马林科夫和其他竞争对手以后，他成为斯大林的接班人。赫鲁晓夫在苏联掌权时，对他手中的核武器知之甚少，但是很快就学会了许多。和艾森豪威尔一样，他也很害怕在战争中使用核武器。他也曾目睹第二次世界大战中的生灵涂炭，深知在战场上理性行为是多么容易变为非理性行为。[40]他和艾森豪威尔一样相信，尽管在战争中使用核武器会产生诸多问题，但是，可以用核武器来弥补国家力量中的薄弱处，只要不触发战争就行。

　　但是，艾森豪威尔和赫鲁晓夫两人的相同点也就是这么多。艾森豪威尔充满自信，他牢牢掌握着他的行政班子和美国军队。与此相反，赫鲁晓夫爱走极端，有时吵吵闹闹像是一个滑稽演员，有时咄咄逼人让人腻味，有时又由于内心的不安全感而锋芒毕露。他不是一个优雅的人，斯大林去世以后的苏联政坛是如此充满变数和波澜，赫鲁晓夫对自己能掌权多久毫无把握。另外还有一个区别：艾森豪威尔想用核力量来弥补美国及其北约盟国在军队人数上的薄弱点，而赫鲁晓夫希望用核力量来弥补的薄弱点恰恰正是其核力量的缺乏。

　　赫鲁晓夫之所以感到他不得不用核力量来弥补苏联军事力量的不足，是因为尽管苏联已经掌握了不错的热核武器，但是其远程轰炸机的数量并不多，还很原始，只能飞抵大多数的美国目标，但无法返回。尽管他声称苏联可以"像生产香肠那样"生产导弹，实际上苏联拥有的导弹数量远远少于赫鲁晓夫说的数量，同时苏联的导弹缺乏精密制导装置来使弹头准确地命中目标。赫鲁晓夫后来承认，"在公开场合说我们可以用导弹击中远处的苍蝇，可以振奋士气，我夸张了一些"。他的儿子谢尔盖是个火箭工程师，他坦白地说："我们用我们手中没有的导弹来威胁对手。"[41]

1956 年 11 月，赫鲁晓夫第一次玩核讹诈把戏。当时，苏 70
联军队正在镇压匈牙利的起义，而英国、法国和以色列在没有
通知美国的情况下，占领了苏伊士运河，试图推翻反对殖民主
义的埃及领导人加麦尔·阿卜杜勒·纳赛尔（Gamal Abdel
Nasser），但没有成功。情急之下，赫鲁晓夫为了将人们的视线
从匈牙利的血腥镇压中转移开来，用"导弹武器"威胁英国和
法国，要求他们立即从苏伊士运河撤军。英国和法国立刻撤了
军，但不是迫于苏联的警告，而是艾森豪威尔发怒了。英法在
不和美国打招呼的情况下占领苏伊士运河的做法使艾森豪威尔
很恼火，他命令英法从苏伊士运河撤军，否则他们将面对美国
严厉的经济制裁。由于赫鲁晓夫对英法的威胁是公开发出的，
而艾森豪威尔对英法的威胁是私下表达的，所以赫鲁晓夫认为
他对英法的讹诈导致了他们的撤军，同时他也相信，讹诈可以
成为一个经常采用的战略。[42]

从 1957 年到 1961 年，赫鲁晓夫公开地、反复地、令人毛
骨悚然地用核毁灭来威胁西方。他声称，苏联的导弹力量要远
远超过美国的导弹力量，它可以毁灭任何一个美国或欧洲城市。
他甚至描述需要用多少个导弹和弹头来毁灭每一个城市。但是，
有时他又表现得很客气。有一次，美国人休伯特·汉佛莱
（Hubert Humphrey）访问苏联，赫鲁晓夫在对汉佛莱颐指气使
的同时，又问汉佛莱来自美国的哪一个州。当时汉佛莱在地图
上指出明尼苏达州时，赫鲁晓夫用一支蓝笔在"明尼苏达"上
画了一个圈，然后和蔼地说："这样我就不会忘记命令我的部
下在发射导弹时，不要对准明尼苏达。"[43]

对赫鲁晓夫来说，表示和蔼也是其战略的一部分，是合乎

他的逻辑的。他已经否定了斯大林关于战争不可避免的论断，他的新目标是"和平共处"。他很认真地看待苏联科学家有关在大气层继续试验核武器的危险的警告。1958 年 5 月，赫鲁晓夫甚至宣布苏联将单方面停止在大气层试验核武器。当然，他选择这个时候做此表态也是别有动机的，因为美国此时正准备开始新一轮核试验。[44]

71　　1958 年 11 月，赫鲁晓夫又显示他咄咄逼人的一面：他向美国、英国和法国提出，在六个月内将他们在西柏林的控制权移交给东德人。自从 1948 年斯大林发动柏林封锁以后，对西柏林的控制权就一直是一个敏感问题。赫鲁晓夫希望通过发出此威胁来解决一个使他越来越感到狼狈的问题，即在东德这个共产党国家中间存在着资本主义的地盘。他认为，他可以借助苏联的导弹力量来解决这个问题。早些时候，他曾经对毛泽东说："现在我们掌握了洲际导弹，我们可以卡住美国人的脖子。美国人以为别人够不着他们，这已不是事实了。"他对助手们说，柏林是"西方的软肋"，"美国人伸进欧洲的脚上长了一个疼痛的大水泡"。后来，赫鲁晓夫又用了一个令人咋舌的解剖比喻，他说："柏林是西方的睾丸，每当我想让西方尖叫时，我就捏一把柏林。"[45]

　　但是，赫鲁晓夫向西方施加压力是有限度的，因为他也希望超级大国之间的关系平稳，他也想为他自己和国家的安全赢得尊重，他还渴望有机会访问美国。但在艾森豪威尔拒绝在柏林问题上让步却又不情愿地向赫鲁晓夫发出访问邀请以后，赫鲁晓夫立即接受了邀请，访问他曾经威胁要消灭的国家。赫鲁晓夫对儿子谢尔盖说："这真是不可思议。如今美国人不得不对我们刮目相看了，我们的实力使得美国人不得不这么做，他们不得不承认我们的存在和力量。谁会想到资本家会邀请我这个工人去访问呢?"[46]

赫鲁晓夫于 1959 年 9 月对美国的访问是一个超现实的作秀。一方面,他担心他的举动太合乎礼节;另一方面,他又怕邀请方不合乎礼节地对待他。所以,在访问中,他既要尽量不对他所看到的东西表现出惊讶和赞叹,又要让美国人知道,苏联会很快赶上来。他执意乘坐一架新的、没经过试飞的大飞机去华盛顿,因为他希望用这个庞然大物来吓唬美国人。在白宫的宴会致辞中,他既提到美国的富足,但同时又预测:"明天,我们将像你们一样富有;后天,比你们更富有!"在纽约一所公寓里,赫鲁晓夫坐在一幅毕加索的画下,喋喋不休地和一些资本家富豪们高谈阔论。他访问了一个好莱坞的摄影棚,后来又说在那里看到的东西让他震惊。出于安全考虑,美方没有安排他访问迪士尼乐园,他对此十分不满,抱怨不断。他在一家艾奥瓦农场看玉米种植。在美方告诉他访问戴维营是一种荣誉,而不是一个冷落以后,他前往戴维营和艾森豪威尔讨论战争与和平的问题。[47]

72

尽管赫鲁晓夫和艾森豪威尔的会谈没有达成任何实质性的协议,但赫鲁晓夫访问美国这个行为本身就说明:苏联有了和过去领导人不一样的领导人,和斯大林非常不一样。但是,这是不是就意味着赫鲁晓夫更危险或者更不危险,还有待分晓。

# 九

如果没有人能够透过外表往里窥探,苏联封闭式的村庄将继续运作和维持下去。在斯大林掌权的时候,美国及其盟友要想知道苏联境内的情况有几个办法：一是派侦察机飞越苏联边界；二是向苏联释放载有照相机的气球；三是派间谍混入苏联。这三种办法都不成功，因为侦察机常被苏联人击中和击落；气球经常因迷失方向而最后爆炸；间谍常被抓捕、监禁和处决，因为苏联特工人员金姆·菲尔比（Kim Philby）正好是在美国中央情报局内工作的英国联络官。[48]因为，斯大林统治时期的苏联是一个封闭的社会，从外面向苏联张望，什么也看不清。

赫鲁晓夫想要继续用他手中还没拥有的火箭来吓唬西方，就必须保持苏联的封闭性，这就是为什么1955年他和艾森豪威尔举行第一次高峰会议时拒绝了艾森豪威尔的一个建议，那个建议要求美国和苏联允许对方在自己的领空飞侦察机。赫鲁晓夫说，这个建议使美国人可以"看到我们的卧室"。[49]赫鲁晓夫所不知道的是：艾森豪威尔除了提出"开放天空"互相巡视这个建议之外，还准备了一个秘密的替代方案，这个方案也可以达到"开放天空"建议所想达到的目的。

1956年7月4日，一架美国新型间谍飞机U-2首次飞行，直接飞越莫斯科和列宁格勒，从高空拍摄了精确照片，飞机飞行的高度是苏联战斗机和防空导弹所达不到的高度。那一天，赫鲁晓夫正好在美国驻苏大使在莫斯科的官邸——斯巴索屋（Spaso House）——的花园内参加一年一度的纪念美国独立日庆祝活动，不清楚U-2飞机拍的照片中有没有赫鲁晓夫的身影。[50]在随后的四年中，U-2飞机定期飞往苏联。苏联人从雷达上可以捕捉到U-2飞机，却不能将它们击落。苏联人除了例行公事般地抗议一下之外，不愿过于让外界知道他们不能控制他们的领空。美国人知道，U-2在苏联的飞行违反了国际法，所以他们一方面获取大量情报，另一方面也不愿意渲染此事。

　　U－2 拍摄的照片很快就证实：苏联的远程轰炸机不仅个头小，而且性能有限。但是，摸清苏联导弹的性能却花了更长的时间，因为赫鲁晓夫声称苏联拥有的导弹数量实际并不存在。到 1959 年底，苏联工程师们只建成 6 个可以使用的远程导弹发射场。由于每枚远程导弹都需要 20 个小时添加燃料，这使它非常容易被美国轰炸机摧毁，因此，赫鲁晓夫只能发射 6 枚导弹。[51]

　　但是，到 1959 年底时，苏联已拥有改进了的地对空导弹。赫鲁晓夫对儿子说："教训这些自以为聪明的家伙的办法就是拳头……看他们还敢不敢再侵犯我们的领空。"[52] 1960 年 5 月 1 日，苏联击落一架 U－2 侦察机，这也是艾森豪威尔下令派往苏联的最后一架 U－2 飞机，苏联抓住了这架 U－2 侦察机的飞行员弗朗西斯·加里·鲍尔斯（Francis Gary Powers），并威胁说要以间谍罪起诉他。艾森豪威尔相信，赫鲁晓夫所说的苏联导弹数量是假的，但他也开始担心美国 U－2 飞机的安全。美国第一颗侦察卫星即将进入轨道，艾森豪威尔正确地预感到侦察卫星将使 U－2 飞机过时。因此，U－2 飞机被苏联击落正好发生在它的作用已经发挥到头的时候，但赫鲁晓夫却将这个事件演变成一场危机。

　　两个星期以后，赫鲁晓夫和艾森豪威尔在巴黎举行高峰会谈。赫鲁晓夫去赴会只是为了破坏会谈。在离开莫斯科之前，他就打定主意：击落 U－2 飞机事件使得他和即将结束任期的艾森豪威尔政府之间的合作变得不可能。他说："我越来越强烈地感觉到，如果我们以好像什么事也没有发生的样子去参加会议，我们的尊严将荡然无存。"[53] 因此，他将美苏合作的希望

74

寄托于艾森豪威尔的继任人。赫鲁晓夫的决定是冲动的，但也反映了一个使苏联人颇感无奈的现实，即看了从击落的 U－2 飞机上获得的照片以后，赫鲁晓夫明白他试图向外界关闭苏联的战略已经失败。

约翰·肯尼迪并没有立刻充分利用苏联的弱点。艾森豪威尔曾允许所谓的美苏之间"导弹差距"的神话延续，在 1960 年的总统选举中，肯尼迪就此事大做文章。如果肯尼迪一上任就戳穿这个神话，这会使他自己很难堪。但是，在肯尼迪入主白宫后的头几个月中，一连串的挫折使肯尼迪非常狼狈，这些挫折包括：1961 年 4 月美国发动的旨在推翻卡斯特罗的猪湾登陆；同年同月在维也纳举行的不尽如人意的美苏高峰会谈，在那次会谈中，赫鲁晓夫又一次发出有关柏林问题的最后通牒；同年 8 月东德在没有受到阻挡的情况下修建柏林墙。当赫鲁晓夫不久以后宣布苏联将重新启动 1 亿吨当量的核武器试验（这个试验是布拉沃试验当量的 7 倍）时，肯尼迪不能再坐视不管了。

美国的侦察卫星为肯尼迪提供了大量确凿的有关苏联核武器和导弹的证据，依靠这些证据，肯尼迪这次把赫鲁晓夫镇住了。肯尼迪通过发言人指出，苏联核武器和导弹的实力远远没有超过美国核武器和导弹的实力，"我们拥有第二次打击的力量，这个力量就像苏联能够对我们发起的第一次打击的力量一样巨大，因此，我们很自信：苏联不会挑起一场大规模的核冲突"。[54]赫鲁晓夫一意孤行，命令部下实施大当量核试验，尽管他出于生态责任的考虑，最后将核试验的当量减少了一半，赫鲁晓夫的表现完全是一场氢弹秀。赫鲁晓夫的传记作者写道："由于赫鲁晓夫一直认为，哪怕是微小的战略优势也常会起决定性作用，所以美国实际上的优势对赫鲁晓夫造成了两方面打击：第一，他已失去用所谓核武器优势来拿美国人一把的优势，过去四年中他一直在炫耀苏联所谓的核武器优势；第二，美国人已经获得了核武器优势。"[55]

十

在过去很多年中，历史学家认为，美国的核优势打破了苏联"牢固堡垒"的神话，迫使赫鲁晓夫孤注一掷，决定于 1962 年将中远程和中程导弹运进古巴。苏联拥有许多这类导弹。1962 年 4 月，赫鲁晓夫在一次讲话中指出：苏联需要 10 年的时间才能在远程导弹方面和美国平起平坐，既然这样，苏联"为什么不将一只刺猬扔进山姆大叔的裤子里"？[56]但是，现在已经很清楚，上述原因不是导致赫鲁晓夫将导弹运进古巴的主要原因，历史学家常会轻易地下结论。更为重要的是古巴导弹危机表明，当冲突尖锐时，当各自的利益受到威胁时，大国经常会误判。古巴导弹危机中的大国误判产生了让所有人都感到震惊的后果。

赫鲁晓夫将导弹运进古巴的主要动机是在拉丁美洲推动革命，尽管这个设想听起来是那么不切实际。古巴的马列主义运动发动起义，依靠自己的力量夺得政权，和当年苏联依靠武力在东欧扶植共产主义政权的经验不同。古巴革命使赫鲁晓夫和他的顾问们既非常意外，又十分兴奋。马克思本人从来没有预言在古巴会发生革命，因为古巴的工人数量很少，而且菲德尔·卡斯特罗和他的乌合之众也不符合列宁倡导的"有纪律性的革命先锋队"原则。苏联领导人认为，古巴革命

76

没有遵循马列主义关于无产阶级革命需要具备基本条件的论述并不要紧，古巴在没有获得莫斯科援助的情况下，自发地变成共产主义国家这一事实本身就很了不起，它似乎验证了马克思关于历史走向的预言。老布尔什维克阿纳斯塔斯·米高扬（Atastas Mikoyan）在和卡斯特罗见面以后说："是的，他是一个真正的革命者，完全和我们一样，我感到自己已经回到童年。"[57]

但是，卡斯特罗的革命处于危机之中。艾森豪威尔在结束任期之前，就已经断绝了同古巴的外交关系，对古巴实行经济制裁，并且开始谋划推翻卡斯特罗。肯尼迪继承了这些措施，他允许反对卡斯特罗的古巴流亡人士在猪湾登陆，但行动失败。猪湾事件并不是一件使赫鲁晓夫感到值得庆祝的事件，相反，他对此很紧张。在他看来，猪湾事件表明了华盛顿反对古巴革命的决心，表明美国以后还会以更大的力度回击革命。赫鲁晓夫后来回忆说："我一直在担忧古巴的命运和如何维护苏联在那个地区的威望。我们必须想个办法，不光是用语言来抗衡美国，我们必须建立遏制美国在加勒比地区干涉的实实在在的和有效的力量。但究竟应该采取什么措施？合乎逻辑的答案是导弹。"[58]

对于赫鲁晓夫的这些想法美国人其实也有同感，因为在50年代后期艾森豪威尔政府就将美国的中远程导弹部署在英国、意大利和土耳其，这些导弹都瞄准苏联。艾森豪威尔政府在欧洲部署这些导弹时，尚未确定所谓的美苏之间的"导弹差距"并不存在。赫鲁晓夫强调，美国人将体会到"当敌人的导弹对准你时是什么感觉，我们只不过是以其人之道还治其人之身"。[59]

　　但是肯尼迪和他的顾问们并不知道赫鲁晓夫的动机，1/4
世纪以后，当苏联档案开始公布时，那些古巴导弹危机的亲历
者对赫鲁晓夫的动机大为吃惊。[60]美国官员于1962年10月中旬 77
得知苏联在古巴部署了导弹，信息来源于美国派往古巴的U－2
飞机。美国官员将古巴的苏联导弹视为苏联一长串挑衅中最危
险的一次，这些挑衅可以一直追溯到六年前的苏伊士危机。当
时，赫鲁晓夫向英国和法国进行威胁。但是，苏联在古巴的挑
衅同它过去在别的地方的挑衅不一样，苏联将可以发射到美国
的导弹的数量翻了一倍。肯尼迪说："古巴的进攻型导弹在西
半球所发挥的心理和政治影响同苏联在本土部署的瞄准美国的
导弹所发挥的影响远远不同。共产主义和卡斯特罗主义将向外
扩张……因为西半球的政府会被苏联所显示的力量吓倒……所
有这些标志着美苏之间现有的微妙平衡关系发生了重大
改变。"[61]

　　即使在今天，人们仍然不清楚赫鲁晓夫究竟会如何使用布
置在古巴的导弹。赫鲁晓夫考虑问题常常是不彻底的。[62]他一定
预料到美国会做出反应，这就是为什么他秘密地将导弹运进古
巴，并向肯尼迪撒谎，不愿说出事实真相的原因。赫鲁晓夫在
古巴布置中远程导弹可能只是为了遏制，但他又将携带核弹头
的短程导弹运进古巴，这些导弹只能用于反击美国军队登陆古
巴，而美国军队要登陆古巴的话，他们并不知道携带核弹头的
短程导弹正等着他们呢。赫鲁晓夫也没有对部署在古巴的导弹
严加控制：身处古巴的指挥官在面对入侵时可以自行决定使用
导弹。[63]

　　对赫鲁晓夫在古巴部署苏联导弹的最好解释是：赫鲁晓夫
完全是受其意识形态浪漫主义情怀的支配，在这种状态下，他

不能理性地做出战略分析。他在情绪上已完全融入古巴革命，为了古巴，他不惜将苏联革命、他的国家以及整个世界置于危险境地。卡斯特罗后来说，"尼基塔非常热爱古巴，你可以说，在古巴问题上，他有情感上的弱点，他是一个有政治信仰的人"。[64] 但是，列宁和斯大林也是有政治信仰的人，而他们很少让个人情绪影响他们对革命目标轻重缓急的判断。赫鲁晓夫手上武器所能产生的破坏力要远远大于列宁和斯大林手上武器的破坏力，但是赫鲁晓夫在制定政策时要比列宁和斯大林表现得更不负责任。他像一个脾气暴躁的孩子，玩弄着装满了子弹的枪。

78

然而就像小孩子玩耍一样，最后他总是能得到一些东西。尽管美国在核弹头和运载系统方面占有绝对优势——取决于你如何计算，美国掌握的可以使用的核武器要比苏联掌握的可以使用的核武器多出 8 ~ 17 倍[65]——但是，哪怕只有一枚或两枚苏联导弹可能击中美国目标也足以使肯尼迪公开保证：只要赫鲁晓夫同意从古巴撤走导弹，美国不会采取进一步措施进攻古巴。私底下，肯尼迪还保证，美国将把部署在土耳其的中远程导弹撤出，这是赫鲁晓夫要求加在解决方案中的内容。这么多年过去了，肯尼迪和赫鲁晓夫都已离开了人世，苏联也已不复存在，但当年苏联导弹要保护的卡斯特罗还活着，还在哈瓦那掌权。

从更深远的意义上说，古巴导弹危机所起的作用同 10 年前美国和苏联人观察第一次热核试验后那些失明和被烧伤的小鸟所起的作用一样，它提醒了每一个经历了这次危机的人（大概除了卡斯特罗，因为他甚至在很多年以后还说，他愿意在一场核冲突中死亡[66]）：冷战中双方研发的武器对双方都构成巨大的危险。学者们大多同意：古巴导弹危机是 20 世纪下半叶最有可能导致第三次世界大战的事件，危机让人们窥视到一个没有人希望看到的未来图景，即一个充满冲突的未来世界，克制和理性不能约束冲突，冲突导致人类的毁灭。

十一

肯尼迪政府没有预料到核武器竞赛会产生这样的结果。肯尼迪政府官员 1961 年执政时曾试图将核战争理性化，但他们吃惊地发现：艾森豪威尔政府留下的唯一作战计划要求美国对所有的共产主义国家同时使用 3000 多枚原子弹。肯尼迪要求他的助手扩大选择范围，任务落在国防部长罗伯特·麦克纳马拉（Robert S. McNamara）头上。麦克纳马拉认为，应该可以找到打核战争的不同选择方案，同时也应当可以使苏联人同意接受打核战争的规则。1962 年夏天，麦克纳马拉说，美国的基本原则就是：像过去打常规战争一样打核战争，目标是"摧毁敌人的军事力量，而不是对方的平民"。[67]

但是，麦克纳马拉提出的战略理念有问题。首先，战争早已混淆了士兵和平民的界限。在第二次世界大战中，被打死的平民和被打死的士兵一样多，而在一场核战争中，情形会更糟。麦克纳马拉手下的政策制定人自己就曾预测：在一场核战争中，1000 万美国人会丧生，即使战争中的目标仅限于士兵和军事设施，不针对平民。[68]其次，没人能保证在核战争中双方能做到把目标准确地对准军事人员。在第二次世界大战中，轰炸机所投下的大多数炸弹都没有击中军事目标，导弹制导系统，尤其是苏联的导弹制导系统，还很原始。再者，美国的大多数军事设

79

施，苏联和欧洲的军事设施，都设在城市里或城市附近，而不
是远离城市。最后，麦克纳马拉制定的"不针对城市"原则不
会有效，除非苏联人也遵守这个原则，不把城市作为打击目标。
能否做到这一点，取决于人们是否能说服赫鲁晓夫像麦克纳马
拉一样想问题，这是一件非常不可能的事。

80

　　古巴导弹危机表明，要使苏联人和美国人以同样的方式思
考核战争问题是多么困难。古巴导弹危机的一个教训就是：当
美苏双方陷入危机中时，他们完全是以不同的思路来处理问题
的。苏联人视为"理性的"行为，在美国人看来就是"非理
性"的行为，同样，苏联人认为是"非理性"的行为，而美国
人却当作"理性"行为。如果在和平时期一个共同的理性认识
都这么难以确定，那么要在一场核战争中建立一个共同的理性
认识又谈何容易？麦克纳马拉本人后来回忆说，在古巴导弹危
机时期最关键的那一天，他看着太阳西下，问自己：他是否能
活着再看一个落日的情景。[69]他确实从危机中生存下来，但他关
于可以打一场有限的、可以管控的、理性的核战争的信念却已
荡然无存。

　　1962 年秋，核战争最后没有爆发的原因应归结于冲突双方
都感到恐怖的非理性因素。这就是丘吉尔曾经的预言，即希望
就在"平等的毁灭"之中，这也是艾森豪威尔否定有限战争理
论的理由，他的核战略就是包括一种可能，即战争就意味着完
全的毁灭，这样一种唯一的可能就使决策者不会去考虑如何控
制一场核战争的毁灭程度，只有这样一种可能才能最有效地防
止核战争的爆发。

　　在古巴导弹危机之后，麦克纳马拉重新考虑了他的核战略，
他将对非理性因素的认识转化成一种新的理性战略，他放弃了

以前关于只将军事设施作为核打击目标的想法，取而代之的构想是：双方都可以将对方的城市作为打击目标，制造最大限度的人员伤亡。[70]这个新战略就是"相互确保摧毁"（Matual Assured Destruction）理论，它的英文缩写就是"疯狂"（MAD）。这个理论的基本概念是：如果没有人能确信自己可以从一场核战争中存活下来，也就没有人愿意去挑起一场核战争。这个理论只不过是重复了艾森豪威尔很久以前就已提出的思想，即随着热核武器的出现，战争已经不能再成为政治的工具了，国家的生存要求战争不再发生。

1962 年以后，核警报，甚至核紧急状态都出现过，但是那种从 20 世纪 40 年代后期就一直主导超级大国关系的核危机再也没有发生过。美苏一系列关于核武器的协议开始出现，这些协议先是间接地，后来是直接地表明，核武器对资本主义世界和共产主义世界都是很危险的。这些协议中包括了一个未成文的共识，即双方都将容忍对方开展的卫星侦察活动，这一共识验证了艾森豪威尔"开放天空"的构想，即美苏如果都允许核武器透明的话，双方就可以减少发生突然袭击的可能性。[71]

美苏双方也意识到，应该开始就如何管控核武器的问题进行谈判。1963 年，他们达成了第一个协议，即《有限禁止核试验条约》（The Limited Test Ban Treaty），该条约禁止在大气层开展核试验。随后不久，美苏又于 1968 年签订《核不扩散条约》（The Nudear Non-Proliferation Treaty），这个条约要求拥有核武器的国家不要帮助其他国家获得核武器。1972 年，美苏达成《限制战略武器中期协定》（The Strategic Arms Limitation Interim Agreement），该协定限制双方可以拥有的路基和海基弹道导弹的数量，并规定用侦察卫星来监督双方对协定的执行情况。

但是，最有意思的是美苏于 1972 年签订的《反弹道导弹条约》（Anti – Ballistic Missile Treaty），这个条约禁止双方防御对方发射的远程导弹。这个条约延续了丘吉尔和艾森豪威尔过去的想法，即如果双方都害怕核战争会带来立即的毁灭的话，这种共识就可以成为美苏之间建立稳定和长期关系的基础。这个条约也表明，莫斯科最终接受了"相互确保摧毁"原则，因为在很长一段时期内，美国都不能让苏联人放弃他们要保卫自己的想法。美国说服苏联接受"相互确保摧毁"原则这个事例说明，美国最终成功地教育苏联人应该如何思考核安全。这种情况之所以会发生，是因为美苏在冷战初期研发的核武器让双方都感到了极大的恐惧。

再套用作家克特·冯尼格特的话，事情就是这样发生的。冷战完全有可能演变成一场毁灭地球人类的热战，但是，由于对这样一场热战的恐惧要大于美苏及其盟友之间的分歧，人们有理由希望：这样一场战争不会发生。

# 十二

古巴导弹危机 40 年以后，另一个小说家杨·马泰尔（Yann Martel）发表了小说《少年 Pi 的奇幻漂流》（*Life of Pi*）。这部小说虚构了一个不太可能发生的故事，故事说的是一艘救命船是如何差点成为死亡船的。[72] 小说中的主要角色是一个男孩和一只孟加拉虎，他们都经历了一场沉船事故，都同时爬上一条很小的救生艇寻求生还，小艇在太平洋上漂泊。小孩和老虎之间没有共同语言，他们之间不可能有理性的沟通，但是，他们之间有共同的利益，即老虎需要小孩抓鱼给它吃，小孩需要用鱼把老虎喂饱，这样自己才不会被老虎吃掉。小孩和老虎达成共识，都存活下来。

　　这是一个冷战寓言吗？马泰尔是不是把这部小说当作一个冷战寓言来写并不重要，重要的是一部好的小说可以激发读者的联想，尽管读者联想出来的东西并不是小说作者在创作小说时所预期的读者反应。核武器的作用就是：它使不同国家都认识到一点，即尽管它们没有共同的语言，没有共同的意识形态，没有共同的利益，但它们都有共同的需要生存的愿望，它们制造了核武器这样一只老虎，它们就必须学会如何同这只老虎一块生存。

# 第三章　指令社会抗衡自发社会

有两个国家，它们之间没有来往，缺乏同情，互相不了解对方的习惯、思想和感觉，就好像它们是不同地区的居民，或者不同星球的居民，属于不同的人种，吃不同的食物长大，接受不同的指令，不受相同的法律制约。

——本杰明·迪斯雷利（Benjamin Disraeli），1854 年[1]

第二次世界大战以后，大国之间没有政治和经济的团结，世界分为两方，苏联及其卫星国为一方，世界的其余部分为另一方，在这两方之间存在着完全的割裂。简言之，地球上有两个世界，而不是一个世界。

——查尔斯·波伦（Charles E. Bohlen），1947 年[2]

两个超级大国共同生存在一个星球上，它们都掌握着毁灭对方的手段，它们也都不希望看到对方被毁灭。有这样的共识，它们得以共处。但是，它们是处于什么样的生存状态下呢？各方制度下的生活是什么样子呢？各个社会制度下的经济发展如何呢？社会正义如何呢？人们是否可以自由地决定自己的生活方式呢？冷战不仅仅是一场地缘政治的对抗，不仅仅是一场核武器竞赛，冷战是一场如何回答上述问题的较量，对双方来说，这个较量的意义非常重大，就像人类生存一样重要，其核心问题就是：应该如何组织人类社会。

尼基塔·赫鲁晓夫曾对一些西方外交官说："不管你们喜不喜欢，历史在我们这边。我们将埋葬你们。"西方外交官以后一直在解释赫鲁晓夫的那些话到底意味着什么。他说，他指的不是核战争，而是共产主义将战胜资本主义，共产主义的胜利是由历史决定的。1961 年，赫鲁晓夫承认，苏联可能真的落后于西方，但他强调十年之内，苏联的住房短缺将消失，消费品将大批出现，苏联人民将过上"丰衣足食的生活"。在二十年之内，苏联"将上升到一个高度，相形之下，主要的资本主义国家将远远落在后面"。[3] 简单地说，共产主义代表了未来的潮流。

但是，历史没有像赫鲁晓夫预见的那样发展。到 1971 年，苏联和东欧卫星国的经济停滞不前。到 1981 年，苏联的生活水平下降得如此之快，以至于人均寿命也出现下滑，这是发达工业社会中没有出现过的情况。到 1991 年底，苏联这个世界上共产主义的样板本身也不复存在了。

现在很清楚了：赫鲁晓夫的语言完全是一厢情愿的表述，而不是以事实分析为依据。但是，令人吃惊的是：当时有那么多人对赫鲁晓夫的话信以为真，这些人不光是共产党人。比如，美国新总统约翰·肯尼迪在 1961 年维也纳高峰会议上碰到赫鲁晓夫时，就被赫鲁晓夫表现出的意识形态自信震住了。肯尼迪承认说，"他把我吓得不轻"。英国首相哈罗德·麦克米伦（Harold Macmllan）不久以后说，肯尼迪"显得很惊恐，就像有人在拿破仑处于权力巅峰时见到他所表现的战战兢兢那样"。[4] 当时，有许多人抱有和肯尼迪一样的反应。在过去的一百年中，共产主义使许多政治家以及他们领导的国家不寒而栗，原因就是共产主义激发并唤醒了无数下层民众，这些民众认为，马克思主义-列宁主义可以给他们带来更好的生活。在冷战初期，西方政治家对共产主义的恐惧达到高峰，同时，

85

下层民众对共产主义的期望也达到高峰。但是到冷战结束时，
情况就不一样了。

—

要想了解为什么共产主义起初会吸引那么多下层民众并吓
住西方那么多政治家，一个最好的办法是读一本小说，它的书
名是《席比尔》（*Sybil*），于 1845 年出版，作者是后来成为英
国首相的本杰明·迪斯雷利。小说的副标题是《两个国家》
（*The Two Nations*）。迪斯雷利用这个副标题来描述富人阶级和
穷人阶级，他们在同一个社会中互不相容地生存着。工业革命
代表了 19 世纪上半叶英国的伟大成就，但它也同时加大了英国
富人和穷人之间的鸿沟。小说的一个人物说：

> 资本家发财了，他攫取了巨大的财富，而我们的生活
> 水平则不断地下降，下降到连牲口都受到比我们还好的待
> 遇的程度。按照现存制度的逻辑，牲口比我们更宝贵，但
> 是资本家还对我们说：资本家和工人的利益是一致的。[5]

《席比尔》警告读者：如果一个国家的经济发展是建立在一些
人剥削另一些人这样的基础上，这个国家就会出现问题。

卡尔·马克思当时住在伦敦，目睹了像《席比尔》所描述
的情况，并发出同样的警告，但是他是用一个理论，而不是一
部小说，来提出警告的。他指出，由于资本主义在分配财富时
是不平衡的，所以资本主义就制造了它自己的掘墓人。经济不
平等所产生的社会异化只会导致革命。"资产阶级不仅生产了
可以杀死他们自己的武器，资产阶级还制造了现代工人阶级，

即无产阶级，他们将使用资产阶级生产的武器。"资本主义的掘墓人迟早会用共产主义代替资本主义。马克思认为，共产主义是管理社会的一种更平等的方法，在共产主义社会中，生产资料将公有化，贫富悬殊的现象将不复存在，愤怒也将不复存在，取而代之的是人类的幸福。马克思的同事弗里德里希·恩格斯说，共产主义意味着"人从必然的王国上升到自由的王国"。[6]

马克思和恩格斯的话并不仅仅是一种信仰的表述，他们认为他们说的是一种科学。他们相信，他们在技术进步、社会意识和革命结果这三者之间建立的联系，揭示了推动历史前进的动力，这个动力就是阶级斗争，因为工业化以及工业化所产生的异化是一个不可逆转的历史进程，所以阶级斗争这个作为动力的引擎是没有后退挡的。

马克思主义给穷人带来希望，给富人带来恐惧，给政府既带来希望又带来恐惧。如果政府只是为资产阶级服务，那么它就有可能引发革命，从而验证马克思的预言；如果政府是为无产阶级服务，那就意味着马克思所预言的革命已经到来。有鉴于此，大多数政治领导人采取模棱两可的态度：不管是在迪斯雷利领导的英国，还是在俾斯麦领导的德国，还是在工业化发展最快的美国，领导人用减少资本主义所造成的危害的方法来维持资本主义。结果就是社会福利国家的出现。到几个最有代表性的社会福利国家于 1914 年 8 月兵戎相见的时候，社会福利国家的基本结构在大多数工业化国家内已经被确立了。

不管资本主义国家在减轻工业化的无情后果方面取得了多少进展，第一次世界大战表明，资本主义国家还没有学会如何维持和平。尽管欧洲大国取得了前所未有的经济发展，尽管经济发展带来了互相依存，但是，它们（其中还有几个非常进步的政府）因为错误判断而陷入了一场人类从未见过的最惨烈的战争。这些国家的工业所制造的大量武器使得战争以超出人们预期的规模长期持续下去。看起来，这次资产阶级是在挖掘他们自己的坟墓了。

87

上面的论断出自列宁，他是在国外流亡时做了这样的论述。后来当沙皇尼古拉二世于 1917 年初被推翻后，列宁又在俄国境内做了相同的表述。但是，列宁和马克思/恩格斯的区别是：他决意把理论付诸实践。1917 年 11 月他发动的政变——那就是一场政变——是一个人如何改变历史进程的最好例证。列宁自己引用马克思理论解释说，"无产阶级的具有自主意识的先锋队"可以让历史朝着其科学设定的目标加速前进。布尔什维克"革命"证明了一点，即一个国家已经跨越挽救资本主义阶段而向前发展，它已经在一场资本主义自己发动的战争中向资本主义宣战了。如果列宁及其支持者的判断是正确的，别的国家的人民，那些仇恨资本主义的民众，那些饱受战争之苦的民众，很快就会夺取政权并向资本主义宣战，历史那个不能后退的引擎将会确保历史如此发展。

当时美国总统伍德罗·威尔逊比任何人都更加意识到形势的严峻。像列宁一样，威尔逊也知道：思想能在很大程度上左右国家的行为，他自己不就是在 1917 年 4 月以"创造一个保证民主生存的世界"这样的口号带领美国加入第一次世界大战的吗？但在威尔逊眼中，他想要的世界不是一个保证无产阶级革命胜利的世界，因为无产阶级革命的胜利只会使世界不安全。威尔逊很快陷入两场战争：一场是和德意志帝国及其同盟国的军事斗争；另一场是同布尔什维克的文字较量。威尔逊于 1918

年1月发表的"十四点"（Fourteen Points）演讲是直接回应列宁所提出的意识形态挑战，威尔逊的演讲是20世纪阐述美国意识形态的最重要的文件。从这一时刻开始，一场思想领域的较量就出现了，这场较量不仅在第一次世界大战中持续，还延伸到两次世界大战之间的年代，还延伸到第二次世界大战，并最后延伸到冷战的大多数时间。[7] 两种不同思想之间对抗的实质就是迪斯雷利《两个国家》小说中提出的问题，即如何在治理正在工业化的社会时，找出一个能让社会中所有人都同时受益的办法。

88

二

列宁继承了马克思的立场，认为因为资本主义产生不平等和战争，所以只有打倒了资本主义，正义与和平才能实现。对于如何实现这一目标，马克思的想法比较模糊，但是列宁提供了一个样板：共产党引路，领袖指导全党。就像列宁在俄国做的那样，无产阶级专政将解放无产阶级。因为革命的敌人绝不会自动放弃权力，无产阶级专政将使用所有的方法，包括宣传、颠覆、监视、情报、秘密行动、常规的和非常规的军事行动，甚至恐怖手段，来达到推翻敌人的目的。为了达到目标，可以不择手段。这将是一场专制主义的革命，用自上而下的统治方法来解放底层的民众。

威尔逊的目标和迪斯雷利的目标相似：改造资本主义，而不是消灭资本主义。威尔逊认为，实现这一目标的方法就是鼓励自发性。资本主义产生的问题是：它给人民决定自己生活的自由太少；资本主义和帝国合作，拒绝给帝国的居民选择他们领导人的权利；资本主义通过保护主义、价格操纵、反复出现的兴衰周期来限制市场的有效性。在对待这些问题上，威尔逊同列宁的观点一致，他们都认为，资本主义没能阻止战争，而战争是对自由的最终剥夺。威尔逊对战后世界的设想包括：推动政治自决，实现经济自由化，成立一个国际集体安全组织，这个组织将有权力使国家（国家是不会完全消失的）之间的争端以和平的方式解决。这将是一场民主的革命，旨在帮助处于底层的民众自己解放自己。

列宁遵循马克思的教导，认为阶级利益是不可协调的，因为富人总是要剥削穷人，穷人走投无路，只有取富人而代之。威尔逊则遵循亚当·斯密的学说，认为阶级利益是可以调和的，谋求个人利益的同时也可以惠及别人的利益，富人和穷人都受惠时，阶级的差别就消除了。列宁的主张和威尔逊的观点代表了现代工业社会在如何实现社会正义问题上的两种截然不同的解决办法。到冷战开始的时候，人们仍然不清楚哪一种解决办法将胜出。为什么这么说？只要看一看列宁和威尔逊逝世（他们都是于 1924 年逝世的）以后 20 年的历史就清楚了。

第二次世界大战结束时的国际局势使威尔逊看上去像一个失败的理想主义者。他在谈判 1919 年的凡尔赛解决方案时做了那么多妥协，包括同意对德国的严厉惩罚，认可战胜国提出的领土要求，允许几乎是赤裸裸的殖民主义，结果就是：最后达成的解决方案完全不代表威尔逊最初提出的政治自决和经济自由化的设想。[8] 威尔逊最感自豪的主张就是成立国际联盟，但是美国人民却拒绝参加这个组织，从而严重地削弱了这个组织。第一次世界大战后，资本主义很脆弱地复苏了一下，但很快于 1929 年全面崩垮，促发一场历史上最恶劣的全球经济衰退。同时，专制主义迅速抬头，先是在贝尼托·墨索里尼领导的意大利出现，然后是在军国主义的日本发展，最后在德国兴起。专制主义在德国的兴起是最具不祥预兆的。1933 年，阿道夫·希特勒通过宪法程序掌权，然后就立刻着手废除宪法。

美国和其他仍然保持民主制度的国家没有采取有效行动来制止下列侵略行为：1931 年日本对中国东北的侵略，1935 年意大利占领埃塞俄比亚，纳粹德国迅速重整军备的活动。结果，到 30 年代结束的时候，德国就变成了欧洲大陆上力量最强大的国家。一个可以预料的结局就是第二次世界大战的爆发。美国和英国不得不同斯大林领导的苏联合作，以共同对抗纳粹德国，而苏联自己曾在 1939 年至 1941 年间同希特勒合作过。到 1945 年的时候，人们对打败法西斯有把握，但对战后世界的走向却没有把握。从这一系列事件的教训来看，要想得出威尔逊的主张是正确的这一结论，那就是天真的想法。正如第二次世界大战开始时一个国际关系理论开创者所说："1919 年的和平方案使世界上的自由民主国家七零八落，这些民主国家是抽象理论的产物，没有植根于泥土，很快就萎缩了。"[9]

在第二次世界大战结束的时候，列宁看上去像是一个成功的现实主义者。他的继任者斯大林在苏联开展了一场自上而下的革命，先是将农业集体化，接着发起迅速工业化的运动，最后竟不留情地清除掉事实的和想象的潜在对手。列宁所预言的全世界无产阶级革命并没有发生，但是苏联在 30 年代末的时候已成为最强大的无产阶级国家。和资本主义国家不同的是：苏联在整个大萧条时期保持了自己经济的充分运转，从而也提供了充分的就业机会。当然，纳粹德国的兴起也对苏联构成了严峻的挑战，但是斯大林和希特勒签订的互不侵犯条约为苏联赢得了时间和土地，所以当德国于 1941 年进攻苏联时，苏联不仅没有被打败，而且击退了德国的入侵。在第二次世界大战即将结束的时候，苏联在领土上和政治上都处于统治半个欧洲的地位。作为一个专制国家，苏联能取得上述成就，就使得它的意识形态影响辐射到很远的地方。

当时，马克思－列宁主义在欧洲有成百万的支持者。西班牙、法国、意大利和德国的共产党都领导了抵抗法西斯的斗争。自下而上的社会革命思想具有广泛的吸引力，甚至像在波兰这样具有长期敌视俄国传统的国家也是如此。[10]鉴于第二次世界大战所造成的摧残，再加上战前经济萧条所造成的贫困，人们完全不能确定民主资本主义是否能够承担战后重建的任务，而作为最大的资本主义民主国家的美国，过去又一直表现出不愿意为国外事务承担责任。

甚至在美国人中间，很多人对自己的国家也抱有疑问。罗斯福的新政只是临时补救，而不是完全治愈美国经济中的问题。美国经济得到挽救，完全是因为战时的支出，但是由于战后联邦预算又恢复到平时水平，没有人能确信经济衰退不会卷土重来。在罗斯福执政时期，政府的权力被大大增加，但是人们不清楚在未来的日子里市场、自发性，甚至是自由本身会处于什么地位。1943 年，一个观察家说，"总的来讲，我们比俄罗斯的自由多，但没有俄罗斯的平等多。俄罗斯的自由少，但平等多。究竟是用自由还是用平等来定义民主，这是一个永无止境的讨论话题"。[11]

这个评论可以出自当时罗斯福政府的副总统亨利·华莱士（Henry A. Wallace）之口，他是一个没有恶意但缺乏计谋的政治家，他在面对这些问题时，总是拿不定主意。但是，上述评论的真正作者是现实主义的神学学者雷茵霍尔德·尼布尔（Re-inhold Niebuhr），今天人们怀念他在冷战时期所表现出的坚决反共立场。在第二次世界大战期间，像尼布尔这样的人都不能确定究竟应该用自由还是用平等来定义民主，这个例子就最好地说明：当时人们非常没有把握确定威尔逊提出的未来世界构想是否能够实现。

三

冷战改变了一切。今天，人们把威尔逊视作有预见性的现实主义者，而在整个前共产主义世界，列宁的塑像却在垃圾堆中腐烂。就像核战争从来没有发生那样，民主资本主义的延续和最终胜利是一个令人意外的结局，因为在 1945 年的时候，冷战意识形态对抗的两方阵营中没有几个人预见到这样的结局。20 世纪上半叶发生的那些事件为独裁政权提供了军事力量和政治权力，有什么理由认为 20 世纪下半叶会是一种不同的情况？　92

就像一位马克思主义史学家可能指出的那样，造成 20 世纪下半叶出现不同结果的原因，不是生产力方面出现了根本性的转变，而是美国对国际体系的态度发生了重大变化。在 1941 年以前，尽管美国已经发展成为世界上最强大、最具多样性的经济实体，但是美国人对于世界其他地方的政治应该如何发展不感兴趣。尽管美国人不喜欢世界上出现的专制政府，但是那些非民主政府对美国构不成什么危害。美国干涉第一次世界大战的经历没能改变美国人的这种态度，威尔逊对此深有体会，深感失望。

日本偷袭珍珠港这一事件，立刻和不可逆转地改变了美国人对国际事务的看法。珍珠港事件打破了美国人的一个幻想，即距离可以保证安全，大洋彼岸的人用何种政府管理国家与美国无关。珍珠港事件使美国人意识到：他们国家的安全受到威胁，在未来的日子里，拥有海上和空中力量的敌人很可能步日本的后尘，美国面临的威胁不会消失。因此，美国别无选择，只有承担其全球责任，这些责任包括赢得反对日本和德国的战争胜利（希特勒在珍珠港事件四天以后向美国宣战），以及规划一个战后世界构想，在这个构想中，民主和资本主义的生存将得到保障。

这时，威尔逊当年提出的主张的意义就凸显出来了，第一次世界大战结束后发生的那些事件的教训太深刻了。威尔逊使民主在世界上不受威胁的设想中包含着这样一种思想，即民主国家不会挑起战争。两次世界大战之间所发生的事件似乎验证了这一思想，但是，是什么因素导致一个国家不再是民主国家了呢？德国、意大利和日本都曾经拥有议会政府，但是发生在20年代和30年代的经济危机使议会政府失去了吸引力，这三个国家以及许多其他国家都转而采取专制主义的政策，从而导致军事侵略。就像马克思曾经预言的那样，资本主义不仅产生了社会的不平等，它还导致了两次世界大战的发生。

那么，应该如何防止第三次世界大战的发生呢？对罗斯福政府来说，答案是很明显的，那就是：建立一个新的国际秩序，在这个秩序中，资产阶级将不再受其自我毁灭行为所产生的不平等现象困扰，人民不会因为不平等现象的存在而放弃自由制度，国家不受专制主义政权发动的侵略的威胁。1944年，国务卿科戴尔·赫尔（Cordell Hull）说："一个处于经济混乱中的世界将永远是滋生麻烦和战争的温床。"[12] 罗斯福和他的顾问们可能不愿意承认，实际上他们对资本主义弊端的批评既受马克思－列宁主义的影响，又受到威尔逊的影响。但是，应该如何同斯大林相处呢？

罗斯福一贯是一个现实主义者，在第二次世界大战中，他欢迎苏联作为盟友。他对一个朋友说："就像你不能接受共产主义那样，我也不能接受共产主义，但是为了过这个桥，我将搀着魔鬼的手。"[13] 罗斯福比任何人都明白：赢得第二次世界大战的胜利以后，同莫斯科的合作可能将终结，但是他要苏联，而不是美国，来承担停止合作的责任。为此，他邀请苏联参加第二次世界大战结束以后成立的三个新的国际机构：国际货币基金组织、世界银行和联合国，对于这三个机构，罗斯福保证美国将全力支持。

上述三个机构将通过降低关税壁垒、稳定货币、协调政府机构同市场运作的关系等方法，来减少未来出现贫困的可能，同时为国际社会提供一个可以用来遏制和打败侵略的工具。这三个机构代表了威尔逊主义的两个思想，即经济自由主义和集体安全。罗斯福认为，对于那些已经落入和可能即将落入苏联统治之下的国家和人民来说，威尔逊主义的第三个思想，即政治自决，要有待来日才能实现。当务之急是先赢得战争胜利，获得和平并保证社会和经济的恢复，在那以后，再考虑推广民主的问题。

斯大林很高兴苏联能成为联合国的一个创始成员国，因为在安理会拥有否决权将使第二次世界大战的战胜国得以控制联合国。但是，对他来说，国际货币基金组织和世界银行却是另一回事。起初，他以为他可以通过这两个机构，从美国那里获得重建的资助。后来他明白了，那两个机构建立的目的是拯救资本主义，而不是像他起初认为的那样，[14]因此，他拒绝参加。斯大林的这个决定，再加上他越来越坚决地要将专制主义政权强加在东欧国家头上，使美国人意识到，罗斯福希望弥合威尔逊和列宁之间分歧的努力已经失败。但是，起码威尔逊对世界秩序的构想得到了恢复，威尔逊和列宁在第一次世界大战中开始的主义之争，将在正在出现的冷战中继续。在 1946～1947 年的 13 个月中出现的三个讲话反映了由威尔逊和列宁肇始的主义之争在冷战时期的延续。

　　1946 年 2 月 9 日，斯大林在莫斯科发表了上述三个讲话中的第一个讲话，在这个讲话中，他重新阐述马克思主义对资本主义的基本看法：他重复马克思对资本主义的批判，批评资本主义对财富的不平均分配；他重复列宁对资本主义的论断，指出由于资本主义对财富的不平均分配，资本主义国家很可能互相开战。斯大林从马克思和列宁的学说中得到一个结论，即只有共产主义在全世界胜利以后，和平才能实现。他强调，苏联在第二次世界大战之前实现的工业化使它赢得了那场战争的胜利，但他只字不提苏联在第二次世界大战中从美国和英国那里得到的援助。最后，斯大林在讲演中呼吁苏联人民发扬牺牲精神，从战争的创伤中重建国家，并准备对付下一场由于资本主义之间的矛盾和争斗而必然爆发的战争。[15]

　　3 月 5 日，卸任不久的温斯顿·丘吉尔在密苏里州的富尔顿小城做了第二个讲话，他讲话时，杜鲁门总统就坐在他旁边。丘吉尔一向以雄辩著称，说话铿锵有力，富有节奏，很会打动人。这次也不例外，他说：

95　　　　从波罗的海的什切青到亚德里亚海的特里亚斯特，一个铁幕降落在欧洲大陆。在铁幕后面，是中欧和东欧古老国家的首都……所有这些著名的城市以及居住在这些城市附近的人民……都在以各种方式不仅遭受苏联的影响，而且越来越被莫斯科控制。

丘吉尔接着说，苏联人不要战争，但是他们要"战争的果实以及无止境地扩展他们的力量和主义"。只有力量才能遏制他们。"如果西方民主国家团结一致……没有谁能欺负它们。但是如果西方民主国家分裂或者疏于它们的责任，如果它们不抓紧非常重要的这几年，那么灾难将很可能将我们都吞噬。"[16]

一年以后，1947年3月12日，杜鲁门做了第三个讲话，他要求国会向希腊和土耳其提供援助。他提出"杜鲁门主义"，表示美国有义务援助世界上受到侵略和威胁的国家。他用威尔逊主义来解释他采取的行动：世界已经被"两种生活方式"一分为二，不是共产主义对抗资本主义，而是民主对抗专制主义。杜鲁门通过强调同专制主义的斗争，来说明美国目前对欧洲事务的干涉同1917年和1941年美国对欧洲的前两次干涉是有联系的。杜鲁门讲话稿的起草人后来回忆说，杜鲁门这样说的目的是告诉世界——"我们可以提供正面的和有吸引力的东西，我们不仅仅是提供对反共斗争的支持"。[17]

杜鲁门的讲话为后来的《马歇尔计划》以及重建被占领的德国和日本的政策提供了思想基础。这些措施很像过去迪斯雷利的主张，威尔逊和罗斯福如果还活着，也一定会赞同。这些做法旨在挽救资本主义和确保民主，而作为资本主义和民主的代替制度的专制主义，尽管对人类自由构成明显的危害，但在当时的环境中，有可能很容易地就统治世界。马歇尔的助手查尔斯·波伦（Charles E. Bohlen）说，我们不是要将"所有使用

马克思和列宁语言的人都打成共产主义者，因为马克思主义中
有许多东西……并不代表当今共产主义理论和组织"。[18]杜鲁门
讲话的目的是要在民主和资本主义的框架中，寻找一个替代共
产主义的方案，这个方案将致力于消除那些促使人们投奔共产
主义的经济和社会问题。第二次世界大战以后，美国在西半球
以外承担起和平时期的义务，斯大林的挑战促使美国人承担起
世界义务。

迪斯雷利的小说《席比尔》中的一个人物说，"鸿沟是跨不
过去的，完全跨不过去"。[19]迪斯雷利的小说出版一个世纪以后，
富人和穷人之间的鸿沟，即那些有钱过好日子的少数人同那些没
钱过好日子的多数人之间的鸿沟，具有全球的地缘政治意义。围
绕如何消除这个鸿沟的问题，两种思想在竞争。正如波伦在1947
年夏天所说，"简而言之，有两个世界，而不是一个世界"。[20]

## 四

共产主义和资本主义这两种意识形态都希望为人们描绘出
未来世界的图景，为将来指出方向正是意识形态存在的理由。

人们对于列宁究竟要将无产阶级专政推广到多远这个问题
不是很清楚，列宁当然认为，为了达到革命目的，可以不择手
段，包括使用恐怖方法。[21]但是他是不是赞成将所有权力都集中
在一个人的手中，这个人可以监禁、流放和处决任何质疑他的
人（或他认为是质疑的人），来维持自己的权力？不管列宁本
人是否会这么做，这正是斯大林所做的。

99　　　截至1930年底，斯大林的部下已经逮捕和枪毙了63000
名反对集体化的人。到1932年，斯大林的部下已经将120万

"库拉克"（kulakes，斯大林对富农的称呼）流放到苏联的边远地区。到 1934 年，至少 500 万乌克兰人因为饥荒而死亡。斯大林然后开始清洗党政官员，将 360 万人投入监狱，仅仅在 1937～1938 年，斯大林就下令枪毙了 70 万人。这些人中有当年列宁的战友，最有名的就是列夫·托洛茨基（Leon Trotsky）。1940 年斯大林派人在墨西哥找到托洛茨基的下落，并将他杀死。根据一位历史学家的统计，到 1940 年时，斯大林为了维持自己的独裁统治，已经毁灭或破坏了 1000 万～1100 万苏联人的生活。[22]

在第二次世界大战结束时，上述苏联悲剧的全貌还不为人知晓。斯大林不允许发表 1937 年的苏联人口统计结果，这个人口统计结果是可以暴露苏联悲剧的真相的。斯大林是用逮捕和枪决负责人口普查的官员这种办法来禁止公布人口普查结果的。[23]当许多欧洲人等待着苏联将他们从纳粹铁蹄下解放出来的时候，斯大林既给他们带来希望又给他们带来恐惧。苏联红军一路杀进德国时的表现更加强了欧洲人的恐惧。一般情况下，一个军队在占领被打败了的敌人的领土时，表现得都很粗鲁，但苏联军队在占领了德国领土以后，表现得尤为粗暴无情，他们抢夺财产，随便打人，并到处强奸妇女。[24]看上去，苏联国内的那种粗暴文化也被搬到了国外。

从某种意义上说，苏联红军在德国的胡作非为是可以理解的，因为当德国军队在第二次世界大战中占领苏联时，他们的残暴行为是有过之而无不及的。但是，斯大林的目的不仅仅是报复德国，他还希望在尽可能多的欧洲地区推广马克思－列宁主义。他知道，他不可能仅仅通过使用暴力和制造恐惧来传播共产主义，他在苏联内部就是用这些方法来维持统治的。波兰、捷克斯洛伐克、匈牙利、罗马尼亚、保加利亚以及 1949 年以后东德的共产党在表面上是领导着独立的国家。斯大林当然可以控制他们，除了铁托和南斯拉夫人，当时世界上大多数的共产党都听从莫斯科的指令。但是，斯大林不能对东欧共产党控制太严，不然的话，他会给人一种共产主义革命是依靠镇压来维持的感觉。因此，对于共产党来说，争取民众的支持非常重要。1945 年，斯大林对波兰共产党领导人瓦迪斯瓦夫·哥穆尔卡（Wladyslaw Gomulka）说，"通过有力的鼓动和正确的态度，你可以赢得大量选票"。[25]

如果斯大林能对波兰人这样说，那么他也一定有理由认为，德国人和其他那些不在他的政治和军事力量控制下的欧洲人也有可能支持他们那里的共产党人，或者在选举中投票支持共产党候选人当选，或者延揽共产党候选人进入联合政府。这种斗争方法要比直接同美英对抗好，毕竟列宁主义曾经教导过，资本主义国家之间迟早要打起来。[26]斯大林知道，如果要在西欧国家传播无产阶级专政，不能用他在苏联和东欧国家强行建立无产阶级专政的那种高压做法；要在西欧地区建立无产阶级专政，必须是大多数的西欧人民自己决定是否接受这种制度。

斯大林的战略有其逻辑特点，但其中也有致命伤，那就是要想让战略成功，他就必须改变自己，他就必须改变他的暴君本性，因为他是依靠恐怖手段上台并维持权力的。当东欧卫星国表现出哪怕是很小的独立倾向时，比如捷克人希望加入《马歇尔计划》，斯大林立即对当事的东欧领导人施以严厉惩罚，他惩罚他们时采用的方法，同他在第二次世界大战前在苏联国内惩罚他的真实的和想象的政治对手时所采用的方法完全一样，即立即解除他们的职务，经常审判他们，总是监禁他们，有时甚至处决他们。如果他控制了南斯拉夫，他也会用同样的方法惩罚铁托。根据一项调查，在1949年至1953年间，有100万名东欧共产党人被清洗掉。[27]大清洗也在苏联国内展开，在斯大林掌权的最后几年中，逮捕、审判、处决的圈子在不断扩大，当找不到更好的惩罚理由时，就以"意外事故"为借口来清洗苏联人。到斯大林去世的时候，苏联监狱达到了最饱和状态。[28]

1848年，马克思曾经指出："让统治阶级在共产主义革命面前发抖吧！无产阶级失去的只有枷锁。"[29]但是，一百年以后，那些还没有身陷斯大林独裁统治的无产阶级在斯大林掌权的枷锁面前浑身颤抖，因为斯大林就是用这个枷锁来禁锢苏联人的。毫不奇怪的是，奥威尔小说中的那个"老大哥"人物就是蓄着斯大林式的胡子。

# 五

如果斯大林需要用枷锁来控制苏联的无产阶级，那么，我们今天就很难想象斯大林如何能用同样的办法来赢得别国的支持。但是，饥寒交迫会导致绝望，当人们处于绝望之中时，很难让他们在饥饿和专制之间做一个选择。作为共产主义对立面的美国意识形态，要想赢得主义之争的胜利，就不仅要揭露共产主义压制自由，还要表明资本主义可以维持自由。

华盛顿一开始并没有制订一个如何战胜共产主义的周密计划。第二次世界大战结束的时候，美国曾试图达到好几个互相冲突的目标：惩罚被打败的敌人、和苏联合作、恢复民主和资本主义、加强联合国的作用等。当美国人意识到不可能达到所有上述目标时，他们不得不对目标做出调整，分出轻重缓急，到 1947 年末，调整政策目标的工作宣告完成，新的政策目标是由凯南制订的，他当时是国务卿马歇尔的高级政策顾问。这个新政策目标强调：美国必须防止过去的敌人——主要指西德和日本——的工业资源和军事设施落入目前和未来的敌人苏联之手。[30]

美国可以用摧毁德日在战争中存留下来的工业和军事设施的办法，不让苏联获得这些资源。但是，美国如果那样做的话，
102 就会使德国人和日本人陷入饥饿的境地，同时会阻碍德日周围那些美国盟友的经济复苏。美国还可以用恢复和协助德日专制主义的做法来阻止苏联获取德日的工业和军事资源。但是，美国如果那样做的话，就违背了当初参加第二次世界大战的目的。结果，美国采取了第三种选择：它将恢复西德和日本的经济，从而保证资本主义在德日以及附近地区的繁荣，同时用民主模式改造德国人和日本人。

这是一个野心勃勃，甚至是异常大胆的战略，如果当时有官员将这个战略和"杜鲁门主义"、《马歇尔计划》一同公开宣布的话，那将是多么不可思议。因为，尽管德国和日本在 20 世纪 30 年代变成独裁国家之前有议会机制，但是，民主作为一种文化传统并没有在那两个国家扎根，这也就是那两个国家会如此容易地就滑向独裁政治的原因。但是，德国和日本在第二次世界大战中的失败已经削弱了两国的独裁政治，这就给了美国一个在德日重起炉灶的机会，使美国在军事占领德日时不受阻碍。美国重建德日的方法和斯大林的方法相同，即将在国内行之有效的管理方法用于国外，但是，由于美国的政治体制和苏

联的政治体制是如此不同，所以，美国在占领德日时想要达到的目标同苏联的目标也是大相径庭的。

在美国人眼里，政府的作用就是扶持自由。扶持自由时可能需要调节经济，但绝不是像苏联那样从各方面管制经济。应该让人民拥有财产，让市场分配资源，结果将是所有人受惠。领导人只是在人民的同意下行使权力；独立的法律系统将保证公平；独立的新闻媒体将确保政策透明并约束官员承担责任。政府是建立在给人们希望的基础上，而不是建立在使人恐惧的基础上。上述这些机制和做法在苏联，在苏联的卫星国，以及在苏联占领的地区都找不到，根本没有。

但是，光有好的政策没什么意义，关键是政策有没有被实施。在政策实施方面，《马歇尔计划》起了作用。该计划的基本思想是：美国通过提供大量的援助，来迅速恢复欧洲和日本的经济，同时让受援国从一开始就参与讨论如何使用美国援助。美国的唯一要求就是：受援国家之间共同合作，在新的威胁面前，过去的仇恨就不要再提了。目的就是用民主的手段恢复自信，恢复经济和恢复社会和平。尽管世界上存在着两个意识形态阵营，但是在资本主义阵营内，没有必要出现富国和穷国的区别，马克思主义得以发展，就是因为世界上存在着富国和穷国的差别。列宁曾经强调资本主义国家之间必然发生战争，美国要让列宁的预言不灵验，就需要确保资本主义国家之间不发生战争。

只有美国拥有经济资源和天真的想法，来试图做这些事。在这方面，苏联根本无法竞争，这就是为什么斯大林在应对《马歇尔计划》时，采用的是加强对他控制的欧洲地区的专制统治的做法。但是，美国人比苏联人还多一个优势，这个优势

103

和美国的物质力量无关，而和它的意识形态有关，即美国依靠的是自发原则。不管自发原则是来源于市场经济，还是来源于民主政治，或是来源于国家文化，美国人强调，智慧和常识到处存在，不只是最高领导人才具备智慧和常识。他们反对等级观念，喜欢灵活机动，非常怀疑那种强调理论决定实践的主张。他们认为，应该让实践来决定理论。

因此，当美国在德国和日本的军事占领司令部为了适应当地的实际情况而重新制定占领政策时，杜鲁门总统和他的顾问们并没有提出异议。"让所有人都听命于一个天才"的模式的弊端是显而易见的。尽管华盛顿的官员都是资本主义者，但是他们不反对和欧洲社会主义者合作，来共同遏制欧洲共产主义者。美国人更注重结果，而不是意识形态的前后一致性。当《马歇尔计划》的几个受援国指出没有军事保护就不能获得自信时，美国就同意用成立北大西洋公约组织的方式来向它们提供军事保护。1800 年，美国终止了和法国的同盟关系，那个同盟曾经帮助了美国的独立。北大西洋公约组织是从那以后美国第一次在和平时期缔结的军事同盟。

与美国的做法形成鲜明对照是，斯大林统治的苏联镇压一切自发行为，因为斯大林害怕自发行为会挑战他的统治基础。这种做法就意味着：只有斯大林才具备所有的智慧和常识，在斯大林生前的最后几年中，他的追随者经常那么说。不管斯大林本人是否相信这样的话，这个被称为"人类最大的天才"的人实际上是一个孤独的、充满幻觉的和恐惧的老人，热衷于在遗传、经济、哲学和语言等领域发表错误百出的评论，热衷于和惊恐万状的下属一块吃吃喝喝大半天，每次都以醉醺醺结束。令人意外的是，斯大林还喜欢美国电影。

他在临死之前说了一句开诚布公的话："我快死了，我对我自己都不信任。"[31]

# 六

但是，有没有可能问题只是出在斯大林个人身上，换一个领导人是否就能挽救共产主义？接替斯大林领导苏联的那些官员都认为，他们对问题的分析是正确的，他们为解决问题而实施的措施也是合适的。斯大林的每一个继承人都试图把马克思－列宁主义从斯大林主义的遗产中解放出来。但是，他们发现，马克思－列宁主义和斯大林主义已经有机地结合在一起了，要想把两者分开无异于冒同时毁灭两者的风险。

拉夫连季·贝利亚（Lavrentii Beria）是后斯大林时代苏联领导人中第一个试图将马克思－列宁主义和斯大林主义分开的人，结果是最后他自己送了命。从 1938 年起，贝利亚就是斯大林手下的秘密警察头子，在斯大林去世后，他成为接替斯大林统治苏联的三巨头中的一员，其他两个成员是莫洛托夫和马林科夫。贝利亚既是一个杀人惯犯，又是一个色情狂。他具有出色的行政能力，在苏联发展原子弹的实践中，他起的作用最大。让人意外的是，他对给了他这么大权力的制度抱有不满，斯大林的去世使他如释重负，高兴之情溢于言表，有些学者认为是贝利亚策划了斯大林的死亡。[32]斯大林一去世，贝利亚就迫不及待地着手改正斯大林统治时期最恶劣的做法。

贝利亚停止了斯大林生前发动的最后一轮大清洗，那次清洗针对的是斯大林自己的医生。贝利亚和三巨头同事一块，指示北朝鲜和中国终止旷日持久的停战谈判，以结束朝鲜战争。

105

他和他的同事们还在苏联《真理报》上发表文章，表示希望和美国改善关系。贝利亚接着在没有和同事商量的情况下提出建议：给苏联的非俄罗斯少数民族比斯大林时期更多的自治权。[33] 但是，他做出的最有争议的事，就是试图解决斯大林造成的德国问题。

1949 年 5 月，德意志联邦共和国（西德）成立。这一事件打破了斯大林要把共产主义扩展到德国西部的希望。康拉德·阿登纳领导的新政府关注的重点不是德国统一，而是如何不受苏联的控制，如何和美国结盟。斯大林对此无计可施，只得于当年 10 月授意成立德意志民主共和国（东德），他是不得已而为之的。东德领导人是德国资深共产党人沃尔特·乌布利希（Walter Ulbricht）。如果可以阻止西德加入北大西洋公约组织，斯大林是愿意用放弃东德政府作为交换条件的。带着这个目的，斯大林于 1952 年 3 月提出，用德国统一来换取德国的中立化。[34]

没有人响应斯大林的建议，因为他的目的太明显了。在东德建设一个无产阶级国家不是一件容易的事，一个原因是德国东部主要是农业地区，另一个原因是苏联以赔偿为名，已经运走了那里的许多工业设备。但是，作为忠实的斯大林支持者，乌布利希强调，东德人可以通过努力工作来解决工业基础差的问题。就像斯大林曾经在苏联做的那样，乌布利希发起了一场迅速工业化的运动。但是，这场运动的结果是加重了经济危机，引发了骚乱，造成好几千名东德人往西德移居。当时东柏林和西柏林之间实行开放边界，允许自由往来。

克里姆林宫的新领导人命令十分不情愿的乌布利希放慢他的工业化步伐，乌布利希只是部分采纳了苏联的建议。1953 年

5 月，贝利亚提出了一个大胆的计划：为了实现德国中立化，苏联愿意放弃支持乌布利希和东德共产党。但是，贝利亚的计划还没有实施，骚乱就于 6 月在东柏林和东德的其他地区爆发。[35]参加骚乱的人大多是无产阶级。起码从理论上说，无产阶级专政应该为他们带来自由，但在实际生活中，无产阶级专政剥夺了他们的自由，这就给斯大林的继任者造成了一个难题，因为至少一个共产主义政权正处于愤怒的火药桶上，愤怒的根源是马克思－列宁主义没有能实现自己的承诺。如果其他的共产主义政权也出现这些问题怎么办？

贝利亚的同事们通过用苏联军队镇压东德起义的办法来解决眼前的问题。对于苏联领导人和乌布利希来说，东德骚乱是使他们非常狼狈的事件，表明他们政策的失败。贝利亚的同事们接着逮捕了贝利亚本人，控告他是英美帝国主义的特务，把他送上法庭，判决他有罪，最后将他枪毙。赫鲁晓夫自始至终策划了对贝利亚的处理，然后和乌布利希政权紧密合作，这是斯大林在世时都没有做过的事。[36]贝利亚和东德事件的结局对那些希望将共产主义从斯大林主义影响下解放出来的人来说，不是一个好的兆头，但是，贝利亚的努力也不是类似努力的最后一次。

## 七

赫鲁晓夫自己是下一个试图纠正斯大林主义错误的苏联领导人。他在推翻和处决贝利亚以后的两年中，又先后排挤掉了马林科夫和莫洛托夫，但是他没有枪毙这两个人。结果，到 1955 年中，赫鲁晓夫已经成为后斯大林时期的苏联最高领导人。从个人素质上来说，赫鲁晓夫和斯大林不一样。赫鲁晓夫确实是想并且下定决心要将马克思主义还原到其最初的理想，即创造一个比资本主义式的生活还要好的生活。当赫鲁晓夫巩固了他在克里姆林宫的权力之后，就开始着手解决斯大林留下的政治遗产问题。

1956 年 2 月 25 日，赫鲁晓夫在苏联共产党第二十次全国代表大会上直截了当地列举和谴责斯大林的罪恶，他的讲话使参加会议的代表大为震惊。通过对斯大林的批判，赫鲁晓夫推倒了用恐怖和谎言建立起来的外表，这个外表在苏联人民和全世界共产主义者眼前遮挡了斯大林政权的真相。赫鲁晓夫这么做的目的是为了挽救共产主义，改革的第一步是承认过去的错误。赫鲁晓夫后来回忆说："不管对我来说风险多大，我必须说出过去事实的真相。"[37] 但是，赫鲁晓夫想要挽救的制度本身，从马克思和恩格斯的年代开始，就是建立在没有错误、永远正确的宣言之上的。共产主义不是从一开始就宣称它找到了推动历史进步的动力吗？一个基于科学的政治运动是不应该有悔罪、认错和改正错误的。因此，从赫鲁晓夫结束演讲的那一刻开始，他就为他自己和国际共产主义运动制造了许多新的问题。

一个问题就是赫鲁晓夫讲话所引起的震惊效应。共产党人很少听到他们的最高领导人承认错误，特别是像赫鲁晓夫那样历数斯大林的失误。正如国务卿杜勒斯当时所做的评论，赫鲁晓夫的讲话是"一个专制主义者对专制主义的最有力的控诉"。[38] 波兰共产党领袖波莱斯瓦夫·贝鲁特（Boleslaw Bierut）在阅读了赫鲁晓夫的演讲后，心脏病发作，很快去世。赫鲁晓夫讲话对其他共产党的震惊也同样巨大，因为赫鲁晓夫似乎在提醒他们：仅仅理论上宣称共产主义代表了历史的潮流是不够

108

的，共产党必须得到人民的支持。对于这一点，赫鲁晓夫在贝鲁特的葬礼上说，"我完全有把握，我们将在党内建立前所未有的团结，我们将和支持我们党的人密切合作"。[39]

波兰共产党认真吸取了教训。在贝鲁特去世后，波兰共产党开始释放政治犯，解除政权中斯大林主义者的职务，结果是：就像不久前东德在同样情况下出现动乱一样，骚乱也在波兰发生了。但是在波兰的动荡中，强硬派没有重新掌权，与此相反，波兰把哥穆尔卡请了回来，他过去在斯大林的清洗运动中被解职。波兰共产党在没有得到赫鲁晓夫批准的情况下，任命哥穆尔卡为党的领导人。赫鲁晓夫大怒，他没被邀请就自己飞往华沙，大发雷霆，威胁要派苏联军队去波兰，但最后只好默不作声地接受了波兰的新政府，毕竟波兰新政府只是像赫鲁晓夫自己曾经宣称的那样：要给"社会主义"（即"共产主义"）一个"人性的面孔"。

但是火药桶总是危险的，即使是那些没有爆炸的火药桶，因为附近还有别的火药桶。为了防止动乱在东欧其他地区蔓延，赫鲁晓夫于1956年7月设法将匈牙利共产党领导人马加什·拉科西（Mátyás Rákosi）解了职。拉科西得到的解职解释是：你"生病了"，你需要去莫斯科"治病"。[40]这一举措激发匈牙利人民要求政府做出更多的让步。10月，在波兰动乱的鼓舞下，匈牙利人举行了大规模起义。面对布达佩斯街头的流血冲突，苏联红军撤退了。在接下来的几天中，苏联看上去要允许匈牙利从华沙条约组织中撤出，该组织是苏联于1955年为了抗衡北大西洋公约组织而成立的军事同盟。赫鲁晓夫对于如何应对匈牙利的局势一筹莫展，最后，在毛泽东的压力下，他命令苏联军队重新开进布达佩斯，镇压起义。

109

在 1500 名苏联士兵和 20000 名匈牙利人被打死后，苏联红军才镇压了匈牙利的起义。总理伊姆雷·纳吉（Imre Nagy）不情愿地领导了起义，在起义被镇压后，他被逮捕，然后被处死。还有几十万匈牙利起义的幸存者在绝望中试图逃亡西方，那些出逃不成功的匈牙利人面对的是再一次镇压，镇压成为马克思－列宁主义者唯一知道的统治方法，这就是匈牙利事件的教训。1957 年初，赫鲁晓夫对一些中国人说，作为一个共产党人同"作为一个斯大林主义者是分不开的，但愿上帝使每一个共产党人都能够像斯大林那样，为了工人阶级的利益而战斗"。[41]不管上帝对赫鲁晓夫的话怎么看，斯大林的鬼影不是那么容易就能去除掉的。

# 八

中国在赫鲁晓夫镇压匈牙利起义的决策中起了重要作用，这是一件很合适的事情，因为毛泽东本人就是另一个后斯大林时代的领导人，他有他自己挽救共产主义的想法。但是，他的想法的来源还是要追溯到斯大林时代。

1956 年 2 月，赫鲁晓夫在做反斯大林演讲之前，没有事先通报毛泽东，他也没有事先通报任何其他的共产党领导人。毛泽东尊敬斯大林，听从斯大林的指令，但是从不觉得斯大林容易相处。斯大林过去一直对支持中国革命不积极，当中国革命取得胜利时，他又感到很吃惊。在多个场合中，比如在 1950 年谈判中苏同盟条约时，在朝鲜战争期间向中国提供军事援助时，斯大林都表现得很不大方。当毛泽东和金日成准备结束朝鲜战争时，斯大林坚持主张把战争继续下去。曾经有人问毛

泽东的翻译师哲：毛泽东得知斯大林逝世的消息时有没有感到　110
悲伤？师哲回答说，"我不觉得主席显得悲伤"。[42]

　　但在另一方面，斯大林对毛泽东有用，因为斯大林为毛泽东提供了一个巩固共产主义革命的榜样。在中国，毛泽东起了列宁和斯大林两个人的作用。他效仿列宁的做法，实现了从马克思主义理论向革命行动的飞跃，唯一不同的是中国革命的事件顺序和俄国革命的事件顺序相颠倒：在中国，共产党是先打内战后夺权，而在俄国，共产党是先夺权后打内战。毛泽东和列宁还有一点不一样，他很健康，所以他能活着去做列宁无法做的事，即如何将一个从马克思主义理论看来不可能实现革命的国家变成为一个共产主义国家。在俄国，斯大林用国家无产阶级化的方法将俄罗斯变成共产主义国家。他建立了一个巨大的工业基地，甚至还试图用集体化的方法将农业变成工业，他要在农业集体化完成时使苏联的农民都变成工人，他几乎实现了这个目标。

　　毛泽东走的是不同的路，他主要的理论创新就是提出农民就是无产阶级的学说。他认为，农民不需要被改造，农民的身上本来就有革命意识，只要激活他们的革命意识就行。毛泽东对农民的看法不同于斯大林对农民的看法，这个分歧是导致毛泽东和斯大林关系紧张的一个原因。斯大林对欧洲的工人阶级没有起来造反感到失望，但是，当欧洲以外地区的农民起来造反时，斯大林还是感到有些安慰。[43]毛泽东从苏联模式中学会如何在夺取政权以后继续革命。他认为，如果他不机械地仿效列宁，特别是不学习斯大林在苏联巩固革命的做法的话，中国革命将会失败。

　　仿效列宁的新经济政策，毛泽东在 20 世纪 50 年代曾经一度允许资本主义市场经济在中国存在。但是，不久以后，他就停止了这个实验，转而执行第一个五年计划，按照斯大林的模式，推行迅速工业化和农业集体化。斯大林去世以后，毛泽东对斯大林的接班人不满意，他以自己为中心制造"个人崇拜"，不仅是把他作为中国共产党的领袖来崇拜，而且是把他作为国际共产主义运动中最有经验、最受尊敬的领导人来崇拜。

因此，当 1956 年初赫鲁晓夫在事先不打招呼的情况下，突然谴责斯大林搞"个人崇拜"并要求各共产党不要对斯大林搞"个人崇拜"时，毛泽东很不高兴。他抱怨说，"他（赫鲁晓夫）将刀子给了别人，帮助老虎伤害我们。如果他们（苏联人）不要刀子，我们要……苏联可以批评斯大林，我们不批评"。[44]毛泽东要继续遵循斯大林的榜样，但可能是受了赫鲁晓夫关于在导弹和物质上超过西方的口号的鼓舞，毛泽东决心压缩和加快工业化和农业集体化的进程。他指出，苏联正在丧失它的革命斗志，中国作为真正的革命国家，不会犯错误。

根据这个思路，毛泽东在开展工业化和农业集体化的同时，还开始整肃持不同政见的批评者。他先是允许"百家齐放，百家争鸣"，然后，他将那些由于听了他的话而批评政府的人抓起来，打成"右派"。毛泽东的计谋就是"引蛇出洞……让毒草先长，然后逐一除之，把它们变成肥料"。[45]接下来，毛泽东决定大干一场：他要通过将农民转变成工人的办法，来合并工业化和农业集体化这两个进程，但他使用的方法连斯大林都没有想到过。毛泽东命令全中国的农民放弃农活，在后院修建家庭炼钢炉，将家具作为炼钢炉的燃料，把农具扔在炼钢炉中融化，以此来生产钢铁。

毛泽东发动"大跃进"的结果是 20 世纪最大的人造灾难。

20 世纪 30 年代初, 斯大林的农业集体化政策导致 500 万至 700 万苏联人因饥饿而死亡。毛泽东造成的死亡人数是斯大林造成的死亡人数的六倍, 1958 年至 1961 年中国出现饥荒, 造成超过 3000 万人死亡, 这是迄今为止一次饥荒造成死亡人数最多的纪录。[46] 所以说, 毛泽东起码在一个领域超过了苏联或者任何其他人。但是, 对于毛泽东的这个记录, 那些信仰马克思主义、列宁主义、斯大林主义和毛泽东思想的人是不会感到自豪的。

## 九

当时, 国际上对中国发生的事情知之甚少。就像斯大林不让外界了解苏联的真相一样, 毛泽东也不让外界知道中国发生的事情, 就像斯大林禁止公布苏联人口普查结果那样, 中国领导人从 "大跃进" 以后也禁止公布他们的人口普查结果。很多年以后, 外界才知道毛泽东式的马克思 – 列宁主义让中国付出的代价。当时, 共产主义意识形态的弊端在共产主义和资本主义竞争的一个透明地区——分裂的柏林, 显露得更清楚。

冷战的一个奇特现象是: 它将原本是第二次世界大战结束时确定的暂时安排变成一个长期的凝固状态。柏林就是一个例子。这个城市被划分为美国、英国、法国和苏联的四个占领区。柏林位于离东德边界一百多英里的东德境内, 东德是斯大林于 1949 年成立的国家, 有几十万苏联军队驻守在柏林附近。得益于《马歇尔计划》的援助和西德政府的慷慨资助, 再加上美国为修建大学、图书馆、文化中心、广播电视而提供的支持 (其中有些支持来自中央情报局的秘密拨款), 柏林的西方占领区

112

成为一个在共产主义东德的中心地区展示资本主义和民主优越性的永久广告牌。但是，西柏林的处境是很脆弱的，因为苏联或者东德（在苏联的允许下）可以切断通向柏林的陆上通道，就像斯大林在十年前曾经做过的那样。这次如果再出现苏联关闭进入柏林陆上通道的情况的话，美国再开展一次空投行动将是无济于事的，因为柏林的人口已经增加了很多，人们的生活也更富裕了，美国不可能再像1948年那样用空投物资的办法来维持柏林人的日常生活。西柏林的成功使它变得更容易受到苏联的讹诈，西柏林能够生存下去全靠莫斯科的容忍。

113

　　但是，苏联占领的东柏林也有它自己的空虚薄弱之处，就像1953年骚乱所表明的那样。在很大程度上，东柏林人不满情绪的根源来自当时东西柏林人可以自由地互相访问。一个东柏林人后来回忆说："柏林是个很奇特的城市，你只需乘上地铁或火车……就可以到另一个世界去……两分钟之内，你就可以从社会主义……到达资本主义。"[47]从西柏林往西德移民很容易。东西柏林在生活水平方面的明显差异在苏联占领区内引起"巨大的不满情绪"。克里姆林宫领导人乔治·马林科夫在1953年东德骚乱事件之后承认，不满情绪"是非常明显的，因为东德人开始往西德移居"。[48]

　　马林科夫列举的东德人逃往西德的数据是：在1951～1953年，有50万东德人跑到西德去了。到了1956年底，苏联的统计数据表明，已经有超过100万东德人离开了东德。很快人们就发现，离开东德的难民有许多是受过良好教育和严格训练的专业人员，促使他们放弃共产主义的原因是：东德既没有政治自由，又没有经济繁荣。1959年，苏联驻东德大使米哈伊·普茹金在描述东德的形势时非常小心翼翼地说，"柏林存在着一个划分社会主义世界和资本主义世界的开放式的、无法控制的分界线，这样的分界线客观上促使柏林人将柏林的两个部分进行比较，令人遗憾的是，这种比较的结果不总是有利于东柏林"。[49]

为了解决柏林问题，赫鲁晓夫于 1958 年发出一个最后通牒，威胁西方：他或者要结束四国对柏林的占领，或者将进出柏林的通行权移交给东德共产党，这样东德共产党就可以随心所欲地"抓捏"美国、英国和法国的占领区，（赫鲁晓夫使用了各种各样的生理比喻）。但是，赫鲁晓夫的计划没有成功，一个原因是艾森豪威尔政府态度坚定，毫不退让，另一个原因是赫鲁晓夫自己非常想访问美国。赫鲁晓夫从美国回来后，对颇感失望的乌布利希说，到 1961 年"德意志民主共和国（东德）将开始在生活水准方面超越德意志联邦共和国（西德），这对西德人来说是颗炸弹。因此，我们的对策是争取时间"。[50]但事实是，东德失去了时间。到 1961 年，有约 270 万东德人跨越开放边界，前往西柏林，随后又从那里前往西德。德意志民主共和国的总人口从 1949 年的 1900 万降到 1700 万。[51]

这是共产主义本身的一个重大危机，正如 1961 年 7 月苏联副总理阿纳斯塔斯·米高扬对东德人所说："马克思 – 列宁主义理论在东德必须被证明是正确的，我们必须证明资本家和叛徒说的话是错误的。"毕竟"马克思主义诞生在德国……如果社会主义在东德不能取胜，如果共产主义不能在东德证明自己是优越的和具有生命力的，那么我们就没有取得胜利"。[52]一年前，就是这个米高扬曾经动情地庆祝卡斯特罗在古巴领导的那场令人意外的却是历史必然的革命。但是现在，在马克思故乡的革命却处于危险之中。在米高扬看来，历史似乎没有往正确的方向发展。

114

至少从 1952 年开始，乌布利希就计划在东西柏林之间修筑隔离墙，以阻止东柏林和整个东德的居民往西柏林移居，但是苏联和其他的东欧国家反对这个计划。1953 年，苏联指出，乌布利希的计划会"在柏林人当中引起对德意志民主共和国和苏联在东德驻军的敌视和不满"。赫鲁晓夫认为，应对西德挑战的更好办法是："用文化和政策改善生活条件，赢得民心。"匈牙利领导人卡达尔·亚诺什（János Kádár）在 1956 年骚乱以后压制过不满的民众。1961 年初，他指出，在柏林建分割墙将会"对整个共产主义运动的信誉造成严重损害"。赫鲁晓夫承认，柏林墙是一个"引起仇恨的东西"，但是"我该怎么做？7 月里，3 万多最优秀的人才离开了德意志民主共和国……如果我们不赶紧设法阻止东德人大规模外逃，东德经济将崩溃。……修筑隔离墙是唯一可以采用的办法"。[53]

1961 年 8 月 12 至 13 日夜间，柏林墙开始修建。一开始，它还只是用铁丝网作为屏障，以后变成水泥墙，12 英尺高，延伸近 100 多英里，沿着墙设有岗哨，附近埋了地雷，布置了警犬，哨兵可以向任何试图翻墙的人射击。就冷战中超级大国的关系而言，赫鲁晓夫同意修建柏林墙的决定确实将柏林的局势稳定下来。把西柏林同东柏林以及东德隔绝开来以后，赫鲁晓夫不再需要强迫西方国家从柏林撤出，他如果试图强迫西方国家离开柏林的话，是要冒引起核战争的风险的。他现在可以喘口气了，对于西方领导人来说，他们也可以感觉轻松一点了。肯尼迪说，"局势很糟，但是一堵墙总比一场战争要好些"。[54]但是，肯尼迪于 1963 年 6 月访问柏林时，仍然禁不住指出，"我们从来没有感到有必要修建一堵墙来把我们的人民禁锢在国家内，不允许他们离开国家"。他说，赫鲁晓夫命令修建的那堵丑恶的墙"是共产主义制度失败的最明显和最生动的代表，全世界都可以看到这一点"。[55]

十

在柏林墙的另一侧，资本主义正在取得胜利。标志资本主义获胜的转折点不是一个事件，一个日期，或一个数据，而是一个过程，一种结果。第二次世界大战结束时人们一度担心会发生的事情并没有发生，这是具有重要意义的结果。资本主义由于历史的原因害怕再出现经济大萧条，共产主义由于信仰的原因希望再出现经济大萧条，但是，经济大萧条没有再次发生。斯大林引用列宁的观点，预计资本主义国家之间将再次发生战争，但这种现象并没有出现，斯大林的预言显得那么可笑。

116

许多年以后，作为最后一批杰出的马克思主义史学家代表的艾瑞克·霍布斯鲍姆为战后初期起了一个名字，叫"黄金时代"。他使用这个名字的用意是"所有那些曾经困惑过资本主义的问题都已经被解决了"。从20世纪50年代初到70年代初，世界制造业的产量翻了四番，制造业产品贸易增加了十成，粮食生产的增长超过了人口的增长，过去被视为奢侈品的消费品，比如汽车、冰箱、电话、收音机、电视、洗衣机，已经成为普通用品。西欧几乎不存在失业问题。霍布斯鲍姆写道："当然人类的大多数仍然处于贫困之中，但是在传统产业劳工的诞生地，（共产主义）《国际歌》中的唱词：'起来！饥寒交迫的奴隶'对工人来说已经没有意义了，因为他们现在想的是如何拥有汽车，如何去西班牙海滨度过每年一次的带薪休假。"[56]

但是，对于上述现象，霍布斯鲍姆描述起来容易，解释起来却很困难。他指出，"在解释资本主义世界经济出现'大跃进'的原因方面，在解释资本主义经济所产生的前所未有的社会后果方面，找不到令人满意的理论"。他认为，战后资本主义世界的长久繁荣可能与经济兴衰的长周期有关：战后时期正是一轮周期的上升阶段，这一轮长周期持续了好几百年。但是，他又觉得，这个解释不能说明这次经济"非同寻常的繁荣程度和深度，这次的经济繁荣同战前的经济危机和大萧条"形成了如此鲜明的对照。霍布斯鲍姆认为，战后资本主义经济兴旺的另一个解释可能是技术的进步，但是他又觉得，技术的突出进步主要表现在 20 世纪 70 年代和 80 年代（计算机的出现），而不是在第二次世界大战结束初期。他最后指出，最终令人满意的解释应该是："在第二次世界大战的最后几年中，资本主义被刻意改造了，改造资本主义的人是美国和英国那些制定经济政策的官员。如果认为人们从不吸取历史教训，那是错误的。"[57]

　　如果霍布斯鲍姆说的是对的，那么马克思吸取了历史教训吗？马克思一直坚持认为，资本主义通过产生愤怒的无产阶级而制造了自己的行刑人。列宁吸取了历史教训吗？他认为，资本主义世界的贪婪最终将导致战争。斯大林、赫鲁晓夫和毛泽东吸取历史教训了吗？他们对他们的人民做出保证：共产主义将比资本主义给人们带来更好的生活。所有这些共产主义领导人都信奉一些基本的观念，即资本主义领导人从不吸取历史教训，只有共产主义者才会吸取历史教训，共产主义者发现了阶级斗争是历史发展动力的真理，只有从复杂纷乱的社会现象中揭示真理的理论才能指点未来的方向，只有那些能使百姓听从命令的独裁者，才能确保历史的火车准时到达目的地。但是，共产主义领导人信奉的这些观念经得起历史的检验吗？他们对历史、理论和领导人素质的解释是对的吗?

实际上,在涉及历史、理论和领导人素质的问题上,资本主义领导人的看法和决定是对的。在吸取历史教训方面他们比共产党领导人做得更好,因为他们从来不只是信奉某个单一的、神圣的,从而是不可置疑的历史发展理论。与此相反,从迪斯雷利提出"两个国家"理论到波伦提出"两个世界"理论的这100年中,资本主义领导人一直表现出实际灵活的态度,不断对政策和规定做出调整,在实践结果中寻找真理,而不是在机械的教条中寻找真理,他们犯过错误,但他们知错必改。霍布斯鲍姆得出结论:"社会主义作为资本主义的替代选择,它在世界上能否站得住脚取决于它是否能同全球资本主义经济竞争,而全球资本主义经济在大萧条和第二次世界大战以后已经被大大改进了。1960年以后,社会主义越来越落后于资本主义这一事实已经非常明显了,社会主义已不再具有竞争能力。"[58]

在历史上还找不到几个良好的愿望造成巨大灾难的例子。柏林墙被推倒以后,在一个东德工厂的墙壁上出现了一行字:"我向全世界的工人阶级道歉。"这是一句非常合适的话,也是早该有人说出来的话,没有人需要为这句话署名。

# 第四章　自主的兴起

高居体制顶端的军事力遭遇到……基于底层民意的更强大的力量。正如在爱丽丝梦游仙境的槌球游戏中，木槌是火烈鸟，球是刺猬，（冷战）游戏中的人质被（超级大国们）错当为毫无生命的物体，活在他们的手中，并且无一例外地和无法阻挡地开始追求他们自己的计划和抱负。

——乔纳森·谢尔（Jonathan Schell）[1]

曾有人梦想过告诉斯大林，他不再适合我们了并建议他退休吗？我们站的地方连一个泪滴也没有掉下。现在一切都不同了。恐惧已消失，我们能够平等地对话了。这是我的贡献。

——尼基塔·S. 赫鲁晓夫（Nikita S. Khrushchev）

1964 年 10 月 13 日

当赫鲁晓夫的克里姆林宫同事们宣布罢免他的意图时，赫鲁晓夫做出下列评论，妄图抓住最后一根稻草。"我……很高兴这个党能发展到甚至罢黜它的第一书记的地步，"他接着说，"你们给我扣屎盆子，而我却说：'你们是对的'。"

人们对赫鲁晓夫的指责远远超过他个性的缘由。他因粗鲁无礼、精神错乱、傲慢自负、无能、任人唯亲、妄自尊大、抑郁消沉、变化无常以及衰老而备受指责。他容许发展对他的个人崇拜，不再听取顾问的建议。他破坏了苏联的农业并将世界带到核战争的边缘。他下令建设柏林墙，这是一种对马克思 -

列宁主义的公开羞辱。他早已成为他试图领导的这个国家以及他试图激励的国际共产主义运动的耻辱。而作为他的接班人，列昂尼德·勃列日涅夫（Leonid Brezhnev）认为还应加上另一条罪状：赫鲁晓夫曾经将中央委员会的成员描述为"对着路边石撒尿的狗"。[2]

罢免世界上位列第二的最有权势国家的领导人的方式，尽管是粗鲁且有失尊严的，但并没有发生流血事件，没有人被关入监狱，也没有人被流放。赫鲁晓夫被允许享受一种和平——是否痛苦尚不清楚——的退休生活。他一如既往地乐观，将未能保住职位的事实视为自己最为重要的成就。他在掌权的岁月里，制定了各种对滥用权力的约束。单独一位领导人要求并希望获得无条件服从的岁月已经一去不复返了。

从微观来看，赫鲁晓夫的命运反映了20世纪50年代、60年代和70年代早期苏联以及美国的情况。在这一时期，世界体系似乎呈现两极，如铁屑吸附于磁铁般，所有的力量都被吸附于莫斯科和华盛顿。但事实上，两个超级大国逐渐发现，无论是冷战中的盟国还是中立国，那些小国越来越难以驾驭。与此同时，他们也正在失去曾经认为理所当然享有的国内权威。弱者正在寻找对抗强者的机会。实力的本质正发生着改变，因为传统认识中对实力的恐惧正在消失。木槌的确开始变成火烈鸟，球变成了刺猬。

一

这一转变正在发生的最初信号，来自欧洲殖民主义的衰落和寿终正寝。这一过程在冷战开始前已经开启，与冷战最初的

121

发展相平行，并逐步影响了冷战的后续演进。欧洲对世界的统治可以追溯到 15 世纪。在当时，葡萄牙和西班牙率先改进了可以跨越分隔人类社会的大洋，运载人、武器以及——在当时并没有意识到——细菌的海上交通工具。[3] 截至 19 世纪末，几乎没有一寸土地不被欧洲人或他们的后裔所控制。但是在 1905 年，作为一个新兴的非欧洲强国，日本赢得了它对欧洲最弱帝国之一——俄国发动的战争：这场胜利打碎了欧洲人遇挑战必胜的幻象。

很快，欧洲人在 1914 年开始大战，他们自己打破了另一个幻象——他们自己作为一个整体的幻象。第一次世界大战反而产生出两个结束殖民统治的有力理由：第一个来自布尔什维克革命，列宁号召结束所有形式的"帝国主义"；另一个来自美国。当伍德罗·威尔逊在十四点原则中提出民族自决原则时，他的意图是削弱布尔什维主义的号召力，但其效果却引发了整个亚洲、中东和非洲地区对帝国主义的反抗。受此激励的有英属印度的莫罕达斯·甘地、法属印度支那的胡志明、日占朝鲜的李承晚，以及在中国一个叫毛泽东的不知名的年轻图书馆员。[4]

但第二次世界大战一劳永逸地耗竭了殖民主义的精气神：战争开启了这样一种进程，在接下来的二十年中，它将结束开始于五个世纪前的欧洲帝国时代。因此，殖民主义的土崩瓦解虽与冷战的开始同步，但是冷战并没有引发这一进程——它的根源在他处。如同托马斯·潘恩（Thomas Paine）在 1776 年指出的一座岛屿无限期统治一个大陆是不合逻辑的一样，[5] 在 1945 年，一个被战争蹂躏的大陆继续无限期统治世界其他绝大部分地区也是非常不可能的。即便战时大同盟从未破裂，事实也依旧如此。

冷战早期，非殖民化也未能成为一件重要的事情。苏联仍然反对帝国主义——它又怎么能不反对呢？——但对斯大林而言，在战后的几年时间里，在即将被称作"第三世界"的地区推动革命，并不比从战争中恢复并在欧洲尽可能扩大影响力更重要。美国就其本身而言，也不打算为欧洲的殖民主义辩护。它自身的历史起始于对一个大帝国的反抗，并且尽管美国人在19世纪末夺取了自己的殖民地——菲律宾是其中最重要的——但他们从未对殖民主义感到自如，相反更倾向于以经济和文化的手段在海外施加影响。因此，莫斯科和华盛顿都没有为欧洲帝国的衰落而悲叹，欧洲之外出现的权力真空在最初也并没有困扰他们。

但这种状态是难以持续的。到1949年底，苏联、美国对欧洲势力范围的争夺已经陷入僵局，这诱使它们到其他地区寻找机会。斯大林早已屈从于这种诱惑，他允许金日成进攻南朝鲜，同时鼓励胡志明在印度支那开展抗法战争。但是，这位年迈的独裁者对"第三世界"毫无所知，没能持之以恒地在第三世界施加苏联的影响。赫鲁晓夫更为精力旺盛：与斯大林不同，他热爱出国旅行并乐此不疲，从不错过任何一个机会。在他钟爱的目的地中有许多是从欧洲殖民统治下新独立的国家。"我不是一个冒险家，"赫鲁晓夫解释说，"但我们必须支援民族解放运动。"[6]

美国人最担心的正是这一点。他们相信，殖民主义是一种过时的制度，它只会玷污西方在这些地区的声誉，削弱欧洲的殖民政策执行者，而他们在欧洲本应变得更强大。但是，美国无法仅仅因为英国、法国、荷兰和葡萄牙仍然留有殖民地而切

123

断与这些盟国的关系：恢复战后欧洲的安全与繁荣太重要了。于是，"第三世界"民族主义者将美国同帝国主义联系在一起的危险是很高的。也没有人能保证，对他们来说，长期以来对殖民主义的愤恨不会使共产主义成为一个有吸引力的选择。马克思或许过分夸大了资本主义的矛盾，但是帝国主义的自我毁灭性对所有人而言都是显而易见的。随着冷战的加剧，殖民主义也正走向穷途末路，这对美国而言是尴尬甚至是危险的，因为盟国在过去犯下的罪恶很容易在未来成为脆弱。这正中赫鲁晓夫的下怀。

　　所有这些意味着，新独立国家的选择能够打破冷战的均势格局。关于朝鲜战争，令美国人最为震惊的事情是一种边缘利益——对南朝鲜的防御——以如此之速在突然之间变得至关重要。允许一个甚至没有军事工业能力的不发达国家倒向共产主义的控制，都能够动摇美国在非共产主义世界的自信。这就是艾森豪威尔在1954年做出他最著名的冷战隐喻时脑中所想的："你竖起一排多米诺骨牌，你推到了第一块，接着……最后一块……将非常迅速地倒塌。因此，崩溃一旦开始，就会产生最为深刻的影响。"[7]

　　"多米诺骨牌"可以如朝鲜那样因为外部侵略而倒下，也可如印度支那局势一般因内部颠覆而倒塌。但如果从殖民主义中获得独立的国家选择倒向苏联或中国，它们同样也会倒下。这就将非殖民化置于一个新的背景：民族主义的兴起。在华盛顿看来，它可以带来的麻烦同殖民主义苟延残喘一样多。冷战在地理范围上正在变得全球化；然而它带来的反效应却是赋予了那些手无寸铁的人们以力量，冷战正是在这一基础上展开了。他们的方法是"不结盟"。

124

# 二

"不结盟"为第三世界国家领导人提供了一条可以倾斜但不至于倾覆的道路：这一思想是不承诺于冷战中的任何一方，但保留做出承诺的可能性。按照这种方式，如果来自某一个超级大国的压力过大，某个较弱小的国家就会以威胁同另一超级大国结盟来实现自卫。

南斯拉夫——并非一个第三世界国家——率先开启了这一进程。铁托在 1948 年并没有受到斯大林的谴责：他当时是并且始终是一个坚定的共产主义者。但是他决定不能为了意识形态的团结一致而牺牲国家主权，并且同当时其他大多数东欧领导人不同，他也不需要那么做。当注意到他同斯大林决裂后，美国人迅速地向他提供了经济援助，铁托看到了抓住这样一条救生索的可能性：如果对南斯拉夫动武会导致与美国人开战，俄罗斯人甘冒这样的风险吗？鉴于美国第六舰队正在漫长的南斯拉夫海岸开展军事活动，斯大林有理由反复思考是否要发动一场侵略。现在有证据表明，他的确深思熟虑，决定代以秘密的暗杀行动，但都没有成功。[8]

但与此同时，铁托也意识到不能太指望美国。他能确保北约会保护他吗？或者作为提供援助的报偿，美国人难道不会要求复辟资本主义吗？因此，留下与苏联和解的余地是明智的。在斯大林去世后，赫鲁晓夫亲赴贝尔格莱德为其前任的行为道歉，这位南斯拉夫的领导人恭敬而不失平等地接待了他。从此以后，赫鲁晓夫认为在重要问题上必须同铁托进行协商：最引人注目的例子就是 1956 年的匈牙利事件。当时，他和马林科夫

125

在骇人的恶劣天气中钻进一架小飞机，经过一程令人毛骨悚然的飞行后，又登上一艘小艇，在波涛汹涌的海上经受了一场令人狂吐不止的航程，这一切只是为了确保铁托对苏联镇压叛乱的决定表示同意。而铁托一直在他位于亚得里亚海的岛上"度假"，不愿庸人自扰地赶到贝尔格莱德或者莫斯科。"赫鲁晓夫和马林科夫看上去已经筋疲力尽，"铁托的一位顾问回忆说，"特别是马林科夫，站都站不起来了。"[9]这就是"不结盟"杠杆作用的一次生动展示。

但是，铁托对施展"不结盟"的兴趣远远超过东欧。当他察觉到正在亚洲蓬勃兴起的民族主义浪潮后，他就开始联络当时这一地区的两位领导人——印度的贾瓦哈拉尔·尼赫鲁（Jawaharlal Nehru）和中国的周恩来，他们每一位都拥有自己抗击超级大国霸权的理由。

尼赫鲁必须对付美国和巴基斯坦。英国已在 1947 年承认印度和巴基斯坦独立，尼赫鲁本希望两国共享的这块次大陆能置身于冷战之外。但是，巴基斯坦人忧心印度的野心，向美国人寻求援助，把自己描述为坚定的、拥有英式训练军的反共主义者，可以在苏联敏感的南部边界地带提供军事基地。与巴基斯坦人相比，尼赫鲁——同样接受过英国教育，却是一位社会主义者、和平主义者并决意不在冷战中选边站——的差别何其之大。到 1954 年底，巴基斯坦已设法加入了中央条约组织（the Central Treaty Organization，CENTO）和东南亚条约组织（the Southeast Asian Treaty Organization，SEATO），这两者都是由国务卿杜勒斯设计，旨在以美国赞助的军事盟国来包围苏联。对于尼赫鲁而言，将印度置于"不结盟"原则的指导之下，是一种对抗美国人和巴基斯坦人的方式，同时还向其他第三世界国家表明，除了在冷战中选边站之外，还存在其他的选择。[10]

周恩来对"不结盟"的支持当然来自毛泽东，其原因也同 126
对霸权的担忧不无关系。从中国的角度来看，这种霸权可能来
自美国，也可能来自苏联。1949 年蒋介石和中国国民党逃到台
湾后，华盛顿一直支持他们：北京难以忽视国民党在美国人的
支持下反攻大陆的威胁。但是毛泽东并未打算完全依赖于 1950
年的中苏同盟来抵御这一威胁。因此，中国让自身同前殖民地
和独立地区的民族主义者联合起来是有道理的。"他们的胜
利，"周恩来向毛泽东写道，"符合社会主义阵营的利益，并且
可以挫败西方帝国主义者封锁东方阵营的努力。"[11]

如若不是根本目标的契合，那么一定是一致的利益使得铁
托、尼赫鲁和周恩来于 1955 年 4 月在印度尼西亚的万隆召开了
第一届"不结盟"国家大会：其目的是通过鼓励在冷战中保持
中立来扩大国家自主权。应邀与会者中还有来自埃及的贾迈
勒·阿卜杜勒·纳赛尔上校，他很快将被证明是所有"不结
盟"践行者中运用这一策略最娴熟的一位。

埃及从来没有正式沦为殖民地，但是大英帝国自 19 世纪
80 年代起一直控制着它：完全建造在埃及领土上的苏伊士运
河，是连接中东、印度和东南亚的关键。但是，1952 年爆发的
民族主义革命废黜了臭名昭著的法鲁克国王（King Farouk），两
年之后，英国人同意拆毁遗留在埃及的军事基地，但保留在运
河遇到危险时重新派军进驻以保卫运河的权力。至此，纳赛尔
已经在开罗执掌大权，志在成为阿拉伯世界的首要民族主义
领袖。

如果埃及同美国结盟，他不可能做到这一点。因为尽管美

国人支持他，但他们与欧洲人的联系太过紧密，所以正如纳赛尔所言，他们担心"某个殖民大国生气"。[12]按照万隆会议的精神，他决心保持中立，但也不惜利用华盛顿和莫斯科的领导人对把他拉进自己势力范围的希望。他说服美国人提供资金在尼罗河上建造阿斯旺大坝，这是一个对埃及经济发展而言至关重要的项目。但他还决定从捷克斯洛伐克购买武器。最终，这两项决定引发了冷战时期第一次重大的中东危机。

杜勒斯已经对纳赛尔出席万隆会议颇感紧张，此时更担心捷克军售一事会使纳赛尔成为"俄国人的工具"，因为如果这样，"我们就不得不重新考虑修改我们的全部政策"。紧接着，埃及给予了中华人民共和国以外交上的承认。纳赛尔"同魔鬼打交道，希望建立一个从波斯湾横跨至大西洋的帝国"，杜勒斯愤怒了：此后很快，美国人取消了对阿斯旺大坝的财政援助。但纳赛尔早已有所准备，他让苏联来赞助这一项目，同时又自如地通过使苏伊士运河国有化来报复美国。[13]这一做法使英国人和法国人大为惊恐，他们在没有同华盛顿协商的情况下，与以色列人密谋策划，让以色列人进攻运河，从而为伦敦和巴黎"保卫"运河制造借口——但真实的意图是将纳赛尔一道罢黜。正如安东尼·艾登首相所言："我们没有比现在更好的借口来对他下手了。"[14]盎格鲁-法兰西-以色列的干涉发生在1956年10月底，恰值波匈事件的最高潮。

拙劣的设想、错误的时机和无能的运作，使得这场入侵几乎撕裂了北约联盟。艾森豪威尔勃然大怒：由于惊讶，由于分散了他对东欧局势的关注，并且由于欧洲殖民主义至少在表面上出现的复兴。"如果这样做意味着我们将失去整个阿拉伯世界，"他坚称，"我们怎么可能支持英国和法国？"[15]总统坚

决要求英国和法国从海峡撤军、以色列从西奈半岛撤军，否则 128
美国将施加严厉的经济制裁。[16]此时，赫鲁晓夫也已发出威胁，
如果他们不立刻停止军事行动，他就要以核导弹攻击侵略者。
然而，真正的赢家却是纳赛尔，他保有了运河、羞辱了殖民主
义者，并且使冷战的超级大国彼此对抗；同时，他也保住了作
为阿拉伯国家无可争议的领导人的地位。

　　美国人由于自己的无能又给了纳赛尔更多的权力。艾森豪
威尔在1957年1月宣布，美国愿意同阿拉伯国家合作使之免于
共产主义的控制。由于这一表态意味着对民族主义的持久性缺
乏信心，"艾森豪威尔主义"赢得的支持甚微。正如中央情报
局在几个月后指出的，"可能几乎所有的阿拉伯人都认为，这
表明美国对共产主义的关注，排斥了对那些他们认为是这一地
区更为紧迫的问题的考虑。"[17]在伊拉克的一个亲西方政权出人
意料地被推翻后，美国为了遏制阿拉伯的民族主义不惜最后一
搏，匆忙组织海军陆战队在1958年7月登陆黎巴嫩。但此举依
旧所获甚微。此后不久，艾森豪威尔做出了恰当的结论："我
们既然就要被赶出（中东），那还是相信阿拉伯的民族主义
为好。"[18]

　　纳赛尔——以及后来铁托、尼赫鲁和周恩来——的作为表
明冷战中的超级大国并不总是能够为所欲为。莫斯科或者华
盛顿命令小国团团转的能力是非常有限的，因为这些小国随
时可以背叛到另一方，或者至少威胁要这样做。苏联和美国
试图将这些国家纳入自己的势力范围，这种强迫性最终给了
这些国家摆脱控制的手段。自主性——这些国家本以为它将
置自身于恶劣环境之中，但现在却也变得可以企及。尾巴竟
开始摇狗了。

# 三

129 　　"不结盟"对于在超级大国阴影下生活的小国而言，并不是寻求扩大自主性的唯一武器："垮台的可能性"也可如此。南朝鲜的李承晚、中国台湾的蒋介石、南越的吴庭艳，这些坚定的反共主义者绝不可能威胁要倒向另一边（尽管当 1963 年美国人要抛弃吴庭艳的时候，他曾孤注一掷地紧握政权，的确令人难以置信地试图与北越人开启谈判）。[19]同样，北朝鲜的金日成或者北越的胡志明，这些热忱的反资本主义者也绝不可能可信地提高与美国结盟的可能性。但是，他们能够做的是挑动起超级大国的担忧，即如果他们各自的超级大国赞助者不支持自己，那么他们的政权就要垮台了。这些"多米诺骨牌"发现不时地宣扬一下倒塌的倾向，还很有帮助。

　　朝鲜在朝鲜战争后的历史提供了一个鲜明的例子。李承晚曾坚决反对 1953 年那份分裂了他的国家的停战协定，并且为了破坏这一协定，他释放了数千名本应被遣返的北朝鲜战犯，而这些战犯的本意也并非返回北方。华盛顿同平壤一样，被李承晚此举激怒了，认为他擅作主张。李承晚虽未能废除停战协定，但他的确向艾森豪威尔政府发出了这样一种信号，即一个独立的盟友并不意味着一个忠顺的同盟者。[20]他最有效的论争是，如果美国不支持他以及他在南朝鲜建立的专制政权，那么这个国家就要垮台，而美国人在朝鲜半岛的态势就会比打消顾虑、继续支持他的结果更差。

　　这是一个有说服力的例子，因为李承晚别无其他更好的选130 择。美国可以"做各种各样的事情表示……我们可能准备好离开朝鲜",艾森豪威尔悲观地说,"但事实却是,我们当然无法真的离开"。[21]如此一来,李承晚有了一份双边安全条约,还有一份来自华盛顿的承诺,即为了确保南朝鲜的国家安全,美国军队可以根据需要尽可能长久地在那里驻军。这就意味着美国保卫着一个独裁政府,因为李承晚对于民主化毫无耐心和兴趣。南朝鲜就成为李承晚而非美国所希望的南朝鲜,并且他发明了一种极富吸引力的冷战勒索模式,可以为所欲为:如果你对我太过施压,我的政府就会垮台,而你会为此感到后悔。

现在很清楚的是,苏联同北朝鲜的金日成也有过类似的经历。他被允许建立一个斯大林式的国家,强化对他自己的个人崇拜,而恰在此时,赫鲁晓夫正谴责其他地方发生的这类歪曲马列主义的做法。结果,北朝鲜变得愈加孤立和集权,但又完全依赖于社会主义阵营的经济和军事援助。这并非赫鲁晓夫或他的继任者们刻意设计的结果,即使他们曾经有这样的机会。但事实上,他们并没有这种机会,因为金正日能够反驳任何要求改革的建议,他可以声称那样做将动摇他的政府,并因此将胜利拱手让与南朝鲜和美国人。"为了我们共同事业的利益,我们必须在有些时候无视他们的愚蠢。"一位苏联官员在1973年解释说。[22]华盛顿和莫斯科因此都开始真正支持使自己难堪不已的朝鲜盟友。这是朝鲜战争的一种诡异的结局,也再一次使我们认识到在冷战中弱者通过操纵强者以获取实力的程度。

美国人和俄国人也未能成功控制他们各自的中国盟友。蒋介石在1949年撤离大陆时,曾坚持要求保留中国沿海的几个小岛:他声称,它们将成为他最终重新夺回整个中国的集结地。杜鲁门政府对此深表怀疑,甚至没有做出保卫台湾的承诺。但是当毛泽东在1954年9月开始炮轰这些沿岸岛屿时——很明

131

显，这是中国人和北越人在关于印度支那问题的日内瓦会议上做出妥协后展示实力——蒋介石坚称丢失这些岛屿的心理影响太大了，甚至他在台湾的政权都可能垮台。艾森豪威尔和杜勒斯的反应正像他们对待李承晚那样：蒋介石获得了一份共同防御条约，把美国同台湾的防御绑在了一起。但是，防卫沿海岛屿的问题仍未能得出结论。

这就给毛泽东留有了余地，他开始采取行动，夺取了其中一个岛屿，并在其他岛屿的对面增加军事力量。艾森豪威尔和杜鲁门认为，现在他们和蒋介石的可信度都面临危机，于是他们在1955年初使这样一个决定为众人所知：美国准备保卫最重要的岛屿——金门和马祖，如有必要，将使用核武器。毛泽东随后开始平息危机，但这一事件产生了两个重要的影响。其一，又一个盟国通过宣扬自己的脆弱，从而获得了美国的安全承诺。另一，华盛顿放弃了对毛泽东的主动，正如中国领导人随后解释的那样，美国人把自己的脖子伸到金门和马祖，于是美国人就套上了他的绞索，他可以随意拉紧或放松。[23]

1958年8月，毛泽东选择再次拉紧绞索。很明显，他是要转移人们对国内经济政策失败的注意力，但公开宣称这是抗议前一个月美军登陆黎巴嫩。[24]当他开始炮击沿海岛屿时，蒋介石增强了对这些岛屿的防御力量，而美国发现自己再一次威胁要以核武器保卫那"一堆石头"，正如愤怒的杜勒斯早先对那些岛屿的谑称。[25]但并不是只有美国人觉得这场危机是让人惊扰不安的。毛泽东并不在乎同俄国人协商。当他随意地向俄国人建议说和美国人打一仗也不是什么了不起的事儿的时候，他们全惊呆了：中国人可以引诱美国人深入中国的领土，而莫斯科可以"用你们所有的家当"揍他们。毛泽东后来夸口吹嘘说，这两个沿海岛屿"就是个指挥棒，你看怪不怪，可以用它指挥赫鲁晓夫和艾森豪威尔团团转"。[26]

最终，赫鲁晓夫以他自己的方式就美国威胁对金门和马祖使用核武器做出了回应，但他那时还并不确定危机即将得到解决。[27]1954 年至 1955 年间和 1958 年的沿海岛屿冲突，又给了美国人和俄国人一次教训，让他们认识到超级大国的权威是多么有限。在华盛顿或是莫斯科，没有任何人挑起这些事端：这些是蒋和毛做的。也没有任何一个美国或苏联领导人认为，为了这些沿海岛屿值得发动一场可能使用核武器的战争。但是，他们无法避免以发动这样一场战争来威胁对方，因为他们没有办法控制自己的"盟友"。发生在台湾和这些沿海岛屿的情况，同发生在朝鲜半岛的一样，尾巴再次摇曳着狗的身子。

差不多同样的事情在另一个被冷战分裂的东亚国家——越南发生了，其结果更具破坏性。1954 年胡志明战胜法国之后，越南人同美国人、英国人、俄国人和中国共产党人在日内瓦会议上，同意以北纬 17 度线为界划分越南。胡志明那时已在北方建立了一个共产党国家，而美国人从法国人那里接手，试图在南方建立一个反共政权。1955 年，他们最终把目标锁定在吴庭艳身上。吴庭艳没有同法国政府合作过的污点，美国人希望他的天主教徒身份能使他成为一个可信赖的盟友。但是吴庭艳正如李承晚一样，也是一个独裁者。在 20 世纪 60 年代初，他的南越政府就已经成为美国人的耻辱和北越人重新发起暴动的目标。当吴庭艳再次意识到华盛顿很可能不足为信的时候，他便循李承晚和蒋介石之例，警告说如果美国人不增加支持，那么他的政权将要垮台。"我们还得想一些策略，"肯尼迪的顾问沃

133 尔特·罗斯托（Walt Rostow）在 1961 年评论道，"对我们那些
附庸国的领导人施加更多的说服力，让他们做他们应该做的而
不是想做的事情。"[28]

但在南越，以垮台相威胁的做法结果被证明效果有限。吴
庭艳的政权变得如此残忍和缺乏效率，肯尼迪政府最终做出了
必须铲除他的决定。于是，美国同南越的一群军官合作推翻了
这位南越总统，在 1963 年 11 月初杀害了他。这一始料未及的
结局和三个星期之后肯尼迪的遇刺身亡震惊了美国官员，下一
步怎么办，他们变得束手无策。南越局势严重恶化，越南的重
要性已在他们的话语中被提高到具有全球重要性的高度，但是
他们却没有应对之策。

林登·约翰逊政府在第二年逐渐拼凑出这样一种战略：它
获得了国会的授权，可以采取任何必要措施挽救南越；并且当
约翰逊在 1964 年大选中对巴里·戈德华特（Barry Goldwater）
取得压倒性胜利后，这一战略开始了一场重大的战事升级。它
最初采取了轰炸北越港口设施和供给线的形式，但是到了 1965
年夏，它开始向南越派遣美国地面部队。截至该年年底，美国
共部署了 18.4 万人的地面部队并且更多的部队正在途中。[29]
"如果我们被赶出越南战场，"约翰逊声称，"那么就不再有任
何国家对美国的保护抱有同样的信心了。"[30]

正是盟友的脆弱迫使美国及其总统带着极大的不情愿和不
祥的预感，对南越的防御做出了全力以赴的承诺。到 1965 年 7
月，正如妻子伯德夫人所回忆的那样，约翰逊在睡梦中呓语：
"我不愿卷进战争，但我也看不到任何可以避免的办法。我不
得不征召 60 万男孩儿，让他们离开自己的家庭和亲人。"并且，
134 他清楚这么做的后果。几天之后他对她说："如果这场战争最

后不顺利,而我们卷入了亚洲的地面战,那么他们只会寻找一个地址……那就是我的地址。"[31]

但奇怪的是,苏联领导人对这一事态的发展并不比约翰逊高兴。在古巴导弹危机发生后,赫鲁晓夫曾试图改善同美国的关系——危机的发生源自他对盟友垮台的担忧——并且他的继任者列昂尼德·勃列日涅夫和阿列克谢·柯西金(Alexei Kosygin)希望继续这一态势。然而,越南战争一开始,他们感到有责任支援北越人,这部分是出自意识形态的团结性,但还因为他们知道如果不这么做,正在同他们公开论战的中国共产党人就会以此大做文章。正如铁托——这位对局势的密切关注者所解释的:"苏联难以不同河内保持团结,因为如果不这么做,它自身就会面临着同在东南亚及其他地区的共产党相孤立的危险。"[32]

所以缓和冷战紧张局势的最初努力失败了——尽管事实上华盛顿和莫斯科都希望它能够成功——因为小国的行为拴住了超级大国,它们被牵扯进无力或没有决心逃避的冲突。"情况变得非常诡异,"苏联驻美国大使阿纳托利·多勃雷宁后来承认说,"我们盟国的行为……系统性地阻碍了其他那些对我们双方而言至关重要的问题的理性探讨。"[33]

## 四

事实的确如此,但超级大国的挫败绝不仅仅限于它们同亚洲和拉丁美洲盟国的关系之中。美国和苏联分别在北约和华约中掌握着绝对的军事和经济力量——即便如此,它们发现控制这些盟国也绝非易事。美国人和俄国人在与他们各自的德意志

135

附庸国打交道中遇到的问题，可以最好地说明这种模式。

战后德国可以说既强又弱。因为它在 1945 年以前曾是欧洲最强盛的国家，所以现在美国和苏联都不敢冒这样的风险，即一个统一的德国同自己的首要敌人结盟。从这个意义上来说，这个国家的分裂是由外部强加的，并且随着冷战的揭幕而成为无法避免的事实。然而一旦德国被分裂，它的弱势本身就变为一种强势。处在垮台边缘的——并且随着时间的推移只要表面上如此即可——东、西德国就可以加深这样一种担忧，即只要它们愿意，两大超级大国从前的劲敌将随时可能倒向未来强敌的掌控。[34]

华盛顿认为，在西德，危险在于总理康拉德·阿登纳（Konrad Adenauer）的基督教民主党政府可能在民意测验中失败。自 1949 年任职以来，阿登纳就清楚地表明他倾向于继续保持德国的分裂状态，而不是实现统一。因为似乎如果不使德国脱离北约并因此摆脱美国的防御保障，统一将是难以实现的。他声称，更好的发展是使一部分繁荣、民主的德国仅仅同美国和其他西欧民主国家紧密相连，而不是冒风险承担统一德国所必定带来的不确定性。阿登纳并不反对同苏联开展谈判以寻求统一——这样做他会有失去国内支持的风险——但是他确信这必定不会成功。正如他的一位助手所评论的，他愿意"为了能够自如地同西方打交道而假装（对苏联）富有灵活性"。[35]

阿登纳的主要对手、社会民主党党魁库尔特·舒马赫（Kurt Schumacher）则强烈主张同苏联开展对话，尽管取得成功的代价是退出北约并在冷战中保持中立。这种发展态势足够引起美国人的警惕，这就让阿登纳为自己抓住了机会——到 1955 年，他已拥有了对美国和其他北约盟国在关于整个德国问题和具体的柏林问题上所持谈判立场的事实上的否决权。艾森豪威尔在 1959 年赫鲁晓夫访问美国后推测说，他或许能够同苏联领导人"达成交易"，"但是我们的盟友绝不会接受（我们）单边的做法……尽管我们想接受，但是我们连考虑一下都不能，因为这对阿登纳来说是死路一条"。[36]

　　同样的模式也在东德发展起来，尽管这里垮台的威胁不是来自某个政党——因为实际上只有一个政党——而是整个政权。1953 年 6 月苏联的干涉挽救了乌布利希（Walter Ulbricht）：但适得其反，脆弱的展现却赋予了他力量，因为近乎垮台的事实极大地震惊了莫斯科，后斯大林（以及后贝利亚）时代的克里姆林宫领导人认为除了尽全力支撑乌布利希之外，别无选择。这位东德领导人于是获得了敲诈苏联同伴的能力，无论何时，只要他愿意。

　　早在 1956 年，乌布利希就开始打这张牌了。他利用波兰和匈牙利日益紧张的局势，警告赫鲁晓夫说，缺乏苏联的经济援助"将会给我们造成严重的后果"，并"将……助长敌人的气焰"。乌布利希要求获得的原材料和消费品正是苏联很难提供的。尽管如此，他还是如愿以偿。[37]到 1958 年秋，他向赫鲁晓夫施压要求解决东德难民通过西柏林逃亡的问题，甚至援引并赞赏不久前毛泽东对中国沿海岛屿的炮轰事件：

　　　　金门和西柏林不仅仅是被目前在那里动武各方误用作挑衅的中心，它们还是被不公正地从其腹地割裂出去的……地区。……两者不仅有共同的目标，而且也同样脆弱。两者都是岛屿并不得不负担起在地理上作为岛屿的所有后果。[38]

137

已经为控制毛泽东而忧虑万分的赫鲁晓夫并不认为这种类比是有说服力的。尽管如此，他在 1958 年 11 月发出了关于柏林问题的最后通牒，很大程度上是对乌布利希请求的回应——或许还因为他担心若不能勒紧拴在柏林上的这条"绞索"，恐怕会受到愈发持批判态度的中国人的鄙视。毛泽东已经在发难了：如果赫鲁晓夫的导弹不能使西方在某些问题上做出让步，那它们还有什么好的呢？[39]

乌布利希也有同样的想法，他为赫鲁晓夫随后不愿施行他自己提出的柏林方案感到十分恼火。"你就只会谈论和平条约，"他在 1960 年 11 月直率地告诉这位克里姆林宫领导人，"却对它毫无作为。"[40]乌布利希此时已经开始单干了：他没有同莫斯科商量便抗议益格鲁－美国－法国在西柏林的政策；单方面修改穿越东柏林的手续；并在 1961 年 1 月派出一个官方代表团访问中国——俄国人一直到东德人在莫斯科机场做中途停留才发现此事。无论是否有意为之，他还首次公开承认在东西柏林之间修建一堵墙的可能性——尽管他坚称没有任何人有意这么做，这一公开承认加剧了难民的逃亡。"我们的朋友……有时表现得缺乏耐心，采取一些单方面的行动，"苏联驻东柏林大使在柏林墙被建起前不久承认，"总是不能考虑整个社会主义阵营的利益或者特定时刻的国际局势。"[41]

结果，赫鲁晓夫认识到，他别无选择，只能在维也纳峰会上以新的有关柏林问题的最后通牒面对肯尼迪。而当肯尼迪同艾森豪威尔明确表示准备好不惜冒核战争之险保卫西柏林后，赫鲁晓夫承认唯一的出路只能是放手让乌布利希去做东德领导人已承诺不会做的事：用墙把东德从资本主义的包围中隔离出来。赫鲁晓夫的希望本是把西柏林从西德分离出来，而不是把东德从西柏林分离。但现在已经无计可施：这堵墙戏剧化了苏联把自己拴在一个脆弱的盟友身上的程度，而这位盟友则可以利用自身的弱势为所欲为。

当然，使得德国的弱势能够变为强势的，是主导了华盛顿和莫斯科的关于信誉的考虑。在扶植了各自的附庸国并且将自己的信誉附着其上后，美国和苏联领导人都发现，当这些附庸国开始追求自己的核心利益时，脱身是何其之难。美国和苏联开始形成这样一种习惯，让它们的德国盟友们自行决定德国的利益以及它们的对德政策。

# 五

但阿登纳和乌布利希还不是最难应付的盟友：这是较之夏尔·戴高乐和毛泽东而言的。法国和中国都从它们同超级大国的关系中获益。美国为法国提供了战后重建资金，通过北约确保了法国的国家安全，并且暗中帮助法国发展制造核武器的能力。[42]苏联为中国革命提供了思想启蒙，而在斯大林去世后，它慷慨地送去了经济和军事援助，并为毛泽东于 1955 年开始研制中国原子弹的努力提供了技术支持。[43]但在 20 世纪 50 年代末和60 年代初，戴高乐和毛泽东开始解散曾经哺育了他们的国家和拥护过他们政权的联盟。他们的目标无外其他，不过是要打破两极冷战体系。

法兰西第四共和国成立于法国在二战中被打败并被德国占据之后，它取得了经济上的成功但政治上却处于瘫痪状态。不稳定的联合政府频繁更迭令人沮丧，宪政改革已难以回避：只有自由法国的战时领袖戴高乐拥有将改革付诸实践的权威

139

和声望。新的第五共和国成立于 1958 年，它赋予了戴高乐所需要的权力。美国人对此寄予厚望，他们希望在巴黎能够出现一个更为坚定和行为更可预料的领导人。"法国 12 年的历史就是在道德、政治和军事上不断堕落的历史"，艾森豪威尔在当时评论道，这种状态"急需一位'强人'的出现——这个人就是戴高乐"。[44]

这位新任法国总统当然是坚定的，但他的政策和作为却并非可预料。当戴高乐策略性地结束了法国长久以来保留最后一个大殖民地阿尔及利亚的徒劳时，华盛顿几无异议。美国人认为，那场战争正在耗竭法国的资源，激发起阿拉伯世界的民族主义，却永远不可能取得胜利。但华盛顿所赞同的也仅仅如此，因为戴高乐很快表明他下一步的目标是竭尽所能地挫败美国对欧洲的政策。事实上，他在这么做的同时又希冀北约能继续给他提供保护，这使得美国人更加愤怒；但美国人的这种愤怒，似乎又是戴高乐故意而为的。他似乎决意要向美国表明，在超级大国们因肌肉僵硬而失去活力的年代，不仅存在着法国伸张自主性的机会，还有进行炫耀的可能。到 1959 年中，艾森豪威尔对戴高乐的"弥赛亚情结"怒不可遏：他就是"拿破仑和圣女贞德的复合体"。[45]

若把戴高乐的发难列个单子，那么将是份很长的单子。他拒绝同美国与英国协调法国的核战略——法国人在 1960 年试爆了他们的第一颗原子弹；而法国小规模的"核威慑力"（force de frappe）是为"全方位防御"而设计的，其明显意图是让对手和盟友都感到不安。[46]他否决了英国在欧洲经济共同体中的成员国资格，从而羞辱了美国的一个亲密盟友，并将欧洲一体化运动倒推了至少十年。他强调在抵抗苏联对柏林的施压上美国不足为信，试图以此来说服年迈的阿登纳放松西德同北约的联系。他随后提出了一种"从大西洋延伸到乌拉尔地区"的欧洲观：这将让美国人——当然也让西德人——不知所措。1964 年，戴高乐在外交上正式承认了毛泽东的中国，同时激烈谴责美国在越南的战争升级行动。1966 年，他让法国完全退出了与北约联盟的军事合作，迫使北约司令部从巴黎转移到布鲁塞尔，并迫使美国军队从这个他们曾在二战中帮助解放了的国家中撤出。约翰逊总统命他的国务卿迪安·腊斯克（Dean Rusk）质问戴高乐："你要让我们把美国烈士的坟墓也搬出法国吗？"[47]

无论从哪一方面来看，华盛顿对这些挑衅的反应都是无能为力的。戴高乐断然拒绝了华盛顿的屡次求和之举，面对压力也不为所动：他已精明地算计好，他可以使法国脱离北约，但美国及其盟友们却不能摆脱防御法国的需要。说到底，正如一位美国外交官所描述的，他是一位自由的骑师，一个"高度以自我为中心"的"运用着极度狂妄自大手腕"的领袖，他喜欢通过与美国对抗来获得对法国大国身份的认同。[48]最终，约翰逊认识到美国的确束手无策：它只能容忍戴高乐。"我们的确对他们的外交政策毫无控制力。"参议员理查德·拉塞尔在 1964 年告诉总统。"没错，"约翰逊承认道，"一点儿也没有。"[49]

然而，相比于赫鲁晓夫为管束毛泽东而遇到的麻烦，美国对付戴高乐的困难就显得逊色多了。中苏关系紧张的原因，首先在于俄国与中国之间长期敌对的历史，即便两国信奉共同的意识形态，但也只能部分化解前仇：无论赫鲁晓夫和毛泽东是多么坚定的共产主义者，他们仍拥有所有民族主义者所具备的本性和偏见。斯大林的遗产也引起了问题。毛泽东维护这位已逝的独裁者，而赫鲁晓夫却在 1956 年对他大加批判，但是这位中国领导人还培育并且经常展示他对斯大林的轻蔑、冒犯或侮辱的记忆。对于毛泽东而言，斯大林就好像一个工具，可以被随意使用来提升他自己的权威，但在需要唤起人们对苏联霸权危险性的认识的时候，他也可以随时摒弃。同时，毛泽东对待赫鲁晓夫如同一个粗浅的暴发户，不放弃任何一个机会以冷嘲热讽、隐晦的宣告和含蓄的挑衅来挫败他。赫鲁晓夫"从来无法确定毛泽东的意思是什么……我信任他而他却耍我"。[50]

毛泽东这样做，至少部分是因为在国外开战——无论是与对手还是盟友——都是维持国内团结的一种方法，这是他发动"大跃进"时一个优先考虑的因素。[51]这正是第二次台海屿危机的原因，这次危机在 1958 年夏将中国带到了与美国开战的边缘。但是毛泽东那时已经选择要与苏联单独斗争。俄国人犯了错误，提出在中国沿海建立长波电台，以及建立一支中苏联合潜艇舰队。毛泽东怒不可遏。"你们从来不相信中国人！"他向苏联大使抱怨说。莫斯科可能还要求对"我们的陆军、海军、空军、工业、农业、教育……"的联合所有权，"有几颗原子弹，你们就认为可以控制我们了"。[52]

当赫鲁晓夫急急忙忙赶到北京试图息事宁人时，毛泽东批评他丢掉了革命锋芒。毛泽东告诉他，"我们显然拥有胜过敌人的优势"；而毛泽东在游泳池接见不习水性的赫鲁晓夫便已经将他置于劣势了。"你所要做的就是挑动美国人开战，你需要多少师粉碎他们，我就给你多少。"努力保持镇定的赫鲁晓夫试图向毛泽东解释，"一两个导弹就能将中国所有的师化为灰烬"。但毛泽东"根本不愿听我的解释，很明显视我为胆小鬼"。[53]

毛泽东向国际体系中的均势逻辑发起挑战，找到了一种不同的均势：一个充满危险的世界可以将在中国内部挑战他统治的风险最小化，不论这种世界危险来自美国还是苏联或是两者。[54]这种战略非常成功。尽管存在某种程度的管理不善——如果这种委婉的说法可以形容在"大跃进"期间致使那么多国民饥荒致死的政策的话——毛泽东作为中国的"伟大舵手"幸存了下来，这在现代史上无人能及。没能存活下来的是中苏同盟，对于毛泽东而言，它已失去效用。赫鲁晓夫担心两国分裂的影响，直到他1964年被罢免都在孤注一掷地努力重新恢复同盟关系，尽管他屡次尝受了来自毛泽东的侮辱、断然的拒绝，甚至是蓄意的破坏。[55]但是最终连他都不得不承认，"越来越难以用孩童那种热切和纯真无邪的眼睛来看待中国"。[56]

那么，戴高乐和毛泽东，这些中等大国的领导人如何能够以这种方式威胁超级大国呢？为什么传统形式的权力本身——军事力量、经济力、地理范围——在这种情况下都失效了呢？一部分答案与这种新形式的势力均衡有关：戴高乐的"全方位防御"战略与毛泽东的四面出击并无不同。两人都视挑战外部权威为巩固他们在国内合法性的一种方式。两人都试图重新树立国家自尊：他们认为这就需要对此前向他们提供了食物和其他形式支持的人嗤之以鼻甚至反戈一击。

但是，另一部分原因与恐惧的消失有关。到20世纪60年代，法国和中国在他们各自的联盟体系中已经变得足够强大，他们不再有当初寻求建立同盟时的那种不安全感。在1949年的《北大西洋公约》和1950年的《中苏友好同盟互助条约》中，超级大国都试图对较小的大国予以保证：按照这一标准，戴高乐和毛泽东在十年之后的举动至少说明这些同盟已经实现了他

143

们的目的。与众不同的个性也起了重要的作用：不是每一个领导人都能像他们一样，以这种保证为基础如此嚣张。法国和中国领导人在使用"chutzpa"① 这个词的理解上非常相近，这个词在他们各自的语言中没有精确对应的词语。它也可以被解释为表演走钢丝的杂技却不使用安全保护网。这就需要表演者千万不要向下看，而戴高乐和毛泽东则是展示这种技艺的大师。[57]

# 六

但是最终，他们还是向下看了，并且所见令他们极为震惊。1967 年 7 月，中南海，位于北京中心位置的毛泽东领导层所在地，被成千上万名年轻的红卫兵包围。他的几位亲密同志都受到了公开的侮辱甚至殴打，而毛泽东自己也被迫逃离武汉，他去那里本是平息日益扩大的骚乱。"他们就是不听我的，"他满腹怀疑地抱怨说，"他们完全无视我。"[58]戴高乐在 1968 年 5 月也有同样类似的经历，担心日益加剧的大学生街头示威会推翻他的政府，他突然逃离巴黎前往法国在西德建立的一个军事基地。他承认，法国正在遭受"全身瘫痪"的痛苦。他"不再掌管任何事情了"。[59]

毛泽东和戴高乐都恢复了各自的权威，但不会再有走钢丝的胆大妄为了。他们也没有感到四面楚歌。1968 年的同一个夏天，勃列日涅夫和他的顾问们准备入侵一个兄弟般的社会主义国家——捷克斯洛伐克，目的是为了阻止他们曾给予过鼓励的改革：如同 1953 年在东德以及 1956 年在波兰和匈牙利，这些

① 中文可译为"胆大妄为"——译者注

改革走得太远，超过了莫斯科的计划，其结果威胁到东欧的稳定，甚至是苏联自身。"我们所谈论的，"乌克兰党的首脑波伊特·舍列斯特（Petr Shelest）警告说，"是在一个社会主义国家中的社会主义的命运，以及社会主义阵营中社会主义的命运。"乌布利希——这位预测垮台可能性的有经验的老手，言辞更加强烈："如果捷克斯洛伐克继续走这条路，那么我们这里的所有人都将冒着最终导致我们垮台的风险。"[60]

但是乌布利希的苦恼也并未让西德领导人感到好受，因为他们也正处在包围之中。他们的大学也发生了一年多的骚乱，最大规模的骚乱发生在西柏林，这座由美国大兵守卫的城市的周围，而这些骚乱却主要是针对抗议美国卷入越南战争。在1948年中期柏林被封锁时由华盛顿支持建造的柏林自由大学，已成为革命活动的蜂巢；而鼓励与美国开展文化活动的"美国之家"，现在也成为敌对性示威的固定目标，经常受到武力攻击。美国及其西欧盟国已经成为"帝国主义者"，学生领袖鲁迪·达什克（Rudi Dutschke）如是宣称。德国学生现在有必要发扬毛泽东和菲德尔·卡斯特罗（Fidel Castro）的精神，加入越南村民，来"发动群众革命"。[61]

那年夏天在美国，对越南战争的反抗运动如此激烈，以至于包括政府、军队、法人团体和教育等各系统在内的所有权威都被包围了。在当时，已经有大约55万名美国士兵参战。他们大多数都是被征召入伍的，并且很快需要更多数量的士兵。年轻的美国人出于原则的和个人的原因反对战争：他们中的许多人认为，这场战争是不公正的、无法获胜的，但是他们仍然被指望着去参战。学生缓征入伍的政策为一些人提供了保护，但代价是眼睁睁看着那些不那么幸运的人去填补空缺。同时，国

145

内爆发了种族骚乱，刺杀行动夺去了小马丁·路德·金（Martin Luther King，Jr.）和罗伯特·肯尼迪（Robert F. Kennedy）的生命，这两位领导人特别受到年轻人的崇拜。

　　已经决定不再谋求连任的约翰逊总统，实际上成了他自己的白宫里的一名囚徒，日日夜夜被吵闹的示威者包围，无法走出森严的军事堡垒公开露面。8 月民主党的大会变成了一场骚乱，芝加哥警察与数千名愤怒而失望并在那时极度愤世嫉俗的年轻人发生冲突，这些年轻人完全不为约翰逊亲手挑选的候选人休伯特·汉弗莱（Hubert Humphrey）的竞选口号"愉快的政治"所动。[62]

　　那年秋天，理查德·M. 尼克松（Richar M. Nixon）在总统竞选中打败了汉弗莱，他继承了这样一个世界，在其中，传统的国家权力工具似乎正在消失。尼克松的国家安全顾问基辛格后来回忆说，美国似乎已经达到了这样一种地步，"当青年人拥有的无限可能性在突然之间变得有限，人们必须明白这样的事实，即不是每一种选择都仍将开放。"[63]总统说得更为直白。"我们生活在一个无秩序的时代"，他在 1970 年 4 月 30 日告诉全国人民：

　　　　我们看到，自由的文明在过去 500 年中所创造的一切伟大的制度遭受到了盲目的攻击。即便是在美国，著名大学正在遭受系统性的破坏……在这样的危急关头，如果美国表现得像一个可怜而无助的巨人一样，那么极权主义和无政府主义就会威胁到全世界的自由国家和自由制度。[64]

尼克松利用这次演说宣布美国和南越将对柬埔寨进行打击，这是他采取的诸多打破越南军事僵局的手段之一。但是战争的扩大激起了国内抗议的新浪潮，并导致首例死亡事件的发生：在5月4号，俄亥俄州国民警卫队在肯特州立大学枪杀了四名学生。这个国家自身以及它的大学似乎都即将变得四分五裂。

度过五个辗转反侧难以入眠的夜晚之后，这位美国总统仅在他的一名随从和一位司机的陪同下，悄悄溜出了白宫，试图以理规劝仍在林肯纪念碑前静默抗议的学生们。尼克松非常紧张，以至于语无伦次，漫无边际地谈论着丘吉尔、绥靖、冲浪、足球、他的环境政策，以及在年轻时旅行的好处。这些学生尽管对这位夜间的不速之客有些吃惊，但仍然表现得礼貌、自信并精力集中。"我希望您明白，"其中一人告诉这位世界上最有"权势"的人，"我们宁愿为我们信仰之事牺牲生命。"[65]

所以，这到底发生了什么？这些孩子怎能把这些大部分冷战大国的领导人视为家长相威胁呢：使这些领导人语无伦次、无谓地动怒、经常性地恐慌，并且不安地发现他们的权威已经不再？这些彼此之间几乎没有什么协作的年轻人是如何以那些老家伙为代价，积攒了如此的力量？

一个解释简单地认为，这是因为年轻人的数量比以前更多了。第二次世界大战后的"婴儿潮"是一种超越美国边界的国际现象。出生率上升的同时，死亡率在下降，这部分由于和平重新归来，但也因为医疗水平得到提高。[66]到20世纪60年代末、70年代初，战后出生的一代人已经十几岁或二十岁出头：他们已经成熟，足以制造那些他们想要制造的麻烦。

荒谬的是，政府给了这一代人制造麻烦的手段和动机。国家长久以来认为教育是一个值得追求的目标，而冷战对高等教育更是格外青睐：在日益依赖先进科学技术的地缘政治竞赛中，有必要维持自己的竞争性地位。在1955年至1970年间，美国专科院校和大学的入学率提高了两倍。在苏联，学生人数增长了两倍半。在法国，这一数字增长了三倍，甚至中国的大学入学率到1965年也增长了一倍多，但这一数字在毛泽东发动的"文化大革命"前夕陡然直落，"文革"使中国的教育遭受了十年多的损失。[67]

然而，政府未能预见到的是，越来越多的年轻人加上越来越高的教育程度，再同一场僵化的冷战相结合，就能够成为一张造反的处方。学习是不容易划分的：你如何让学生思考那些国家或他们父母制定的目标，而不让他们为自己着想？在历史上，年轻人常常希望能够质疑他们前辈的价值观，而现在通过大学教育，他们的前辈们已经赋予了他们如此而为的训导。其结果便是对现有世界的不满，无论它意味着核军备竞赛、社会和经济不公正、越南战争、东欧的镇压，甚或是这样一种信仰，即大学本身已经成为那应该被推翻的旧秩序的统治工具。这是一种前所未有的现象：一种超越国界的革命，它的矛头直指当权势力，无论这些当权派的信仰如何。

只有在中国，它的发生是人为设计的：毛泽东在1966年夏发动了"文化大革命"，这是又一场他不定期消除潜在对手的手段。"我就是高兴天下大乱"，毛那时轻笑着说。[68]但是，这一次，大乱发生在国内而非国际——并且一旦发动起来，毛泽东很难使它停歇。在他的鼓励下，红卫兵冲击了他一手建立的党政和教育系统：毛泽东自己声称，他的目的是要制止官僚系统的僵化和革命热情的丧失。但是有大约40万到100万人在随后的暴力中丧生，他的大部分政府机构陷于瘫痪，而中国向外部世界传达出的形象是一个已经完全疯狂的国度。[69]这就好像为了缓解关节僵化，毛泽东开出了一个他可以实行的效力强劲的化疗方法，但这种治疗很快变得比疾病更可怕。

从 1967 年初开始，他试图收回对这场他亲手发动的运动的控制权。国家必须"坚决地克服许多地方存在着的某些无纪律状态或无政府状态"，他在 1968 年初强调。到 1969 年底，他已经基本上恢复了秩序，只不过是通过将数百万红卫兵——中国受教育的精英——送到农村这种极端的权宜之计来实现。这是"很有必要"，《人民日报》解释说，因为"年轻人……应当在正确的路线指导下接受贫下中农的再教育，这样他们的旧思想才可能被彻底改造"。[70]

然而更为奇怪的是，遍及西欧和美国的年轻激进分子们——他们自身幸免于接受工人、农民和士兵的再教育——视毛泽东为英雄，拥有菲德尔·卡斯特罗和他的革命同伴切·格瓦拉相同的特质。切·格瓦拉试图在中非开展一场古巴式的起义但却惨遭失败，1967 年在玻利维亚被中央情报局逮捕并杀害。[71]但是，才能并不是他们之所以受到崇拜的品质；革命浪漫主义才是，从这个意义上来说，毛、菲德尔和切提供了强大的示范。

这有助于解释为何 1967～1968 年的革命几无所获。可以肯定的是，他们动摇了各处的当权派。但是，他们最终也没能推翻任何一个；相反，他们使那些当权者明白最好与之合作，以应对未来的挑战。这些被说服者是美国、苏联、西德、东德的政府，以及那位更加灵活的毛泽东。

## 七

1969 年 3 月，苏联和中国军队在两国东北亚边界的乌苏里江沿岸爆发了战斗。战斗很快蔓延至黑龙江流域以及新疆与哈

149

萨克斯坦交界处。至 8 月，有关世界上两个最强大的共产党国家间将爆发全面战争甚至使用核武器的谣言四起。毛泽东下令深挖地道、储藏物资，以备苏联袭击。然后，他叫来他的私人医生，并丢给他一个难题。

"你想，我们的北面和西面是苏联，南面是印度，东面是日本。如果敌人都联合起来，从东南西北，四面八方进攻中国，那么中国怎么办呢？"他的私人医生坦承他不知道。"再想一想，"毛告诉他，"日本的后面实际上是美国。可是东面的美国，离我们还远得很哪。我看，还是照我们老祖宗的办法才好，叫作'远交近攻'。"他的私人医生感到吃惊，回忆起中美长期敌对的历史："我们怎么能和美国人交往得起来呢？"毛回答说：

> 美国和苏联不同……美国的新任总统尼克松上台了。
> 此人是个老右派，老反共分子。我是喜欢同右派打交道的，
> 右派讲实话。不像左派心口不一，说的和做的完全不一样。

有人会好奇，在美国和欧洲，毛泽东的那些年轻崇拜者如果知晓这些谈话，又当作何理解呢。但是，这并不是发生在 1969 年夏天的唯一一次令人吃惊的谈话。

150　　　另一场谈话发生在华盛顿，一位苏联大使馆的中层官员在午餐时，向一位美国国务院的同级官员提出了他自己的一个问题：如果苏联进攻中国的核设施，美国的反应是什么？这种询问只会是受莫斯科之命，而被问话者无言以答，只能向他的上级汇报，而他的上级又上报给了白宫——在那里，对这个问题早已做出了答复。几天之前，尼克松总统令他的内阁大吃一惊地宣布，美国不能让中国在一场中苏战争中被"摧毁"。"当一

位总统宣布，使一个我们长久以来敌对并且没有接触的重要的共产主义国家存活下去对我们有着重要的战略利益时，"基辛格在后来评论说，"这是美国对外政策中的一个重大事件。"[72]

若说那个夏天毛泽东在华盛顿安插了极其隐蔽的间谍，或言尼克松在北京有这样的布设都是不太可能的，因为他们之间还几乎没有什么联络。但是，他们的确拥有一些利益的契合点。显然，首先是对苏联的担忧，在他们双方看来这越来越具有威胁性。它在1968年8月对捷克斯洛伐克的入侵看似一场冷酷并成功的行动，这一印象在11月得到了加强。当时，勃列日涅夫声称，有权侵犯任何一个试图以资本主义代替马列主义的国家的主权："这不再仅仅是该国人民的麻烦，而是一个让所有共产主义国家担忧的共同的问题。"[73]同时，苏联已经最终实现了与美国的战略均势：如果说现在存在着一种"导弹力量差距"（missile gap）的话，那么美国人很可能发现自己处在落后的一端。最后一点，莫斯科正在对中国耀武扬威，这表明勃列日涅夫主义外加苏联的核武力，很可能被付诸实际的应用。

另一个中美共同的利益与越南战争有关。尼克松希望从越南抽身，但条件是不能使美国受辱：这就是他在第二年春天所做"可怜无助的巨人"演说的要义。尽管无法指望北越的帮助，但是中国——这时仍然是河内的军事和经济援助的重要供给者——却有着不同的思考。它不大希望看到战火在南部边界持续蔓延的同时，与苏联发生更大规模、更危险的冲突。1970年初，基辛格直截了当地提醒河内的首席谈判代表黎德寿（Le Duc Tho），北越不可能一如既往地享受"现在支持它的那些国家的团结一致的支援"。[74]中国人对这场战争的热情已经表现得与日消退，并且随着时间的流逝，这种信号变得越来越直接。

"既然我们的扫帚太短而不能将美国人赶出台湾，"毛泽东在1971 年告诉北越人，"若在南越做同样的事情，你们的扫帚也太短了。"[75]

尼克松和毛泽东在此时还有另外一个共同的利益，那就是在他们各自的国家中恢复秩序。毛泽东的外交部长周恩来，在基辛格 1971 年 7 月第一次访问北京时暗示了这一点。周恩来特别向基辛格保证，"文化大革命"已经结束了。他还承诺说，中国愿意帮助尼克松改善他在国内的处境：没有任何其他西方领导人，当然也没有任何一位美国政要，将先于总统本人在北京受到接待。[76]尼克松真的在 1972 年 2 月来到了中国，并且很快形成一种思想上的契合，不只是同周恩来，还有毛泽东。

"我投了你一票，"毛泽东开玩笑地说，"在你上一次竞选的时候，你的国家陷入混乱……这些右派当权，我比较高兴。""那些右派，"尼克松承认，"能够做到左派只能夸夸其谈的事情。"当基辛格提到那些左派或许也反对尼克松的访问时，毛泽东表示赞同："的确如此……在我们国家也有这样一个反动派，他们反对我们和你接触。"接着发生了下面的对话：

152

> 毛泽东：我觉得，总的说来，我这种人说话像放空炮。比如这样的话："全世界人民团结起来，打倒帝国主义、修正主义和各国反动派……"
>
> 尼克松：像我这种人……
>
> 毛泽东：你，作为个人，也许不在被打倒之列。……（基辛格）他这个人也不属于被打倒之列。如果你们都被打倒了，我们就没有朋友了。

"历史把我们带到一起来了，"尼克松如是说，作为与毛泽东的告别，"我们尽管有着不同的哲学，然而都脚踏实地，来自于人民，问题是能不能实现一个突破，这个突破将不仅有利于中国和美国，而且有利于今后多年的全世界。""你的那本书，"毛泽东的回应指尼克松在就任总统前出版的回忆录《六次危机》，"是本不错的书。"[77]

# 八

这是一个万众瞩目的时刻——但是莫斯科对此作何理解呢？尼克松和毛泽东当然有意要刺激俄国人。但是，他们却对克里姆林宫领导人所受刺激的状态知之甚少。因为无论表象如何，克里姆林宫也在深刻担忧着在一个传统的实力形式似乎不再具有往昔影响力的世界，该如何维持自己的权威。它那痛苦的经历似乎已经向其他人表明了这种残忍的自信：捷克斯洛伐克。出于一种脆弱感——担忧"布拉格之春"的改革将蔓延他处，勃列日涅夫下令开始这场入侵。至少从外界看来，这场干预似乎已经解决了这个问题：为何勃列日涅夫还要把它变成一种意在应用于他处的"主义"呢？

153

但是这场入侵进展得并不顺利。当他们在布拉格的街道上受到讥讽嘲笑而不是出发前被告知的被群众夹道欢迎的场面时，红军军官们几乎失去了对军队的控制。俄国人花费了比最初预想的更长的时间，才找到愿意在苏联占领下执政的捷克人。这场入侵引发了南斯拉夫人、罗马尼亚人、中国人以及通常遵从莫斯科旨意的西欧共产党和其他左翼党派的抗议。在位于红场的列宁墓前，曾经发生了一场小规模的示威游行，这一史无前例的事件证实了克里姆林宫领导人长久以来的猜测：更大的不满潜伏于苏联自身平静的表象之下。[78]

那时，勃列日涅夫主义有着强硬的外表：苏联领导人非常清楚如果将它付诸实践，他们将付出何种代价。在 20 世纪 70 年代，他们的首要目标是确保不必运用它，而这就需要改善与美国及其北约盟国的关系。原因在于，马列主义未能实现自身坚定追求的目标：例如波兰、匈牙利和东德，现在这些国家都面临着生活水平停滞不前甚至倒退的困境，与西德和其他西欧国家的繁荣景象相比较，更让人沮丧不已。军事入侵永远不能解决这个问题；甚至可能由于招致西方经济制裁而每况愈下。于是，与美国实现缓和就变得有说服力了，只有这么做才能确保苏联在东欧的势力范围持久稳定。

西德人已经开始打基础了，他们建议如果德国不被统一，那么东德、东欧甚至苏联自身都迟早能被改变。小心控制跨越冷战边界的人员、物资和思想，实现交流，或许能缓和紧张程度，扩展相互关系，并且将淡化共产党政权的专制色彩作为一个长期目标。首要目标是实现地缘政治的稳定，但是被人们渐渐熟知的东方政策（Ostpolitik），也可以通过减少挫败感而维持社会稳定。很明显，随着德国的持续分裂这种挫败感定会在两德人民中产生。东方政策的设计师——维利·勃兰特（Willy Brandt）在 1969 年成为西德总理，那时实施这一计划还有另外一个原因：它可以削弱那些在他的国家和欧洲其他地方的示威者的立场，这些示威者认为这场僵硬的冷战是他们所面对的所有"当权势力"中最具压迫性的。[79]

尼克松和基辛格最初对东方政策小心提防，这或许是因为他们没有首先想到这种政策。但是他们很快看到，它是多么契合一个更大的战略：经济上的迫切需求可以同打开对华关系大

1 · 1945年苏联红军与美军在德国托尔高会师

2 · 1945年波茨坦会议上的苏联领导人斯大林、美国总统哈里·杜鲁门和英国首相温斯顿·丘吉尔

1 · 1945年的乔治·奥威尔

2 · 1950年沃尔特·乌布利希与他的妻子

3 · 1948年西柏林的孩子对飞过的运输机欢呼

4 · 1949年阿登纳当选西德总理

1 · 1950年美军运兵船到达朝鲜战场

2 · 1952年（东德）德国统一社会党的游行

1 · 1953年（西德）的纪念游行

2 · 1953年苏联坦克进入东柏林

1·1956年在匈牙利布达佩斯被推倒的斯大林雕像

2·1958年西柏林反核武器的抗议

1·1959年古巴总理菲德尔·卡斯特罗在古巴以南一个哥伦比亚武装小镇上
　对大众发表长篇演说

2·1961年尼基塔·赫鲁晓夫在莫斯科迎接到访的印度总理尼赫鲁

1·1961年法国总统戴高乐、美国总统约翰·肯尼迪及夫人杰奎琳·肯尼迪
在爱丽舍宫

2·1961年正在修筑的柏林墙

1·1962年苏联货船"阿诺索夫"号在美国海军飞机和驱逐舰"巴里"号的
  监视下离开古巴

2·1968年法国巴黎拉丁区的骚乱

1·1969年美国纽约市反对越南战争的游行

2·1968年的"布拉格之春","华约"军队入侵捷克斯洛伐克首都

3·1972年美国总统理查德·尼克松接见中国乒乓球队的代表

4·1974年理查德·尼克松辞职

1·1975年的赫尔辛基会议

2·1975年美国国务卿亨利·基辛格（左）与副总统纳尔逊·洛克菲勒
（中）在总统办公室

3·1979年英国首相玛格丽特·撒切尔夫人与美国总统吉米·卡特在美国华
盛顿白宫

1·1983年教皇约翰·保罗二世在波兰卡托维兹

2·1985年美国总统罗纳德·里根与苏共总书记米哈伊尔·戈尔巴乔夫在日内瓦发表联合声明

3·1988年美国总统罗纳德·里根和第一夫人南希·里根在莫斯科阿尔巴特大街与苏联平民见面

4·1989年美国总统乔治·H.W.布什（右）与苏共总书记米哈伊尔·戈尔巴乔夫（左）在马耳他一次国际峰会上的会晤

1 · 1989年柏林墙倒塌

2 · 1990年捷克斯洛伐克总统瓦茨拉夫·哈维尔在布拉格接见英国滚石乐队

3 · 1991年的莫斯科，叶利钦在坦克上发表演讲

门一道，迫使苏联与美国在一系列问题上进行谈判——限制战略性武器、结束越战、增加东西方贸易，并且同时能够平息约翰逊总统末期和尼克松任职初期在国内出现的种种批评，这些批评险些使美国的对外政策陷于瘫痪。总之，这些情况适合于一种新的遏制战略。但是，这是一个由冷战对手们自己共同启动的战略。他们的目标是应对各自社会中来自年轻人的反叛的威胁，是这些年轻人的行动而非核武器的危险，使他们登上了同一条船。

尼克松总统在 1969 年 1 月就职，他决心使美国从越南战争抽身，重新获得对冷战的主导权，并且重新树立政府在国内的权威。在 1972 年 11 月竞选接近尾声时，他可以令人信服地宣称已经实现了前两项目标，并且正在朝着实现第三个目标迈进。正如基辛格所描述的，与北越的和平协定已"唾手可得"。随着美国从南越缓慢但持续的撤军与军事草案的销毁，国内反战示威的气焰被逐渐平息。并且随着他"打开"对华关系大门，尼克松已经将美国置于一个令人羡慕的地位，使其冷战对手们彼此为敌。在这一年年初，他成为第一位访问北京和莫斯科的美国总统。他能够操纵手中的"杠杆"——在国际关系中能拥有它是不错的事，根据需要"倾向"苏联或者中国，而后两者在那时彼此为敌，相互竞争以获得华盛顿的青睐。这是一场可以媲美于梅特涅（Metternich）、卡斯尔雷（Castlereagh）和俾斯麦（Bismarck）的表演，他们都是被作为历史学家的基辛格研究过并且尊敬推崇的大战略家。

在 11 月 7 号的选举日，一切得到了证明，尼克松以获得全民投票 61% 对 37% 的绝对优势，打败了他的民主党竞选对手乔治·麦戈文（George McGovern）。选举团投票的差距更为悬殊：

155

520 比 17，麦戈文仅获得了马赛诸塞州和哥伦比亚特区的选票。
这并非两年半前人们所预料的结果，在那时一个焦虑的尼克松
告诫着一个无助的美国。正如基辛格以奉承的但并非不确切的
语言描述他的老板那样，能够带领"一个分裂、深陷战争泥
潭、正在丧失信心、被没有信念的知识分子折磨的国家，并且
（赋予）它一个新的目标"是一种了不起的成就。[80]权力——或
者看上去如此——正在重新确立自己。

　　然而这个国家将很快又看到一个焦躁不安的尼克松，但这
一次却无法挽回；不是因为越南人的暴动或激进的学生，而是
微不足道的盗窃行为所产生的法律后果，最终把他赶下了台。
至少在美国，法治超越了大战略取得的成就。而"水门事件"
不过是冰山一角，在随后的二十年中，冷战进程被一种超越国
家权力的力量驱动着：在一个长久以来似乎敌视公正的国际体
系中，有关公正的常识正在重新恢复。在这场爱丽丝幻游仙境
的冷战游戏中，道德本身正逐渐变成一只木槌。

# 第五章　公正的恢复

　　一个希望在各方面都表现好的人，一定会在众多不善之人中自取灭亡。因此，对于一个王子而言，如果他想要保存自己，则必须学会做不善之事，并根据需要来加以运用。

　　　　　　　　　——马基雅维利（Niccolo Machiavelli）[1]

　　对于苏联领导人而言，这种急剧的崩溃……成为一场令人不快的意外。……克里姆林宫领导人的头脑中疑团重重，他们难以理解这样一位有权势的总统是如何能够在公众压力下，按照美国宪法的复杂的司法程序被迫辞职的，因为在他们看来那只不过是小违规。苏联的历史上并无类似之事。

　　　　　　　　——阿纳托利·多勃雷宁（Anatoly Dobrynin）[2]

　　水门事件震惊了尼克松，以及苏联大使和克里姆林宫领导人。这位世界上最有权势的人，怎么能够被他自己的新闻发言人所描述的一次"三流盗窃"事件拉下台呢？这一事件被发现只是因为笨手笨脚的窃贼把门锁横着而非竖着绑上，结果被值夜班的保安发现。1972年1月17日深夜一点刚过非法闯入华盛顿水门大厦民主党全国委员会总部的事件被曝光后，引发了一系列事件，最终迫使美国总统首次引咎辞职。所受到的攻击及其后果之间的失衡让尼克松难以置信。"我们所承受的所有可怕的沉重打击，"他在离职前不久自怨自艾地说，"的确非常小，比之于我们已经完成的以及我们在未来不仅为世界和平而且为影响其他地方人民的福祉能够做的。"[3] 事实或许如此，但水门事件还揭示出，美国人把法治置于权力的行使之上，而不论行使权力的目的是多么值得称赞。结果并不总能证明手段的合法。权力本身并不能做正确的事。

　　"那么，当总统这么做的时候，就意味着它不是非法的"，尼克松随后会这样徒劳无功地解释，他下令进行的窃听和非法闯入是为了堵塞政府内部有关越南战争行动信息的泄露。"比如说，如果总统因为……国家安全或者在此案中因对内部和平和极其重要的秩序的威胁而批准某些事情，那么总统决定……允许那些人这么做就不违反任何法律。"[4] 这种说辞并不新鲜。自富兰克林·罗斯福以来，每一位首席行政长官都曾经以国家安全利益为由批准了有法律争议的行动；为了维护国家的统一，亚伯拉罕·林肯比任何人都更为公然地这么做。但是，尼克松犯下了一些他自己特有的错误。首先是夸大了他所面临的难题：向《纽约时报》泄露《五角大楼文件》（*The Pentagon Papers*）之事，并不能与 1861 年美国南方 11 个州脱离联邦的威胁相提并论，或者与第二次世界大战期间和冷战初期美国被颠覆的危险相比较。尼克松的第二个错误是雇用了这帮笨拙的特工，被人逮个正着。他的第三个错误——这个错误终结了他的总统任期——是徒劳无功地撒谎掩盖他所做的事情。[5]

158　　水门事件或许只是美国历史上的一个插曲，除了这样一点：权力和正确之间的差别也开始影响冷战超级大国的行为。尼克松政府的最后岁月，标志着美国和苏联从此要面对的束缚不仅仅来自核对峙，或来自意识形态未能实现他们预期，或来自具有欺骗性的"弱者"对抗表面上的"强者"所带来的挑战。现

在这些束缚还来自一种日益坚定的需要，即法治——或者至少
是人类尊严的基本标准——应当支配国家及该国内部个人的
行为。

一

长久以来，人们的一个愿望就是武力本身不总是能改变国
家之间的关系。"人类最大的难题，"哲学家伊曼努尔·康德早
在 1784 年写道，"是实现一个能够主持普遍正义的公民社会。"[6]
伍德罗·威尔逊希望国联向国家——至少是那些更进步的国
家——施加一些国家向其公民施加的同样的法律约束。以既弥
补国联规定的许多不足，又保持其本意的方法，联合国的创始
者们对宪章重新加以设计：这个新组织的宪章承诺它维护"男
女与大小各国的平等权利"，并且创造适当环境，"维持正义，
尊重由条约与国际法其他渊源而产生的义务"。[7]由国际体系中
的势力均衡而形成的秩序本身已不再是这个组织的目的，首要
目标是确保在组成这一体系的国家之间，基于外在形成的正义
标准达成协定。

今天人们很难有在联合国初创之时怀抱的那种乐观态度，　159
认为它能够真的实现这一任务：在许多批评家看来，这个机构
已经声名狼藉。但在 1946 年，杜鲁门政府完全信任联合国，甚
至提出要把它的核武器和制造方法——当然是在它提出的具体
条件下——交予这个新的国际机构。四年之后，美国立刻将北
朝鲜进攻南朝鲜一事提交联合国，并随后在联合国的旗帜下奋
战了三年。杜鲁门自己对于全球治理的信奉十分执着并且有着
强烈的情感：终其成年后的生活，他一直在钱包里带着阿尔弗

雷德·丁尼生（Alfred Tennyson）的诗《洛克斯利堂》（*Locksley Hall*），诗中向往着实现"人类的议会，世界的联邦"。[8]

但是，冷战残酷的现实很快证明丁尼生的梦想以及杜鲁门的梦想，都不过是梦想而已。尽管美国和苏联都是联合国的创始国，但他们都拥有在安理会的否决权，该机构负责强制执行其决议。英国、法国和中国（当时仍然在蒋介石的国民党统治下）拥有同样的特权。这意味着，联合国只能在这些最有权势的成员同意后才能开展行动，这就模糊了权力和正义之间的区别。而这些拥有否决权的安理会成员们又不太可能达成一致，因为他们对于如何定义"正义"的分歧如此之大。对于美国人来说，这个词语意味着政治民主、市场资本主义，以及——在原则上，如果不总是在实际行动中——尊重个人权利。对于仍然掌管着殖民帝国的英国人和法国人而言，它的内涵就少了很多；对于很可能被中国共产党人从权力的宝座上驱逐的中国国民党人，它的意义就更少了。而对于斯大林的苏联，"正义"意味着毫无异议地接受独裁政治、计划经济，以及无产阶级通过独裁者领导他们选择的方式向着全世界"无阶级"社会前进的权利。

因此，联合国的运作更像一个辩论会，而非一个能够制定规则并使各国遵循的机构，这种情况一点儿也不令人惊讶。正如乔治·凯南在1948年初抱怨的那样，人们在那里的立场类似于"人物造型竞赛：在相对混沌不清的背景中有一段长时间的准备；随后帷幕被拉开；灯光突然短暂亮起；一组人的姿势被记录在留给后世子孙的投票场景的照片中；在照片中谁看起来姿势最优雅、最令人印象深刻，谁就赢得了竞赛"。如果超级大国同意为了这个目的而依赖于它，凯南接着说，这种"议会式的打空拳……的确能够成为一种解决国际争端的彬彬有礼的上等方式"。[9]但它却难以如是。正如参谋长联席会议主席指出的,华盛顿的——当然是凯南的——总的看法是,"如果人们相信联合国有能力像目前一样在今天和以后保护美国的安全,那么这只能意味着这些信仰者忽视了美国的核心安全利益"。[10]

1948 年 12 月,联合国大会的确通过了一项"世界人权宣言"(Universal Declaration of Human Rights)。但是它通过宣言并没有得到苏联和它的盟国以及沙特阿拉伯和南非的支持——它们都弃权了——并且没有提出任何强制性机制。[11]在联合国的宪章及其实践中,更为根深蒂固的是不干预主权国家内部事务的原则——即便是在最有权势的国家违反这个原则时。因此,当苏联于 1953 年在东德、1956 年在匈牙利、1968 年在捷克斯洛伐克使用武力镇压异见者时,或者当美国于 1953 年在伊朗、1954 年在危地马拉采取秘密行动推翻当地政府以及 1961 年在古巴并且十年之后在智利试图推翻其政府时,联合国并没有予以谴责。当斯大林在苏联和东欧内部发动战后大清洗运动时,或者当美国在"第三世界"与独裁政权为伍以阻止共产主义分子掌权,或者当毛泽东坐视上千万中国人因"大跃进"而遭受饥荒时,联合国也没有抗议对生命权的践踏。 161

那么,所有这些意味着,如果出现了为了维护正义而对权力进行的约束,那也绝不会是来自联合国,而是来自参与冷战的那些国家自身。在 20 世纪 40 年代末、50 年代初,这似乎还不太可能:为什么一个超级大国要限制自己的权力?但到了 20 世纪 70 年代中期,不可能变成了不可逆转。这一转变发生的过程在美国最为显著；在那里，冷战最初扩大，但接着缩小了在世界事务中行使权力和维护普遍正义原则之间的差距。

二

美国官员们最初理性地相信，在遏制苏联和国际共产主义的同时，他们能够不放弃从本土经验中总结出的行为准则。[12]他们坚定地相信侵略与独裁统治紧密相连，并且一种稳定的国际秩序最好是建立在言论自由、信仰自由、经营自由和政治选择自由的原则之上。"美苏关系问题在实质上是对美国作为众国之中的一个国家的整体价值的考验，"凯南在 1947 年夏写道，"为了避免灭亡，美国只需要遵循自己最好的传统并且证明作为一个伟大的国家它是值得延续的。当然，没有……比这更公平的竞赛了。"[13]

它或许是一个公平的竞赛，但也并不简单：几乎是在顷刻之间，必须允许在国外开展那些在国内不被接受的行动的压力日益增加。《马歇尔计划》本身——初看起来它成功地将美国本土价值观映射入冷战——就说明了这个问题。其目的在于，通过在欧洲其余的非共产党国家恢复经济的手段来保障政治自由：计划的设计者们认为，只有饥饿和丧失信心的人才会给共产党投上台票。但是自信心的重建和恢复需要时间；与此同时，投票已经开始。这个问题在意大利非常严峻；在那里，一个规模大且得到莫斯科慷慨的资金支持的共产主义政党很有可能赢得 1948 年 4 月的大选。在捷克斯洛伐克刚刚爆发二月政变之后，如果这个共产主义政党获得成功，它在心理上产生的影响

162

将是摧毁性的。"如果意大利赤化，"一位国务院顾问警告说，"共产主义在欧洲就很难被遏抑了。"[14]而美国的援助刚刚开始输入，《马歇尔计划》带来的还只不过是难以指望能发挥作用的承诺。

新成立的中央情报局（Central Intelligence Agency）在当时既没有能力也没有授权去开展秘密行动：这是那个时代相对比较单纯之处。但是在国务院的鼓励下，它终于拔刀相助。它迅速组织起对基督教民主党（Christian Democrats）和意大利其他非共产党党派提供秘密资金，同时赞助了一场鼓励美籍意大利人向他们在意大利的亲朋写信的运动。这些即兴措施发挥了效用：意大利共产党在4月18至19日的民意测验中被压倒。凯南后来回忆说，他在当时总结道："在一些特殊情况下……偶尔需要由美国政府采取那些不适合它公开运作的行动，并且政府无法对这些行动承担正式的责任。"[15]不久之后，国家安全委员会（National Security Council）扩展了中央情报局的角色，包括：

> 宣传、经济战；防御性的直接行动，包括蓄意破坏、反破坏、摧毁和疏散等措施；颠覆敌对国家，包括支援地下抵抗运动、游击队和难民解放集团，并且援助自由世界里受到共产主义威胁的国家的本土反共力量。

所有这些活动都以这样的方式执行，即"如果暴露，美国政府则能够有理由否认对其负有任何责任"。[16]总之，美国官员们得学会撒谎。

那么，这种做法如何与凯南早先声称的美国只需要"遵循自己最好的传统"以"证明作为一个伟大的国家它是值得延续的”说法相符合呢？凯南坚持认为，由国务院监控中央情报局的活动以保证“合理的否认”，并不意味着取消了所有的限制：他个人期待“清楚了解每项行动的目标以及实施的程序和方法，而这些都包含着政治性的决定”。他承认，这种主动行动必须拥有“管理着普通行动的规则和行政准则所允许的最大的灵活性和自由”。[17]但是，这些主动行动应当是不多的：只有“当发生某种情况需要采取这种行动时”，才可选择这种行动，“可能我们许多年都不必做任何这样的事情”。凯南后来承认：“它并没有按照我所设想的那种方式去运作。”[18]

中央情报局从事秘密行动的雇员数量，从 1949 年的 302 人增加到 1952 年的 2812 人，并且在海外还有 3142 名“合同制”人员。他们在当时被派驻在海外 47 个地点，而在 1949 年只有 7 处，并且每年秘密行动的预算从 470 万美元增加到了 8200 万美元。[19]这些行动也并非很少开展。自艾森豪威尔政府就职以来，中央情报局经常性地向苏联、东欧和中国渗透间谍、破坏者以及抵抗运动领导者。它还资助那些向这些国家开放的名义上独立的广播电台，以及工会、学术会议、学术期刊和学生组织，其中一些在美国国内活动。它同美国空军合作开展空中侦察任务，这些活动经常性地侵犯了苏联和其他共产主义国家的领空。它研制毒素和控制思想的药物。它在菲律宾组织开展反叛乱行动。并且，通过与当地支持者和流亡组织合作，它成功地推翻了有左倾倾向的政府，1953 年在伊朗推翻穆罕默德·摩萨德（Mohammed Mossadegh），1954 年在危地马拉推翻阿本斯·古斯曼（Jacobo Arbenz Guzman）。他们两人都在本国将外国资产国有化，引起了华盛顿的猜测，认为他们同情共产主义。[20]秘密行动的范围愈益扩大，胆大妄为与日俱增，使得凯南在多年后承认当初的建议是"我犯下的最大的错误"。[21]

在杜鲁门和艾森豪威尔政府中，却少有人有这样的看法。对于他们而言，这件事非常简单：苏联已经开展间谍、资助"阵线"组织、推翻外国政府的活动，并且自布尔什维克革命以来一直试图进行思想控制。它根本不遵守道德或法律的约束。国家安全委员会第 68 号文件（NSC－68），这份绝密的国家安全战略评估报告在 1950 年指出："克里姆林宫能够选择实施任何权宜之计以实现其根本计划。"这份文件的首要执笔人是继凯南之后接任国务院政策计划室主任的保罗·尼采（Paul Nitze）。面对这样的危险，尼采坚持认为自由世界若要保卫自身，则必须暂停他们秉持的价值观念：

> 我们体制的完善性不会遭到任何旨在挫败克里姆林宫计划的公开或秘密、暴力或非暴力行动的破坏，我们自身在行为上对我们价值观的遵循也不必禁止这类行动，只要这类行动是为了实现目的而精心策划的，并且不要太过分或者产生误导以使我们而不是那些奴役人民的恶人成为人民的敌人。[22]

国家安全委员会第 68 号文件的首要目的是支持"灵活反应"战略：这是一个要求当侵略行为无论何时发生都予以回应，不扩大冲突或退缩的战略。由于其花费高昂，艾森豪威尔放弃了这一方案，转而依赖于核报复威胁。[23]但是他和其后的历任总统直至尼克松，仍然持有国家安全委员会第 68 号文件中清楚阐述的观点，即在国内限制政府行为的法律和道德约束，在国际事务中没有必要依然遵循：在更广阔的环境中，美国必须如它的顾问们所建议的那样，能够自由行动。

165

"我们正在面对的是一个残暴无情的敌人，其所宣称的目标是统治世界，"《杜立德报告》（The Doolittle Report）——一份高度机密的中央情报局对秘密行动的评估报告——在 1954 年总结道，"在这个游戏中，不存在规则。迄今为止，人类行为的准则并不适用。"[24]艾森豪威尔对此表示赞同。1955 年他在私下里写道："我已经得出这样的结论，即我们一些关于国际体育家精神的传统观念丝毫不能适用于当今困境重重的世界。""真理、荣誉、正义、为他人着想、所有人的自由——问题是……当那群对这些价值……观嗤之以鼻的人反对我们的时候，我们该如何来保存它们。我相信我们能够做到，"他在他的句子下画了线以表示强调，"但是我们不能把这些价值观同纯粹的程序相混淆，即便后者或许会一度拥有与道德观念相同的地位。"[25]

就这样，冷战将美国领导人变成了马基雅维利。面对着"如此众多不善之人"，他们决心自己"要学会能够做不善之事"，并且如这位伟大的意大利政治权术家——也是一位爱国者——所说的，"根据需要"决定是否使用这种技巧。

## 三

《杜立德报告》建议，让美国人民"了解、理解并且支持这种令人厌恶的哲学"会变得越来越有必要。[26]但是从艾森豪威尔到尼克松，没有一届政府公开为学做"不善之事"进行辩护。原因非常明显：如果被公开讨论，那么秘密行动就难以成为秘密，也就难以在一个仍然坚定遵循法治的社会中向人们轻松地解释它为何逾越了"迄今为止人类遵守的行为准则"。由

166

此产生的沉默依旧继续，但如何调和马基雅维利式的行为与基于宪法的对国会、媒体或大众负责的原则，这个问题仍没有得到解决。结果，被领导人们认为是打赢冷战所必需的"令人厌恶的哲学"逐渐被美国人了解，尽管它很少是按照这些领导人希望的方式进行的。

随着秘密行动范围的增大和频率的增加，保持"合理的否认"变得越来越困难。[27] 关于美国人卷入伊朗和危地马拉政变的谣言很快开始流传，尽管这些谣言将在许多年里都不会得到官方的证实，[28] 但它们在当时已令人十分信服，足以使中央情报局曝光于公众视野。到 20 世纪 50 年代末，作为美国可以随自己的意愿废黜它所厌恶的政府的一个工具，中央情报局在拉丁美洲和中东拥有了一个极其神秘的名声。

中央情报局在这两个地区开展活动的结局都证明，这些秘密行动的代价是高昂的。在加勒比海，美国人推翻了阿本斯，却无意中鼓舞了共产主义的发展：由于被发生在危地马拉的事件所激怒，菲德尔·卡斯特罗、切·格瓦拉以及他们的支持者决心要将古巴从华盛顿的势力范围内解放出来，并且把它变成一个信仰马克思 – 列宁主义的国家。当他们在 1959 年夺取政权后，中央情报局试图推翻他们，却惨遭失败。1961 年 4 月失败的猪湾登陆事件，使该机构试图进行的最大规模的秘密行动被曝光，这一事件使新任肯尼迪政府蒙受羞辱，却巩固了莫斯科同哈瓦那的关系，并且在此后一年半时间中引发了一系列事件，把世界带到核战争边缘。[29]

与此同时，伊朗国王正在巩固一个令华盛顿难以不予以承认却越来越专制的政权；正是美国人在 1953 年使他重新获得了权力。尾巴摇狗的事情再一次出现了，美国被拴在一个独裁主

167

义的领导人身上，他仅有的优点不过是维持着秩序、源源不断地产出石油、购买美国军备，并且是一个可靠的反共主义者。伊朗人终于在 1979 年受够了伊朗王的统治并推翻了他，谴责美国对他的扶植，并且在阿亚图拉·霍梅尼（Ayatollah Ruhollah Khomeini）的领导下建立政权，成为世界上第一个激进的伊斯兰政府。[30]

中央情报局所有行动的结局并不都是如此悲惨。其中一次最为成功的行动在 1956 年 4 月被曝光：俄国人邀请记者们参观了一条由该机构建造的长达三分之一英里、从西柏林延伸到东柏林的隧道，美国人在一年多的时间里通过这条隧道成功截获了苏联和东德的电报和电话通信。但是，这个早期的窃听案例却在美国引起了更多的赞扬而非谴责：人们总的看法是，这种事正是美国特工们应该做的。[31]两个月之后，在中央情报局运作下，赫鲁晓夫在苏共二十大上批评斯大林的秘密报告的部分内容被公开发表。这份从波兰和以色列情报来源窃得的报告并没有引发人们的不安，尽管事实上它助燃了随后在波兰的一场类似造反的骚乱以及这年年底在匈牙利的一场真正的起义。的确让人感到遗憾的，是中央情报局资助的自由欧洲电台（Radio Free Europe）播出的那些没有经过严格审查的节目，它们使众多匈牙利人相信，美国会保护他们不受苏联的报复。中央情报局只得暗中承认在这个问题上它的确走得太远，但在公众视线下却努力将尴尬最小化。[32]

第一场关于间谍活动的道德性的公开争论发生在 1960 年 5 月，当时俄国人在斯维尔德洛夫斯克（Sverdlovsk）① 附近击落

---

① 叶卡捷琳堡旧称。——译者注

了弗朗西斯·加里·鲍尔斯（Francis Gary Powers）的 U－2 飞机。艾森豪威尔长久以来一直担心，一旦这类侦察飞行活动被曝光，他该如何进行辩护。他曾经宣称，苏联对美国领空的任何侵犯行为都会使他要求国会立刻宣布开战。"合理的否认" 168 为维持这一双重标准提供了某种保证。鉴于 U－2 飞机飞行的高度，艾森豪威尔被告知如果发生不测，这架飞机和飞行员都难保幸免。在获知飞机被击落后，这位总统下令发布了一则官方谎言：一位国务院新闻发言人宣布，一架气象飞机飞离了航线。于是，赫鲁晓夫幸灾乐祸地公开了 U－2 飞机的残骸、它拍摄的照片及那位幸存且状态良好的飞行员——这一切迫使愤怒的艾森豪威尔不得不承认自己撒了谎。"我并没有意识到我们要为这个谎言付出多高的代价，"他后来回忆说，"如果我可以重新处理这件事，我们会把嘴巴闭严。"[33]

对于美国人民来说，他们的领导人竟然会撒谎，这的确是新鲜的。但是，对于艾森豪威尔而言，这个谎言并没有产生什么严重的后果。他很快就会卸任，并且大多数美国人钦佩中央情报局建造 U－2 飞机和它长时间持续飞行的技术——同艾森豪威尔一样，他们绝不会容忍苏联飞机在美国的上空飞行。就职后不久，在猪湾登陆事件之前的一次记者招待会上，肯尼迪总统也不得不承认，当他否认美国军队会不遗余力地推翻卡斯特罗的时候，他在撒谎。出乎肯尼迪意料的是，他在民意测验中的支持率竟然上升了：干掉加勒比海沿岸的一个马克思主义政权是一项受欢迎的举措，这位新总统因敢于尝试而获得了赞誉，尽管他已经失败了。"你做的事越坏，"他总结道，"他们就越喜欢你。"[34]

那么，要是一个总统对一项不受欢迎的行动撒谎——并且反复这么做，又会怎么样呢？林登·约翰逊清楚，一场扩大的越南战争正是这种情况。"我并不认为人们……对越南了解多少，并且我相信他们根本就不关心"，1964 年 5 月，他在私下里担忧道，但是"我们并没有太多的选择，……我们身负条约义务……我们就在那里，（并且如果南越倒了），这张多米诺骨牌就会推翻其余全部的牌……我们必须要为最坏的情况做打算"。[35] 为了这么做，在这一年的总统竞选中，约翰逊始终否认有任何升级战争的打算，同时巧妙地让他的竞选对手高华德（Barry Goldwater）公开支持这一行动计划。在获得压倒性的胜利后，约翰逊授权实施这项自己曾经许诺不会批准的战争升级行动。这么做，他显然相信能够在公众舆论表示反对之前快速赢得战争。"我认为这是极为重要的事情，"他在 12 月吩咐他的助手，"除非我明确下令，否则不能公开这一真实的想法。"[36]

　　但是，这场战争并没有很快结束；相反，它持续升级，让人看不到终点。约翰逊知道形势严峻，但是他无法做出公开的解释。他的理由超越了对自己政治前途的忧虑。至 1965 年中，他主持着自新政（the New Deal）以来最大规模的国内立法改革，而这项改革还有许多未竟之事。"我下定决心，"他后来回忆说，"不让战争使这个梦想破碎，这就意味着我别无选择，只能把我的外交政策暂置一旁……我对国会的了解正如我对伯德夫人（Lady Bird）的了解一样，而我知道它成为一场关于战争的大辩论之日，正是伟大社会（the Great Society）① 开始终结

---

① "伟大社会"是约翰逊总统的施政目标，意在推动战后美国的社会改革，降低失业率、促进经济增长和减少贫困。——译者注

之时。"[37]

而困境是残酷的。约翰逊相信，美国在冷战中的利益要求美国坚守越南直至胜利。但是他也明白，他难以向公众表明在不牺牲"伟大社会"的情况下赢得战争需要付出的代价。国民不会支持既为"大炮"又为"黄油"而花费巨额开支。所以，他只能转而牺牲公众对他的信任。"信任危机"（credibility gap）一词源于约翰逊持续不断地封锁这一自朝鲜战争以来美国最大军事行动的开支信息的做法，带有对中央情报局、其他情报机构以及约翰逊的战争设计师们对胜利前景所做评估的悲观情绪。[38]

很难理解约翰逊是如何设想他能摆脱这个困境的。一种不完全的解释或许是，当所有的选择都令人十分痛苦时，最不痛苦的选择就是不做选择。约翰逊当然是尽可能推迟在"伟大社会"和越南战争之间做出选择。部分解释可能还在于约翰逊的个人信念，即无论公众和国会如何看，这个世界上最富足的社会承受得起为了确保国外安全和国内平等所需要付出的任何代价。[39]但是这种经济上的解释未能考虑到的问题是，当战争胜利的前景逐渐暗淡而人力成本不断上升时，美国人是否能够延续这种士气。到1968年初，已有几百名美国士兵在每个星期的行动中被杀害，但是1月底、2月初的春节攻势表明南越没有一个地方——即便是在西贡的美国大使馆——是安全的。结果，春节攻势成为北越人的一次军事失败：他们预期发动的大规模起义并没有发生。但是，对于约翰逊政府而言，这也是一场它在心理上的失败，而这在当时是更重要的。在3月底，这位总统认识到了这一点，他拒绝派遣更多部队参战，并同时宣布了不再寻求连任的惊人决定。[40]

170

但是，看上去冷战初期的另一份遗产影响了约翰逊对越南战争的掌控，即太长时间以来，美国总统们以不必向国内解释的方式在国外为所欲为。难道艾森豪威尔没有授权拦截通信、侵犯领空，并在事实上推翻了两个外国政府？难道肯尼迪推翻另一个外国政府的努力没有失败，并为这种努力欢呼雀跃？当约翰逊在 1963 年入主白宫的时候，正处于国民对于肯尼迪遇刺心怀悲伤和对他自己抱有好感的巅峰，他很容易得出这样的结论，即总统权是无所不能的：他可以继续采取如国家安全委员会第 68 号文件所指出的"任何公开或秘密、暴力或非暴力的措施"，提升美国在冷战中的优势地位，同时不损害"我们体制的完善性"。但是当约翰逊在 1969 年离开白宫时，这一命题已不再具有合理性：他指挥越战的方式使得美国的体制，无论在国内还是在国外，都已深陷困境。

171　　国家安全委员会第 68 号文件的起草者们本以为在这两个领域可以存在独立的行为标准，即美国领导人在涉足冷战时可以学会"做不善之事"，同时在他们本国民主社会的框架下"行善"。在艾森豪威尔和肯尼迪时期，他们很难维持这种区别：两位总统都被迫承认，他们在 U - 2 侦察机事件和猪湾事件中的"矢口否认"并不是"合理的"。随着越战的进行，什么是在国外允许做的和什么是在国内允许做的，两者之间的界限都完全消失了。约翰逊政府发现，如果不反复向美国人民隐瞒战争意图，它将难以制订计划或继续这场战争；但是它做出的有关战争的决定将深远地影响美国人民的生活。在这场冷战中，美国远没有做到如凯南希望的那样，其行为与"自身最好的传统"保持一致；美国在越南战争中似乎牺牲掉了它在宪法和道德责任上最好的传统。

# 四

理查德·尼克松继承了这一局势，并在之后使它变得更糟糕。作为最精于地缘政治的现代领导人之一，他还恰巧是最不愿意遵守自身权威所受的约束的美国总统。在经历了约翰逊时期所发生的一切之后，他仍然相信，他所定义的国家安全的所有需要，超过了总统需承担的做出解释的义务，甚至是法律义务。尼克松的做法远超过这种思想，即在国内和国外的做法有着不同的标准；相反，他把家园变成了冷战的一个战场。但是，他在那里遇到了一个比苏联或国际共产主义运动更强有力的敌人，那就是美利坚合众国的宪法。

"我可以毫不含糊地说，"尼克松在辞去总统职务后说，172 "如果没有秘密，就不会有打开对华关系大门，没有和苏联达成的限制战略武器会谈（SALT）协定，也没有结束越南战争的和平协定。"[41]几乎没有理由可以质疑这一说法。如果在基辛格1971年赴北京之前，白宫与国务院、国防部、中央情报局、国会相关委员会以及所有利益会受到影响的盟友进行商议的话，只会使计划泡汤。如果没有通过"幕后渠道"同莫斯科开展军控谈判以提前试探立场，则很可能导致失败。尼克松认为能够打破越南和平谈判长期僵局的唯一出路——除了接受河内提出的立即撤退美国军队并且将南越政府赶下台的要求之外——就是加强对北越的军事和外交压力，同时减少来自国会、反战运动和前约翰逊政府成员要求接受河内和谈条件的压力。这也需要既公开又隐秘的运作。

尼克松做错的，并非他以秘密方式开展外交——外交总是需要这一点——而是未能区分那些一旦曝光他可以做出辩护和那些他永远无法为之辩护的行为。美国人原谅了艾森豪威尔和肯尼迪撒的谎，因为在被曝光后，他们所隐瞒的行动被认为是情有可原的。同样，尼克松打开中国大门、达成限制战略武器会谈协定、实现越南停火的方式也是如此。这些事件的结果使得秘密甚至欺骗的方式都似乎是合情合理的。

　　但是，秘密轰炸一个主权国家又算什么呢？或者试图推翻一个经过民主选举产生的政府？或者在没有法律授权的情况下对美国公民进行窃听？或者窃贼在总统授权下行窃？或者让白宫内部的一个阴谋组织隐瞒所发生的一切？尼克松在他的第一任期内允许了所有这些事情的发生；他难以抑制地依赖于秘密手段，以至于在那些他永远难以做出合理性解释的情况下也屡试不爽。所以，不再可能给出合理性的否认的时候——很大程度上是由于他设置在总统办公室的秘密录音系统，尼克松甚至也对自己实施了监听——一场宪法危机就变得难以避免了。

　　这个过程开始于 1969 年春天，当时尼克松下令轰炸柬埔寨，以切断多年来北越人通过柬埔寨和老挝境内的小道向南越输入军队和补给的路线。这项决定在军事上来说是合理的，但是尼克松却不愿费丝毫力气做出公开的解释。相反，他下令篡改空军记录，以掩盖轰炸事实，同时在随后的几个月中坚称美国尊重柬埔寨的中立。显然，对柬埔寨人或者北越人，或者他们的中国和苏联盟友而言，轰炸并不是什么秘密。只有美国人被蒙在鼓里，而原因正如尼克松后来承认的，那是为了避免发生反战示威运动。"我的政府只有两个月大，我希望在最初能够尽可能少地刺激公众发起抗议。"[42]

　　但约翰逊的"信任危机"正是这样发生的，并且尼克松也很快遇到了同样的危机。通过到处搜集有利资料，《纽约时报》很快报道了美国空军对柬埔寨的轰炸行动以及尼克松政府开始逐步从越南撤军的计划。愤怒的尼克松迅速做出反应，他下令对基辛格的几个助理的电话进行监听，因为司法部和联邦调查局怀疑是他们泄露了消息。经基辛格的批准，即便其中一些助手后来离开了政府，但这些窃听装置仍未拆除；并且一些记者很快被包括在监听的范围之内，而他们根本不可能参与最初的泄密。[43]那个存在于可以辩护和难以辩护的秘密之间的界限，在约翰逊政府时期已经变得模糊，而现在则更加不清。

随后在 1970 年 10 月，由民主选举产生的萨尔瓦多·阿连德（Salvador Allende）的马克思主义政府在智利执政。尼克松公开宣称尊重这一选举结果："对于美国而言，去……干涉一场自由选举……将会在整个拉丁美洲产生负面影响，那将比已经在智利发生的事情还要糟糕。"[44]但他的政府已经在那里进行干涉了，并且即便尼克松在 1971 年初做出了这样的表态，这种干涉活动仍将继续下去。循着约翰逊的先例，中央情报局在智利大选期间开展了一系列旨在帮助阿连德对手的秘密活动。当阿连德最终获胜后，尼克松下令中央情报局"阻止阿连德掌权或把他赶下台"。[45]这导致中央情报局协助智利反对派发动了一系列的军事政变，尽管这最终未能阻止阿连德就任总统，但的确使智利军方总司令雷内·施奈德（Rene Schneider）将军被绑架并且惨遭暗杀。在随后三年内中，中央情报局一直在锲而不舍地努力推翻阿连德政权。

尼克松政府还算走运，这些行动的消息在当时并没有被泄露；相反，尼克松因他在智利问题上表现出的克制而受到赞誉。但是，看似发生的与事实上发生的事情之间的差距日益扩大，

174

而真相一旦被曝光，为这种差距辩护的前景也愈加黯淡。基辛格的一位助理评论道，如果试图否认阿连德赢得的政权，就是"对我们自身原则的一种违背……如果这些原则还有任何意义的话，那就是通常而言，我们违背这些原则只是为了应对……危及我们生存的重大威胁。阿连德对美国而言是一个致命的威胁吗？很难这么说"。[46]

在国内，紧接着发生了更加难以进行辩护之事。1971 年 6 月，前国防部官员丹尼尔·艾斯伯格（Daniel Ellsberg）向《纽约时报》交出了随后被称为《五角大楼文件》的秘密材料，这些材料是关于约翰逊的国防部长罗伯特·麦克纳马拉（Robert McNamara）下令发动和升级越南战争的秘密历史。这些历史中并没有任何有关损害国家安全或批评尼克松对战争指挥的记录，但是他却将这次泄密视为一个危险的先例和一种对个人的侮辱。由于对联邦调查局和法院处理该事件和此类事件的能力缺乏信心，总统要求在白宫内部成立一个小组以避免未来此类敏感材料在未经许可的情况下被再次泄露。"我们面临着一个敌人，一个阴谋，"他坚称，"我们要使用任何手段。明白吗？"[47]

尼克松的职员们很快组织起一帮由退休警探和前中央情报局和联邦调查局特工组成的荒谬的人——他们很快就因担负堵塞泄密的任务而被称为"水管工"。在第二年中，他们开展了一系列必须保密的盗窃、监视和窃听活动，因为他们尽管拥有白宫的授权，但这仍然是非法的。"我不认为这类对话应该在司法部长的办公室进行。"当水管工们向司法部长约翰·米切尔（John Mitchell）简要报告了他们的行动后，尼克松的一位助手紧张地如此评论。[48]当 1972 年 6 月 17 日清晨，几个水管工在水门大厦民主党全国总部内——他们绝对不应该出现在这个地

方——被逮住后，米切尔自己也变得非常紧张，他被指控参与
了这次行动。[49]

　　直到 1974 年 8 月 9 日尼克松辞职当天，这场被搞砸的盗窃
事件的一切后果才得以完全显现。就在这些"水管工"被捕当
天的早晨，施加于总统权的道德、法律以及最根本的宪法原则
重新得到了伸张。这一进程随着紧接着发生的一系列事件而进
一步发展：这帮倒霉的窃贼受到审判和定罪，那些指挥他们活
动并提供资金的政府官员被牵连，媒体上出现越来越多惊人的
曝光，总统做出的一系列否认的可信性逐渐降低，一名特别公
诉人被任命，参议院开始了一场高度公开的调查，尼克松总统
办公室的录音系统被曝光，调取录音磁带的法律限制被解除，
众议院批准了对总统的弹劾决议，最高法院最终判定总统必须
交出那盘可以证明他参与掩盖事实真相的作为"确凿证据"的
录音带。

　　就在这时，面对被定罪、被免职的前景，尼克松放弃了他
的职务。他于是承认，事实上美国总统并不能自由使用任何他　　176
认为能够保护国家安全利益的手段。即便是在最敏感的领域，
他也不能独自决定行为的准则。与尼克松的想法相反，总统未
能凌驾于法律之上。

五

　　法律自身也并没有静止不变。总统的行为激怒了国会，它
要收回在冷战初期放弃的指导国家安全政策的权威。这首先发
生在有关越南的问题上。1973 年 1 月底，尼克松和基辛格已经
迫使河内在美国可以接受——并且可以施加于它不情愿的南越

盟友——的条件下实现停火。但是，他们也必须从这一地区撤出几乎所有美国军队：这对于消解国内反战情绪，并摆脱国会要求制定法律终止美国卷入这场战争的压力而言，是必须的。

尼克松对于北越人遵守停火协议的意愿并不抱任何幻想。但是他的确希望通过威胁开展——并且如果有必要再继续——最初迫使河内接受停火的轰炸来使其变得顺从。毕竟，在过去20年间，美国通过保有开展同样行动的权利实现了朝鲜半岛的停火。但越南的情况似乎不那么乐观；基辛格回忆说，他们仍然希望"尼克松冷酷无情的名声可以制止严重违反（停战协定）的行为"。[50]

但水门事件严重削弱了这位总统的权势。这场持久而痛苦的战争让人失意沮丧，尼克松的意图又让人难以信任，人们感到他的权威正在瓦解。鉴于此，国会在1973年夏投票，决定停止在印度支那的所有战斗行动。随后，它又通过了《战争权力法案》（the War Powers Act），对未来所有未获国会授权的军事行动都施以6天的限制。尼克松的否决被推翻，并且这项限制成为法律。他的继任者杰拉德·福特无奈承担了不幸的后果：当1975年春北越入侵南越并取得胜利时，他束手无策，无能为力。"我们国内发生的戏剧性事件，"基辛格后来评论道，"最初使我们瘫痪，随后又将我们压垮。"[51]

类似的事情还发生在情报活动中。中央情报局一直在国会微乎其微的监督下运作：人们假定，这个国家的公民代表既不需要、也不想知道这个机构在做什么。这种态度存在于U-2侦察机和猪湾事件中，以及越战的开始和升级阶段，甚至是在中央情报局多年以来一直秘密资助学术会议、杂志和研究以及全国学生会的事件在1967年被曝光之后。[52]但是这种态度并没有出现在水门事件中。

前中央情报局雇员参加"水管工"小组以及尼克松寻求该机构合作以掩盖事实的证据，引发了来自该机构自身要求审查潜在非法活动和外界要求对其活动进行监督的压力，而这种监督意味着向公众曝光。1974 年 12 月，《纽约时报》披露，在约翰逊和尼克松政府时期，中央情报局针对反战示威者开展了一项国内监视项目，包括窃听和截取信件。中央情报局局长威廉·科尔比（William Colby）很快确认了这条传言，承认该机构违反了自身有关禁止在美国国内开展活动的章程，并且违反了法律。[53]

随后三个委员会很快成立，一个是总统委员会，另外两个分别在参议院和众议院，负责调查中央情报局滥用职权的情况。在科尔比的协作下，这个机构从事的暗杀密谋、监视行动、秘密资助、与水门事件的关联以及阻挠智利民选政府上台等"不可告人的丑事"都被公之于众。同尼克松任职最后时期出现的情况一样，这个国家再次面临着这样的问题，即美国是否应当或能够在应对冷战和维护国内秩序上持有不同的标准。

在智利发生的事件再清楚不过地说明了这一困境。1973 年，圣地亚哥终于爆发了一场成功的军事政变。结果，阿连德死亡——很可能是自杀——并且一个由奥古斯托·皮诺切特（Augusto Pinochet）领导的可靠的反共政府掌握了政权。中央情报局并没有直接参与其中，但尼克松和基辛格公开欢迎这一结局并试图与这位新的智利领导人进行合作。但是，当 1975 年中央情报局已经在接受调查时，皮诺切特的政府已经关押、拷打并处决了成千上万的阿连德支持者，其中一些人还是美国公民。多年以来，智利一直是一个民主国家，而现在却实行着拉丁美洲有史以来最为专制的独裁统治。[54]

美国在智利的所作所为与它 20 年前在伊朗和危地马拉的作为并无二致。但是，20 世纪 70 年代并非 50 年代：一旦有关尼克松政府曾经试图阻止民选领导人阿连德就职并且曾经试图把他赶下台的消息泄露出去，做出"合理的否认"已变得不再可能。这就使得责任的问题变得不可回避。如果没有美国反对他的活动，阿连德能够继续掌权吗？如果继续任职，他能够维持民主制度的程序吗？美国应该像它所做的那样竭力回避对皮诺切特的暴行做出谴责吗？如果美国能够再尽力一些，它能够阻止这些暴行的发生吗？直到今天，这些问题仍然没有清楚的答案：在研究这些事件的历史学家和亲身参与者中，华盛顿在智利恐怖事件中的角色仍然是一个存在激烈争论的话题。[55]但在当时已经弄清楚的问题是，根据它自己所承认的，由于中央情报局拥有可以肆无忌惮开展行动的许可，这就使得它在智利的行动终究无法通过"日光"的考验。于是，当这些行动被公之于众时，很难证明它们是合理的。

179 　　国会对智利事件做出了反应，禁止未来再开展可能导致类似后果的行动，并且选择在安哥拉执行这一禁令。安哥拉是葡萄牙的前殖民地，1975 年那里出现了争夺政权的三股势力，他们竞相争取美国、苏联和中国的支援。在越战之后，美国再采取直接的军事干涉根本无望，以秘密方式资助亲美的安哥拉民族解放阵线（National Front for the Liberation of Angola）似乎是唯一可能的选择。但是处于严密监管之下的中央情报局，如果不能获得国会领导人的批准就根本无法这么做，而一旦同他们进行商议，整个计划就会被公之于众，反对意见将排山倒海地涌来。由于已经有中央情报局在智利和世界其他地方滥用职权的先例，1975 年 12 月参议院投票否决了任何在安哥拉秘密使用资金的计划，尽管这一弃权行动很可能导致安哥拉倒向莫斯科的势力范围。福特抱怨说，这场"责任的弃绝"将"对美国的长远地位和整个国际秩序产生重大的影响"。[56]

结果证明，福特的话有些言过其实。苏联极不情愿地被它的古巴盟友拉进了安哥拉的泥潭，但斩获不大。[57]然而在华盛顿发生的事情却意义重大：现在，政府的行政和立法分支彼此间的不信任已经如此之深，以至于美国国会正在批准限制使用美国军事和情报能力的法律。这就好似这个国家已经变成了它自己最坏的敌人。

# 六

如果白宫、五角大楼和中央情报局没有凌驾于法律之上——如果可以提高法律标准以确保这一点——那么，整个美国外交政策的运作可以对那些相对比较独立的道德标准负责吗？在冷战的国际体系中，难道学会"根据需要……做不善之事"，就意味着放弃所有从"善"的意识吗？此外，缓和政策在当中该置于何处呢？

按照任何传统的道德准则，很难为人为地分裂诸如德国、朝鲜和越南这样完整的国家找到合理的理由，可是美国及其盟国牺牲了数以千万计的生命、耗费了数十亿美元来维持这种分裂。它牺牲民主的价值观，以在大多数第三世界国家支持右翼独裁统治的方式来阻止左翼独裁统治的出现，自杜鲁门以来的历届政府都如法炮制这种做法。如果某人认为大规模劫持人质是一种符合人性的行为，那么，直接把平民置于核毁灭危险下的"相互确保摧毁"的核战略当然就成为合理的。而美国的战略家的确如此，因为他们认为没有比这更好的方法来威慑爆发一场全面核战争这样巨大的灾祸。随着冷战逐渐展开，他们由不为这种对道德准则的妥协感到抱歉，发展到视这种妥协为必需的、道德的甚至可取的。[58] 习惯了道德上的麻木后，对美苏关系稳定性的衡量就被建立在公平性之上，因为另一种选择太恐怖而令人难以设想。一旦每个人都清楚他们同乘一条船，那么就没有任何人希望去摇晃它了。

道德的游移不定并不是道德对等。美国从来不认为自己有必要像苏联、它的东欧盟友以及毛泽东统治下的中国那样违反人权。但是华盛顿的官员们早已深信，他们唯一可以避免这种违反人权行为的方法就是开战，而这么做却只会使事情变得更糟糕。1956 年匈牙利起义爆发时，约翰·福斯特·杜勒斯（John Foster Dulles）公开警告说，美国的军事行动"将……加速一场全面世界大战的爆发，并且其结果很可能是所有人全部被消灭"。[59] 当迟至 1968 年苏联入侵捷克斯洛伐克时，约翰逊政府认为，除了抗议进攻、警告苏联不要在别处重复同样的做法，并且取消这位即将卸任的总统同新任苏联领导人勃列日涅夫就限制战略性武器进行谈判的峰会外，别无他法。约翰逊的国务卿迪安·腊斯克后来解释说，在欧洲发生的事情"从来就不是我们同苏联之间有关战争与和平的问题——尽管这听起来是多么可耻"。[60]

"缓和"（détente）意味着降低爆发核战争的风险，鼓励在冷战对手之间建立一种更可预测的关系，并且帮助他们从 20 世纪 60 年代令人困扰的国内无序状态中恢复过来。从任何最直接的意义上而言，它并无意确保公正：它的大多数信奉者认为，公正只能从超级大国们认为合法的均势状态中产生。基辛格是这一立场的最富思想性的鼓吹者。1957 年，他对于 1815 年后的欧洲格局写道，合法性"不应同公正性混为一谈"：

> 它意味着所有大国对国际秩序框架的接受，至少没有一个国家如此不满以至于……以一种革命性的外交政策来表达它的不满。一种合理的秩序不会使冲突变得不可能，而是缩小冲突的范围。[61]

在 1973 年 10 月被尼克松任命为国务卿后，基辛格仍然持有这种立场："一方把绝对的公正强加于人的企图，会被所有人视为绝对的不公正……因此稳定依赖于相对的满意以及一些国家相对的不满意。"

基辛格非常小心地警告那种"变得过分迷恋于稳定"的倾向。"过分实用主义的政策"将"不仅缺少方向性，而且没有根基和实质"。它提供"不了其他国家评判我们表现的准则，也（提供）不了可以团结美国人民的规范"。但是在冷战外交中选用"过分实用主义"的路径，就会变得"不切实际或危险"，导致"徒劳无益的装腔作势或冒险主义的十字军东征"。因此，负责任的决策者"必须与他人妥协，而这在某种程度上意味着与自己妥协"。[62]"缓和政策"内在的道义在于避免战争和革命，在核时代这是个不小的成就。但是，在可以预见的未来，康德关于普遍正义的目标只能从人们普遍接受冷战现状的基础上来实现。

但是，这个论断并没有解决一个问题：如果缓和政策的确降低了核战争的危险，那么为什么以道德标准指导冷战仍然如此危险？如果冲突成为国际关系中正常的情况，那就意味着美国必须接受非道德作为其对外政策的一个永恒的特点吗？这又如何与基辛格所承认的"没有道德目标的美国无法对自己坦诚相待"相符呢？[63]这是新任国务卿在从四面楚歌的尼克松那里接管制定对外政策目标时所面临的困境：确保国外的现状将使它在国内更易受攻击。

　　这种脆弱性在人权问题上表现得最为清晰。1972年莫斯科峰会后不久，克里姆林宫领导人对离开苏联的移民征收了一项出国移民税（exit tax），旨在贴补政府的教育支出。比起之前许多更严重的违反人权的做法，这看上去是一种小暴行，可是它恰好发生在美国国内对苏联政府对待苏联犹太人和持异见者的担忧与日俱增之时。这项出国移民税激起了美国国会的强烈反对，参议员亨利·M. 杰克逊（Henry M. Jackson）和众议员查尔斯·瓦尼克（Charles Vanik）提出了一项针对例行的《贸易改革法》（Trade Reform Act）的修正案，拒绝给予任何对移民实行限制或缴税的"非市场经济"以"最惠国"待遇或进出口银行的贷款。杰克逊——毫无疑问他觊觎着总统宝座——强调，美国应当利用自己的经济实力，不是奖赏苏联在国外的所作所为，而是改变它在国内的做法："当我们有某些让我们感受强烈的事情……（那么）我们就应当把这个原则性的问题放在桌面上谈，尽管知道俄国人不会认同。"[64]

　　基辛格抗议说，《贸易改革法》的条款慎重平衡了大棒和胡萝卜的运用，并最终劝说了苏联同意限制战略性武器。在协议达成之后再增加新的要求——特别是让俄国人在国外压力下改变其国内政策的要求——只会成为一项"无法实现的"命令，它"损害了我们的对外信誉，却没能给我们任何可以处理由此造成的紧张后果的办法"。保持沉默的外交比公开装腔作势更有利于苏联犹太人、持异见者和其他潜在的移民者；并且在美苏关系并不和睦的情况下，几乎不可能为他们做什么事情。[65]莫斯科对《杰克逊－瓦尼克修正案》的反对有着更深刻的原因。正如多勃雷宁大使后来承认的："克里姆林宫担心，从社会主义乐土外移出的广泛意义上的移民（无关民族或宗教），似乎代表了一定程度上可能破坏国内稳定大局的自由化趋势。"[66]

但是，这意味着为了寻求地缘政治的稳定，尼克松政府已经开始支持苏联的国内稳定。它试图像梅特涅和卡斯尔雷在拿破仑之后，通过平衡欧洲内部的对抗来治理欧洲那样，治理冷战国际体系。但是 19 世纪的这种调解认可了被平衡各国的国内宪章：在被作为一名历史学家的基辛格著书论说的那个时代，改革的呼声很容易被弃置一旁。而在这个更加透明和民主的时代，基辛格试图以一己之力指引事件发展的方向，则更不容易做到了。

基辛格从来无意让缓和政策确保苏联独裁主义的未来。"勃列日涅夫的冒险，"他在 1973 年夏写给尼克松，"就是，好像这些政策凝聚了动力和长期性，它们的效果不会削弱他从中获取权势和合法性的那个体系。另一方面，我们的目标就是确保长期准确地实现这种效果。"[67]但是《杰克逊－瓦尼克修正案》中，长期的目标变成了当下的：修正案获得了那些在意识形态上持反对意见者的支持。那些相信对外政策应当永远追求公正的自由主义者，谴责基辛格一味追求稳定的犬儒主义。肯定俄国人绝对不可信的保守派，公开指责基辛格这么做太天真。而随着尼克松总统任职期限的临近，他为抵御这些压力能做的事情微乎其微。

184

1975 年初，《杰克逊－瓦尼克修正案》在国会两院获得了通过，几个月之后尼克松辞职。苏联以取消所有同美国的贸易协定作为回应。结果，移民、贸易以及缓和政策自身都深受其害：无论冷战中曾经开始的"解冻"进行得如何，现在似乎都结束了。这些事件已经开启一个不同的进程。通过一种包括了自身宪制上制约和平衡、一位雄心勃勃的参议员的总统志向，以及一位在道德上受到质疑的总统的权力日益减弱等诸多因素在内的迂回曲折的过程，美国最终采取了与 1948 年《世界人权宣言》一致的立场：无论国家主权或是外交需要，都不允许任何国家以其乐意的任何方式对待自己的公民。如果没有一种普遍的公正准则，也应当至少有一种有关人类尊严的基本准则，这一准则必须获得优先的考虑，甚至优先于稳定冷战秩序的任何努力。

## 七

美国的战略与法律、道德原则的重新组合，本来对冷战进程的影响微乎其微，但是，如果对冷战中的另一方产生了影响，情况就会有所不同。这些变化在最初是很难被发现的。苏联领导人看上去变得比赫鲁晓夫在任的最后时期都更难以容忍国内和东欧的异见分子。他们对捷克斯洛伐克的入侵以及随后以"勃列日涅夫主义"所做的辩护，为在意识形态上实行更严格控制的训练、拒绝在媒体和艺术领域开展任何试验，甚至对温和的政治抗议者施以更为严厉的镇压打下了基础。[68]无论缓和政策如何改善了与西方的关系，勃列日涅夫和他的同志们似乎已决心控制其势力范围内的一切——甚至是思想。他们不是依赖道德或法律为自己辩护，而是通过意识形态：按照这种说法，他们在马克思－列宁主义中发现了历史发展的规律，并且因此掌握了改善人民生活的法宝。

但是，长久以来，历史显然不是按照这种方式发展的。赫鲁晓夫揭示出被列宁和斯大林奴役的人民远多于他们解放的人民；当他被打倒时，苏联及其东欧卫星国在经济等衡量国家繁荣程度的指标方面，都远远落后于美国和世界上大多数的资本主义国家。在1968年，它甚至不惜动用武力使共产主义在捷克斯洛伐克继续掌权，这一行动打破了任何可能主动拥护那种意识形态的人所抱有的幻想。"我们的坦克在布拉格……朝着思想'开炮'，"一位年轻的苏联记者在那时写道，"铁拳打在一个会思考的社会的脸颊，他们认为已经打败了……它思考的进程……（相反，他们）'唤醒'了党内知识分子中的新阶层，他们将更成功地反复继续（布拉格）的努力。"[69]

当然，这样的事情不会很快发生。思想本身需要时间来确保坦克不再被用来对付自己。但是，对"布拉格之春"的镇压的确产生了强大的心理效应：在苏联和东欧，它使更多的人在表面上继续服膺于马列主义，而在私下里却不再信奉它。在那里，发展出一种如历史学家蒂莫西·加顿·阿什（Timothy Garton Ash）所称的"双面生活"："这种种的撕裂：公共场合下和私下的自己、官方和非官方的语言，对外的服从和内心的反抗……我为国家的管理鼓掌，但我在个人生活中从未对此表示赞同。"[70]这与美国国内发生的事情完全相反，在20世纪70年代中期的美国，存在于人们赞成之事和他们的领导人所做之事之间的差距已大大缩小。信任危机已经从华盛顿转移到了莫斯科。而相比于尼克松，勃列日涅夫更没有准备好来应对它。

他的问题在于，同所有其他执政的共产党一样，苏联共产

186

党从它宣称历史永无过失的言论中汲取权威。当事件的发展未能遵照这一脚本时，它就很容易受到攻击。而一旦这样的事情发生了，就没有什么——除了在道德和法律上来说使用武力是站不住脚的，正如在捷克发生的事件——可以为党的存在做任何合理的解释了。它的合法性建立在一种让人越来越难以置信的意识形态之上，除此之外别无其他。在越南战争和水门事件的岁月中，无论美国领导人的行为如何恣意，他们从不必面对那种难题。

勃列日涅夫本可以通过缓和对思想和观念的专制来降低党的脆弱性——但是这将产生对他的专制权力的挑战，因此他并不打算那么做。"这是危险的。"克格勃的首脑尤里·安德罗波夫（Yuri Andropov）在 1974 年一次政治局会议上如此警告，这次会议主要讨论如何应对苏联最杰出的作家索尔仁尼琴（Aleksandr Solzhenitsyn）和最优秀的物理学家安德烈·萨哈罗夫（Andrei Sakharov）对苏共的批评。"索尔仁尼琴能够在成千上万的人中获得支持……如果我们对萨哈罗夫无所作为，那么其他学者……又会怎样表现呢？"[71] 这些持异见者唯一的力量在于他们的钢笔、他们的声音和他们的原则。然而原则是有传染性的，而苏联的体制只由意识形态保卫着，对原则并没有足够的免疫力。

既然内部改革风险太大，克里姆林宫领导人于是转向了外交：如果世界承认了它统治的合法性，那么一小撮不满者，即便他们是著名人物，还能指望获得谁的支持来反对呢？这正是勃列日涅夫喜欢缓和政策的原因之一，他的一个根本性假设是西方世界不会寻求改变马列主义政权的内部性质。相反，它的目标是鼓励这些政权在国际舞台中表现得更负责任。这并不意味着放弃阶级斗争：勃列日涅夫坚持认为阶级斗争会在安全的地方继续进行，特别是在第三世界。[72]但是，他准备做出暗示，接受北约的永久存在以及让美国在欧洲继续扮演角色。作为回报，他希望美国人及其北约盟友们正式批准第二次世界大战结束后形成的东欧边界。

这并不是一个新的想法。早在1954年，莫洛托夫就提议召开一次会议，由欧洲国家而不是美国共同开会确定其既存边界。这一计划之后再无进展，但是正如基辛格曾注意到的，莫斯科的外交"以坚持不懈来弥补想象力的缺乏"。[73]在随后的15年中，苏联外交部反复提出莫洛托夫的建议，做了些修改，把美国人包括了进去。同时，北约已经同意与华约就共同削减欧洲军备进行谈判，而勃兰特的东方政策已显现效果，苏联与西德签署了一份条约，承认了波兰在战后长期存有争议的边界，并且占领柏林的四国签订了一份继续维持该城市现状的协定。所以很清楚，没有人对改变欧洲政治版图感兴趣。这就使得对美国人和他们的一些北约伙伴而言，苏联重新要求召开"欧洲安全与合作会议"（Conference on Security and Cooperation in Europe）并没有什么损害，是一个可能的积极进展。[74]

但是对勃列日涅夫来说，这样一次会议的意义更为丰富。它可以要求美国及其盟友们公开宣称接受战后欧洲的划分，并且记录在案。这位克里姆林宫领导人对于这种契约性义务的重要性的态度几乎是资本主义式的，他相信它可以在未来阻止"布拉格之春"的发生，强化勃列日涅夫主义，挫败苏联内部的异己分子，并且保住自己和平使者的名声。[75]并且，他还愿意做出更多的让步以获得这种承诺。这些让步包括承诺在军事行动前发出通知，容许以和平方式改变国际边界，允许签约国加

188

入或离开联盟，并且最令人吃惊的一点是，承认"人权和基本
自由的普遍重要性……以同《联合国宪章》和《人权宣言》的
目的及原则保持一致"。[76]

俄国人诚然对最后一点非常紧张，但这是同西欧人和加拿
大人而不是美国人一同提出的，因此很难表示反对。[77]况且，它
所详列的自由也写入了苏联那份大多没有被执行的宪法中：这
也会使拒绝它变得尴尬。如果仅仅因为这一点，苏联就退出自
己长久以来要求召开的会议也不是那么容易。因此，带着担忧，
政治局还是同意将人权条款加入这次会议的"最终法案"（Fi-
nal Act）。"在我们自己家里，我们是主人"，外交部长安德
烈·葛罗米柯（Andrei Gromyko）让勃列日涅夫放心。只有苏
联政府而非其他任何人能决定承认"人权和基本自由"到底意
味着什么。[78]

1975 年 6 月 30 日，欧洲安全与合作会议在赫尔辛基召开。
勃列日涅夫在打瞌睡中熬过了这次会议的几次演讲，两天之后，
他和福特以及其他 33 个国家的领导人签署了那份将他们会聚在
一起的既长又复杂的文件。对于各方而言，其影响是难以预料
的。正如基辛格后来所言："几乎没有任何一种外交过程可以
如此表明人类的预见是多么的有限。"[79]

# 八

189　　在美国国内，自由派和保守派都公开指责福特和基辛格放
弃人权条款。他们认为，勃列日涅夫想要达成赫尔辛基协定
的动机十分明显：如果缓和政策意味着通过承认苏联对东欧
的控制从而使不公正永远存续下去的话，那么追求缓和则一

文不值。政府一系列的失误也在无意间支持了这一论点。就在赫尔辛基会议之前，基辛格建议福特不要在白宫接见索尔仁尼琴，这产生了一种过分尊重莫斯科的印象。索尔仁尼琴在当时是一名来自苏联的流亡者，同时也是一位缓和政策的尖锐批评者。随后，1975 年 12 月，基辛格的助手赫尔穆特·索南费尔特（Helmut Sonnenfeldt）表达了自己的想法，即让索尔仁尼琴与美国外交官们举行一次私下会谈，表示政府希望结束苏联与东欧人之间"没有活力的、不自然的关系"。当这个意见被泄露给外界后，它被人们理解为美国承认俄国人已经在东欧站稳了脚跟。[80]

这些小插曲使得赫尔辛基协定成为福特在 1976 年总统竞选时的一个负担，来自共和党内的竞争者罗纳德·里根和民主党候选人吉米·卡特对这一协定大加挞伐。福特发现，他有必要禁止下属甚至使用"缓和"一词；当大选临近时，他还尽量撇清自己与基辛格的瓜葛。随后在 10 月 6 日同卡特辩论时，这位总统犯下了最后一个严重的错误：他在事先被建议要否认存在"索南费尔特主义"，但他却在辩论中反而否认了苏联控制着东欧。[81]这就最终确保了卡特的当选，所以在 1977 年 1 月 20 日之后，福特和基辛格都未能保留继续指挥美国对外政策的职责。赫尔辛基会议是原因之一。

但是，赫尔辛基会议在苏联和东欧内部的影响也同样出乎人们的意料，并且意义更为深远。多勃雷宁回忆说，勃列日涅夫盼望着"当苏联公众知道他们为之付出了巨大牺牲的战后边界得到最终确定后，他将赢得支持的场面"。

190

> 至于人道主义的问题，在国内只含糊提及就可以，不用太过宣扬。他认为这不会在我们国内招致太多麻烦。但

是他却想错了。苏联异见分子的状态当然不会在一夜之间
改变，但是他们绝对受到了这份历史性文件的鼓舞。它在
《真理报》的发表使它具有了一份官方文件的分量。它逐
渐成为异见分子和自由主义运动的宣言书，这一态势的发
展完全超出了苏联领导人的想象。[82]

很快，赫尔辛基协定成了一个法律和道德的陷阱。[83] 既然已经向
美国及其盟友施压要求他们以书面形式承认东欧现存边界，那
么勃列日涅夫就很难拒绝他也是以书面形式在同一份文件上对
人权问题做出的认可。于是，他向批评者们提出了一个标准，
根据这个建立在公正的普世原则基础上、植根于国际法并且独
立于马列主义意识形态的标准，他们可以评价他及其他共产党
政权的所作所为。勃列日涅夫并没有意识到，这么做的影响将
会是什么。

　　这意味着，生活在这种体制下的人们——至少是那些更有
勇气的人们——可以要求获得自由表达他们想法的官方许可：
或许在未来不必过那种"双面生活"。安德罗波夫在 1974 年的
噩梦变成了现实：成千上万的不具有索尔仁尼琴和萨哈罗夫那
样声望的普通人开始同他们站到了一起，要求苏联及其卫星国
为践踏人权负责。到 1976 年夏，在萨哈罗夫的支持下，一个名
为"促进遵守赫尔辛基协定的公共团体"（Public Group to Pro-
mote Observance of the Helsinki Accords）在莫斯科开始运作，并
且类似的"赫尔辛基团体"开始在整个东欧迅猛发展。[84] 尽管争
取赫尔辛基协定之初是克里姆林宫希望使苏联对东欧的社会控
制合法化，但赫尔辛基进程反而成为人们反对苏联统治合法化
的基础。

　　说得委婉些，这种影响是出乎意料的。例如，年迈的莫斯

科领导人们的命运，怎么可能跟一个在捷克斯洛伐克入侵事件后成立的名为"宇宙塑胶人"（Plastic People of the Universe）的邋遢的反政府摇滚乐队牵连在一起。这个乐队一直进行秘密演出并逃避警察的逮捕，但在1976年好运殆尽，其主要成员被捕。对他们的审判激发了数百知识分子在1977年1月1日签署了一份被称作"七七宪章"的宣言（Charter 77），它客气但有针对性地呼吁捷克政府尊重经勃列日涅夫同意后签署的《赫尔辛基最终法案》中有关自由表达的条款。随后几名"宪章运动者"也被逮捕。其中之一便是剧作家、摇滚乐爱好者瓦茨拉夫·哈维尔（Václav Havel），他在监狱中度过了四年，出狱后又在严密的监控下生活了更长的岁月。[85]

这些经历给了哈维尔激励和时间，他通过写文章和剧作，成为记录了他这一代人对共产主义幻灭的最有影响力的纪实者。他被称作"列侬主义者而非列宁主义者"。[86]哈维尔并不主张直接抵抗；鉴于国家警察的强大力量，那么做毫无意义。相反，他鼓励做更微妙之事，发展出与政府行为准则不同的个人行为标准。那些不能做到这一点的人，他写道："认同这个体制、为这个体制尽责、造成这个体制、就是这个体制。"但是那些可以对自己的信仰保持真诚的人们，即便是做诸如啤酒酿造者们以比官方制定的更高标准酿造更好的啤酒这样的小事，也能够最终推翻这个体制。"当一个人打破了游戏规则的时候，游戏就被揭露为一场游戏而已。当某人高喊'皇帝没有穿衣服！'转瞬间一切就暴露在另一种光明之下，并且整个好似由一张被撕裂的薄纸做成的外壳，正在难以控制地四分五裂。"[87]

要求结束那种似乎由马列主义所规定的双面生活的压力，在苏联和东欧已经与日俱增，就像勃列日涅夫无意间赋予了它

192

合法性一般，哈维尔也表达了自己的心声：突然间，一种美妙的景象在昭示着这样一个社会，在其中，普世的道德、国家道德和个人道德成为一回事。就在这一时刻，上帝或者至少是他的代理者来临，使得这一美景变成意想不到的、让克里姆林宫感到恐慌的现实。

卡罗尔·沃伊蒂瓦（Karol Wojtyla），是一位有造诣的演员、诗人、剧作家和运动员，他在 1946 年晋升为司铎（神父），在 1964 年被任命为克拉科夫（Kraków）大主教，波兰共产党否决了其他七位候选人，完全赞成对他的任命。很难再找到一个更好的例子来说明历史的易错性了，因为教皇保罗六世在 1967 年提升沃伊蒂瓦为枢机主教，而随后在 1978 年 10 月 16 日，他的其他枢机主教同伴们选举仅 58 岁的他，成为 132 年来最年轻的教皇、455 年来第一位非意大利教皇、有史以来第一位斯拉夫人教皇。"你们怎么可能允许选举一个社会主义国家的公民作为教皇？"安德罗波夫质问着那位由他派驻在华沙局的倒霉的领导人。对这个问题并没有什么好的答案，即便是克格勃也无法控制罗马教廷的枢机主教团。

不久，事情的发展清楚地表明，它也无法控制波兰人民的精神生活。"教皇是我们的敌人，"在约翰·保罗二世作为罗马教宗到他的祖国进行第一次访问之前，一份党的指示警告道：

> 他很危险，因为他将使圣斯坦尼斯洛（St. Stanislaw，波兰的守护神）……成为人权的保护者……我们为使年轻人成为无神论者而设计的行动不能怠慢，必须加紧进行……在这个方面，允许使用所有手段，并且我们绝不容许带有任何情绪。

"听取我的建议，"勃列日涅夫告诉波兰党领导人爱德华·盖莱 193
克（Edward Gierek），"不要给予他任何接待。那只会招惹麻
烦。"当盖莱克争辩道他难以拒绝会见第一位波兰裔教皇时，
这位克里姆林宫的老人不愠不火地说："那么，就做你想做的
吧。但是，你要小心，不要后悔。"[88]

这一次，勃列日涅夫对事情的预言变成了现实。但是阻止
这些事情的发生为时已晚，因为作为神父、大主教和枢机主教，
沃伊蒂瓦已经默默地花费多年来保持、强化并扩大教皇的个人
道德与罗马天主教的普世道德之间的联系。而现在，作为教皇，
他见证了自己的成功。

当约翰·保罗二世在1979年6月2日亲吻华沙机场的土地
时，它开启了这样一个进程：波兰的共产主义将走向终结，最
终欧洲其他所有地方的共产主义也难逃同样的命运。数十万他
的同胞为他的到来欢呼、高喊："我们需要上帝，我们需要上
帝！"第二天，上百万人在格涅兹诺（Gniezno）向他致敬。随
后一天，在琴斯托霍瓦（Czestochowa），欢迎的人群更为壮大；
在这里，教皇意味深长地提醒当权者，教会对宗教自由的宣扬
"完全符合包括《波兰人民共和国宪法》在内的国家和国际基
本文件中制定的原则"。

当教皇抵达他的家乡克拉科夫时，大约有两三百万人在那
里欢迎他，其中许多人是党希望被"无神化"的年轻人。"是
谁在那里大声说话？"教皇开玩笑说。"与我们同在！"他们反
复高呼着："与我们同在！"当他离开时，正如他所描述的：
"在我心中，每一石、每一砖都如此珍贵，"约翰·保罗反复吟
唱着他在位期间的主题曲，"《莫畏惧》。"

　　你们一定要坚强，亲爱的兄弟姐妹……带着信仰的力

量……带着希望的力量，你们一定要坚强……带着爱，你们一定要坚强，它比死亡更强大……当我们拥有上帝的灵魂而坚强时，我们也会因为对人的信仰而坚强……因此，没有什么值得害怕。[89]

"教皇！"约瑟夫·斯大林喜欢反复追问，"他才拥有多少个师呢？"[90]1979 年在波兰的九天时间里，约翰·保罗二世做出了回答。或许正如多勃雷宁所形容的，这也是一种"完全超越了苏联领导人想象的"发展。

# 第六章 演员

莫畏惧！

——约翰·保罗二世[1]

实事求是。

——邓小平[2]

我们不能再这样生活下去。

——米哈伊尔·戈尔巴乔夫[3]

这位教皇在成为神父前曾经是一名演员，1979年他返回波兰的成功之旅表明，他的舞台本领一个都没有丢。他使用言辞、手势、规劝、训斥，甚至玩笑来打动那些看见并倾听他的数百万民众内心和思想的能力，在与他同时代的领导人中少有人能媲美。突然间，一个单独的个人，通过一系列戏剧性的表演，正在改变着历史的轨迹。这在某种程度上是合时宜的，因为冷战本身就好似一个剧场，在其中幻象和现实并不总是清晰明了。它为伟大的演员们提供了表演伟大角色的伟大契机。

但是，这些契机并不是完全显见的。直到20世纪80年代初，美国、苏联及它们的盟友们长久以来倾注了大量心血的权力的物质形式——核武器和导弹、常规军事力量、情报机关、军工复合体、宣传机器——开始失去效力。在冷战的最后十年，真正的实力较量是同约翰·保罗二世这样的领导人展开的，他们对无形力量——勇气、口才、想象力、决心和信仰等素养——的运用，揭示出了人们所信赖的与冷战迫使人们所生活的体制之间存在的巨大差距。

实现这个目标需要演员。只有他们戏剧性的表演，才能清除引导众人相信冷战将永久持续的作为物质实力产物的心灵上的迷蒙。整整一代人在视超级大国的僵持对峙为事物的自然秩序的荒谬中成长起来，例如一个分裂的柏林位于一个分裂的欧洲中部的一个分裂的德国的中部。威慑战略家们说服他们自己相信，保卫国家的最好方式就是根本不设任何防御，而是部署成千上万枚导弹，根据某一时刻的警告实施发射。国际关系的理论家们坚持认为，两极体系比多极体系更稳定，于是美苏两级体系可以延续到任何人能预见的未来。[4] 外交史学家们坚持认为，冷战已经进入了一种"长期和平"（long peace），这一稳定时期堪比 19 世纪梅特涅和俾斯麦从政时代。[5] 它使得预言家们——现状的破坏者——拓展了历史可能性的范围。

约翰·保罗二世使波兰、东欧其他地区甚至苏联的当权者焦躁不安，并因此创立了一种模式。其他人迅速追随效仿。莱赫·瓦文萨（Lech Walesa）是一位年轻的波兰电工。1980 年 8 月的一天，他站在位于格但斯克（Gdansk）的列宁造船厂紧锁的大门外——附近矗立着教皇的大幅照片——宣布波兰独立自主工会（Solidarnosc）成立，这是在马列主义国家成立的第一个独立的工会。玛格丽特·撒切尔，英国第一位女性首相，她比任何男性都更强硬，并在西欧恢复了资本主义的声誉。邓小平，这位矮个子、屡次被打倒、坚韧而务实的毛泽东接班人，扫除了共产主义对自由企业的限制，并鼓励中国人民"致富"。

罗纳德·里根是第一位成为美国总统的专业演员，他运用表演艺术的技巧，在美国国内重建自信，与老态的克里姆林宫领导人对话，并且在被一位年轻而精力旺盛的总统接替后，还能够在改变苏联的事业中赢得其信任与合作。当然，莫斯科的新领导人米哈伊尔·戈尔巴乔夫，也希望自己做出与前任领导人不同的戏剧性的改变：为此，他消除了共产主义对阶级斗争的强调、对全世界爆发无产阶级革命的必然性的坚持，以及对历史正确性的宣称。

　　这是这样的一个时代：领导人通过他们对事务存在方式的挑战、凭借激发观众追随他们的能力、通过在冷战剧场的成功，面对、抵消并战胜了那些使冷战长久存续的力量。如同所有优秀的演员一样，最终，他们会将演出进行到底。

一

　　如果缓和政策没有垮台，他们就不可能这么做。当华盛顿、莫斯科和其他冷战首府最初设计出这个战略时，它看似是一种富有希望的进步。它未能使世界免于危机，但是这种新的合作精神好像的确降低了危机发生的频率和严重性：20 世纪 60 年代末和 70 年代初的美苏关系，不似冷战前二十年那样动荡不定，在那时几乎每年都爆发冲突。这是一个重大的成就，因为超级大国现在拥有了几无悬殊的摧毁彼此的能力，冲突升级的危险比以往更大。缓和政策将一种危险的局势转化为一种可预测的系统，以期确保 1945 年以后形成的地缘政治格局以及全人类得以延存。

　　但是，人们却并不特别心怀感激。因为，正如冷战将第二次世界大战的结局原样固封一般，缓和政策也试图将冷战封冻。冷战敌对双方之间的分歧依然深刻；缓和的目的不是结束冲突，

198

而是订立管理冲突的规则。这包括避免直接的军事冲突，尊重既存势力范围，容忍例如柏林墙等领土上的异常安排以及思想上如"相互确保摧毁"原则等异常安排，避免做出失信或动摇对方领导人权威的举动，甚至允许通过新兴卫星侦察技术在距地面上空几百英里之处开展侦察活动的共同意愿。[6] 如基辛格在 1976 年指出的那样，缓和政策的设计者们希望出现这种可能性，即"将意识形态的冲突转化为积极地参与建设更美好的世界"。[7] 然而因为做出改变的风险依然存在，他们决定在可以预见的将来，继续让世界顺其自然。

那意味着，一些国家将继续生活在专制主义的统治之下，而另一些国家将以符合宪法的方式选举和解散政府。一些经济将继续受益于自由市场的好处；他者将在中央计划之下停滞不前。一些社会将继续享受自由表达意见的权利；而另一些只能以保持沉默换得生存安全。并且一旦脆弱的遏制机制失败，每个人都仍将面对核毁灭的可能性。除了毁灭，缓和政策并没有在所有方面给每个人以平等的机会。

如果精英仍然掌控着世界，那么这种状况仍将继续，但是人们对权威的顺从已不似从前。现在，世界上有了比以前更多的自由选举出来的政府，这意味着有比从前更多的人可以废黜他们的领导人。[8] 在马列主义国家，民主似乎仍然存在于遥远的未来；但即便是在这些国家中，官方批准的高等教育正使得政府越来越难以阻止人民进行独立的思考，尽管他们还不得不将这些思想隐藏于内心。[9] 而在像大多数第三世界那样民主和教育还未普及的地方，另一股世界潮流——大众传媒的出现——正使得开展运动成为可能，而其方式是那些领导人并不总能预料到，也并不总能控制的。[10]

　　所以，很明显，当核战争的危险逐渐减小时，计划经济的可信性也逐渐消失，而公正的普世标准依旧存在，于是为这样一种观念辩护变得越来越困难，即无论其目标多么值得赞扬，少数居于体制顶端的有权势的领导人依然拥有着决定其他每一个人生活方式的权力。尽管它起源于精英们的设计，但是缓和政策需要来自下层人民的支持，而这一点却被证明很难实现。这就好像建造在流沙之上的大楼：即便建筑者正在做最后的正面装修，但它的根基已经开始崩溃。

二

　　缓和政策的中心环节是美苏为限制核军备竞赛所做的努力。战略武器限制谈判（Strategic Arms Limitation Talks）开始于1969年底，到1972年达成了一份限制双方可部署洲际和潜射弹道导弹数目的协议，以及一份规定除针对此类导弹的象征性防御外禁止开展其他防御部署的条约。这些由尼克松和勃列日涅夫在莫斯科峰会上签署的所谓"第一轮战略武器限制谈判（SALT I）协定"意义重大，原因有若干：它们反映出，两个超级大国都已经认识到，继续开展军备竞赛只会使它们都更不安全。它们代表着美国方面承认，苏联目前已经有拥有了同等的核实力，并且在某些武器方面占据优势。它们使"相互确保摧毁"战略的逻辑合法化：维持对核打击的不设防状态是避免发生核战争的最好的方式。并且，它们接受把卫星侦察作为一种核实对方是否遵守这些协定的方法。[11]

　　但是正如同缓和政策本身，战略武器限制谈判的过程也避开了一些问题。一是核武器削减：莫斯科协定冻结了既存洲际弹道导弹（ICBM）和潜射导弹（SLBM）的部署，但是并没有削减甚或限制每一枚导弹可以搭载的弹头数。不平衡也是一个问题：第一轮战略武器限制谈判使得苏联在洲际弹道导弹数目上大大超过了美国，并且在潜射导弹数目上小幅领先。尼克松政府为这种不对称的安排辩护，认为美国导弹比苏联的更精确，并且大多装备多个弹头。它还指出，第一轮战略武器限制谈判没有对远程轰炸机做任何限制，而在这方面美国人长期以来占据优势，此外也没有对部署在航空母舰上和北约盟国的近程轰炸机和导弹，以及对英国和法国的核能力做任何限制。[12]

但是，这种论点十分复杂，难以向美国国会兜售，国会很难理解为什么在任何战略武器种类上，都应当允许苏联占据优势。这就给参议员亨利·杰克逊（Henry Jackson）创造了确保通过这样一项决议的机会，即随后一切军控协定必须对所有涵盖的武器系统做出相同的数量限制。《杰克逊－瓦尼克修正案》很快以另一种方式给美苏关系带来巨大压力，它使得下一轮谈判，即第二轮战略武器限制谈判（SALT II）变得更为复杂，因为苏联和美国的军事计划者曾有意避免与对方拥有相同的战略武库。尽管如此，现在谈判者必须找到一种方式，对武器系统施以同等的限制，而不是使武器系统本身相等。"这如何实现，"基辛格回忆说，"完全由我定夺。"[13]

达成1972年第一轮战略武器限制谈判协定，花费了两年半的时间，它允许美苏双方拥有不对称的武库。而不允许存在不对称武库的第二轮战略武器限制谈判，在五年之后福特政府卸任时仍迟滞不前。国会——以及国防部和战略研究团体——不愿再相信基辛格，让他继续像第一轮战略武器限制谈判时那样在武器系统问题上做出让步：批评者指责，他的行事方式太诡秘、太容易错判、太相信俄国人会信守诺言。第二轮战略武器限制谈判的过程更为公开，但也正是由于这个原因，它并不太成功。[14]

吉米·卡特希望以戏剧性的方式来妥当处理。他曾经在1976年竞选中发誓，不是简单地冻结战略武库的数量，而是寻求将其大幅削减；在就职演说中，他甚至许诺要努力推动彻底销毁核武器。但是卡特在人权问题上采取了更为强硬的立场：他批评福特和基辛格在这个问题上未能向俄国人施加足够的压力，而他对此将承担起义不容辞的责任。因此，卡特同时着手处理两件事情。他提出要比福特政府规模更大地削减战略性武器，这令克里姆林宫领导人大吃一惊；但他同时与萨哈罗夫建立了直接联系，并且在白宫接见苏联的异见分子，这又使克里姆林宫领导人大为恼火。当勃列日涅夫严厉拒绝了他的"大幅削减"提议时，卡特自己还颇为不解。于是，第二轮战略武器限制谈判便又被搁置了起来。[15]

如果卡特的决定是短视的，那么勃列日涅夫的则有过之而无不及。当新一任美国政府就职时，这位苏联领导人被严重的健康问题困扰，这些健康问题部分是由药物滥用引起的。[16]这使得他很难集中精力于错综复杂的军控问题，即便那些身体健康的领导人都觉得这件事情实在难以把握。因此，勃列日涅夫在很大程度上把处理这些问题的权责交给了苏联军方，他们主动提出了一系列似乎延续了第一轮战略武器限制谈判主要精神的内容，包括雄心勃勃地要实现导弹现代化和建立防止核毁灭的民防系统，并且在战略原则上继续强调开展进攻性行动。[17]这就更容易使美国国内的军控批评者们对第二轮限制战略性武器谈判产生怀疑。

202

1977 年，苏联开始针对西欧的军事设施部署一种新的、高精确度的中程导弹——SS－20。美苏双方过去都曾经部署过这样的导弹，但 SS－20 是一项重要的升级，美国及其北越盟友在事先并没有收到苏联方面的警告。出人意料的是，两次部署都并非出自苏联外交部的决定：苏联政治局仅根据军事理由就批准了部署行动。克里姆林宫的首席美国事务专家格奥尔基·阿尔巴托夫（Georgi Arbatov）后来承认："我们绝大多数专家和外交人员都是通过西方媒体的报道才得知这个消息的。"阿纳托利·多勃雷宁（Anatoly Dobrynin）承认，这是一个"极具灾难性的"决定，因为它刺激北约要求美国也进行相应的部署，这完全出乎了莫斯科的意料。[18]到 1979 年，卡特政府已经准备好有选择地在西欧部署潘兴 II 型（Pershing II）导弹和巡航导弹。潘兴导弹的精确度被认为是 SS－20 导弹的 15 倍，发射到莫斯科的飞行时间大约为 10 分钟。[19]

尽管有诸多挫折，第二轮战略武器限制谈判最终产生了一份复杂的协定，由卡特和健康状况明显恶化的勃列日涅夫于 1979 年 6 月在维也纳签署。但在那时，整个军控进程都受到了来自民主党和共和党内批评者的攻击，他们声称它对于降低核危机毫无补益，它允许苏联军事实力的增长从而威胁了西方的安全，以及它根本无从实现。尽管如此，卡特还是将这份协定提交到参议院审议，但是随后在一次错误展示强硬姿态的努力中，他宣称苏联刚刚在古巴部署了一支"作战旅"（combat brigade），试图以此来挑战莫斯科。但是进一步的研究产生了令人尴尬的结果，因为这支作战部队自从 1962 年就已经部署在那里了，而且它的存在正是肯尼迪与赫鲁晓夫在解决古巴危机时所达成方案的一部分。这场争端使得参议院推迟了对第二轮战略武器限制谈判协定的讨论，并且这份协定直到 1979 年 12 月仍然滞留在那里，而与此同时北约已经同意部署潘兴 II 型导弹和巡航导弹，但这种做法的效果只不过是招致苏联以入侵阿富汗作为回应。[20]

三

这一系列事件可以追溯到 1972 年峰会上达成的另一份协定，它比第一轮战略武器限制谈判更复杂。在一系列"基本原则"的联合声明中，尼克松和勃列日涅夫承诺，他们的国家将避免"做出以对方为代价从而寻求单方面优势的行动"。[21]从字面上看，这似乎意味着用来形容超级大国在欧洲和东北亚关系特征的"稳定"，现在也可以用于形容亚洲其他地区、中东、非洲和拉丁美洲：华盛顿和莫斯科会竭力阻遏任何可能改变世界上这些地区现状的事态。但是，事情的发展很快表明，"基本原则"并不能按字面去理解。像战略武器限制谈判一样，它们不过是用来掩盖分歧的。

俄国人欢迎"基本原则"，不过是为了获得另一种对能够与美国平起平坐的承认。但是，勃列日涅夫谨慎地坚称，阶级斗争应继续下去："这是应当被期待的，因为社会主义和资本主义的世界观和阶级目标是相反且不可调和的。"[22]美国人将"基本原则"视为限制俄国人的一种手段。"当然（它们）不是一种法律契约"，基辛格解释说，它们"建立了一种行为准则，以之来判断是否取得了真正的进步……降低核战争危险的努力……必须同终结苏联无休止地向全球均势施压相联系"。[23]无论表象如何，莫斯科对于管理在第三世界的势力范围未能形成

204

一致的意见。如果说达成了某种共识，那就是在随后几年中，人们目睹了苏联在第三世界单方面加紧开展谋求占据优势地位的行动。

第一个机会倒向了美国人。莫斯科峰会对埃及总统纳赛尔的继任者安瓦尔·萨达特（Anwar el - Sadat）而言是一次不小的冲击。在 1967 年"六日战争"（Six Day War）时，苏联袖手旁观，未能阻止以色列夺取西奈半岛和加沙地带，而现在勃列日涅夫似乎也放弃了在未来帮助埃及夺回这些领土的考虑。[24]鉴于此，萨达特决定结束长久以来他的国家同苏联建立的友好关系，并且寻求同美国建立一种新的友谊，因为美国作为以色列的盟友，或许处于一个更好的位置来获得以色列的让步。在尼克松和基辛格忽视了萨达特改善关系的意愿，甚至在他从埃及驱逐了 1500 名苏联军事顾问后，他终于寻找到一种能够引起他们关注的方式，即在 1973 年 10 月跨过苏伊士运河发动了一次突然袭击。这是一场萨达特希望输掉的战争，他为赢得自己精心设计的政治目标而战。料想，美国人会让以色列羞辱一位已经大大削弱了苏联在中东影响的领导人吗？

他们不会的。以色列在大批美国军火的援助下抵御了埃及的进攻，之后，基辛格拒绝了勃列日涅夫提出的实现共同强制停火的要求，甚至下令发出一份简短的核警报以强化拒绝的姿态。他随后亲自开展斡旋，结束了敌对状态，赢得了开罗和特拉维夫的感激，而俄国人却一无所获。五年之后，在卡特总统调和下，萨达特通过同以色列人展开谈判，收回了西奈半岛，并同以色列总理梅纳赫姆·贝京（Menachem Begin）共同获得了诺贝尔和平奖。基辛格总结道，这位埃及领导人是"一位了不起的人物"。他看起来"不拘泥于琐事,而那些平庸的领导人却认为纠缠于这些琐事就是在控制事件的进程,但这只不过是庸人自扰"。[25]

这或许是一种含蓄的自我批评,因为的确是萨达特巧妙地抓住了机会,把苏联赶出了中东,而尼克松和基辛格不过是吞饵上钩。"当我们试图以苏联为代价拉近中东同我们的关系时",基辛格后来声称,缓和政策"对于莫斯科而言,在某种程度上是一剂止痛药"。[26]但这却是带有回顾性理由的意味:几乎没有证据表明,在萨达特开展行动前,他或者尼克松的胸中有这样的目的。相反,这个插曲表现出缓和政策的不稳定性:如果一个地区性大国可以操纵一个超级大国以另一个超级大国为代价寻求单方面的优势,并因此违背了它对另一个超级大国的明确的承诺,那么正如多勃雷宁注意到的,缓和政策"是非常微妙和脆弱的"。1973年战争及其余波"显然破坏了两国领导人之间的信任"。[27]

多勃雷宁的上级在抵制诱惑方面也并不在行。在随后几年中,苏联对于阶级斗争的信奉使它卷入了世界诸多地区,而若以实际利益计算,这对苏联而言根本算不上至关重要。至少在中东,基辛格试图将俄国人排挤出去,这对于美国而言具有战略重要性。但是对苏联而言,越南、安哥拉、索马里、埃塞俄比亚以及在20世纪70年代中期莫斯科寻求扩张其势力影响的所有国家,又有什么重要性呢?

多勃雷宁回忆说,唯一与这些干涉活动相关的,是"一种简单而原始的关于国际团结的思想,即在反抗帝国主义的斗争中恪守我们的责任"。这种模式最初发生在越南,河内以"兄弟般的团结"相号召,屡屡抵制苏联要求北越与美国停止战争

的压力，而克里姆林宫领导人对这场战争却不太热心。但是
1975 年北越的胜利以及美国国会对干涉安哥拉颁布的禁令，改
变了莫斯科对自身利益的盘算：如果美国可以在东南亚被打败、
在非洲南部被威慑，那么在其他地方，美国的实力还有多少可
信度呢？或许第三世界的阶级斗争的确有效用。多勃雷宁强调，
这种认识在苏联共产党国际部最为根深蒂固："因为深信第三
世界的所有斗争都有着意识形态的根基"，所以党的领导人们
"设法使政治局在第三世界卷入了许多场冒险行动"。军方的当
权派也紧密跟随："我们的一些最高指挥官……在情感上为美
国人抗议我们的旗帜飘扬在遥远的地方而自鸣得意。"[28]

　　但这是一种不明智的战略，因为它使得政治局放弃了对在
何地、何时以及如何配置资源的权力：马克思主义者无论在何
时争夺权力，它都认为自己有责任做出反应。多勃雷宁注意到，
这种政策远远超过了对"真正的民族解放运动"的支持；相
反，它相当于"以意识形态为根据，干涉那些内部存在多种势
力争夺权力的国家的内政"。这是一种"意识形态束缚"（ideo-
logical bondage）。[29]而它很快成为在越南和安哥拉取得的胜利的
俘虏。"正如在政坛上经常发生的那样，"阿尔巴托夫指出，
"如果你侥幸做冒险之事且看似取得了成功，你笃定会重复这
种政策。你会继续这么做，直到一不小心犯下大错。"[30]

　　这些失误是从 1977 年开始的，苏联是索马里的一个施惠
者，后者对其邻邦埃塞俄比亚新成立的马克思主义政权发动了
进攻。正如在安哥拉受到来自古巴的好战分子的压力一样，俄
国人转换了立场，让卡特政府同索马里结盟并且控制了红海沿
岸有利的军事设施。除了获得来自一个内陆贫穷国家的残忍独
裁者的感谢、巩固了与菲德尔·卡斯特罗的关系之外，仍不清

207

208

楚莫斯科通过对埃塞俄比亚的支持，到底有何斩获。但是，这些事件的发生，的确进一步破坏了苏联与美国的关系。多勃雷宁后来承认：

> 我们犯了一个严重的错误，深陷于索马里和埃塞俄比亚的冲突以及安哥拉战争中。我们向这些地区提供军事装备、古巴部队在那儿开展行动，特别是我们把他们空运到那里，这些活动使得美国人相信，莫斯科为了控制非洲而对他们展开大范围的进攻。尽管这并非事实，但这些事件强烈影响了缓和政策。

但是，它们丝毫未能扭转冷战的进程。多勃雷宁在 20 世纪 90 年代总结道，70 年代期间超级大国们在非洲大举扩张的活动，"大多数是徒劳无益的……20 年后，没有人（除了历史学家）能够记得起它们"。[31]

对于接下来发生的事情，这种说法当然并不确切。1978 年 4 月，令莫斯科大为惊讶的是，在阿富汗发生了一场马克思主义的政变，推翻了该国的亲美政权。利用这个机会的诱惑实在太大，令苏联无法拒绝，它很快向喀布尔的新政权送去了援助，以开展一项雄心勃勃的支持土地改革、妇女权利和世俗教育的项目。但是，这种做法正如在其近邻伊朗酝酿的那场革命一样，在 1979 年 1 月迫使美国长久以来的同盟者伊朗王礼萨汗·巴列维（Reza Khan Pahlavi）流亡，阿亚图拉·霍梅尼（Ayatollah Khomeini）取而代之，这对美国而言是一种严重的倒退。对于在阿富汗发生的这种进展，俄国人和他们新的阿富汗受惠者并不比美国人有更多的准备。3 月中旬，在阿富汗靠近伊朗边境的哈拉德（Herat）发生了一场暴力叛乱，造成包括 55 名苏联顾问及其

212 / 冷 战

家属在内共约5000人死亡。阿富汗人归咎于霍梅尼，但是在莫斯科看来，不受欢迎的喀布尔政权也负有不可推卸的责任。[32]

"你们拥有工人、城市居民和小资产阶级的支持吗？"在一次绝密的电话交谈中，苏联总理阿列克谢·柯西金（Alexei Kosygin）质问阿富汗总理努尔·穆罕默德·塔拉基（Nur Mohammed Taraki），"还有任何人站在你们一边吗？"塔拉基的回答令人心寒："在这部分人民中已经没有任何积极的支持。他们几乎完全处于什叶派教徒口号下——不要跟随异教徒，追随我们。"[33]在马列主义的历史上，这是一个意味深长的时刻：这一意识形态宣称，它找到了通往世界无产阶级革命的道路，但当它面对着一场地区性宗教的革命时，它发现自己的分析工具完全不再适用。

苏联领导人曾考虑进行军事干预，但很快否决了这种选择。随着卡特与勃列日涅夫的维也纳峰会日益临近、第二轮战略武器限制谈判协定尚待签署、北约尚未做出部署潘兴和巡航导弹的决定、莫斯科正在准备1980年奥林匹克运动会以及缓和政策尚有生气之时，入侵一个以勇敢反抗如亚历山大大帝等入侵者而闻名的国家似乎不合时宜。"若在阿富汗部署我们的军队，则将会很快在国际社会掀起轩然大波，"柯西金向塔拉基解释说，"我们的军队将不只与外国侵略者开战，还有一些你们的人民。而人民是不会宽恕这种事情的。"[34]

但是在9个月之后，政治局出尔反尔，对阿富汗发动了一场大规模的入侵，其结果比柯西金预料到的更严重。造成这一事态的原因说明了"意识形态束缚"如何导致了战略性的灾难。既然失去了阿富汗大多数人民的支持，喀布尔的领导人在1979年夏几近陷入内战。塔拉基在9月刚从莫斯科返回后，就试图暗杀他的主要对手哈菲佐拉·阿明（Hafizullah Amin），但不幸失败，他自己被阿明逮捕并处决。这使得勃列日涅夫大为失望，他曾私下保证给予塔拉基支持；这件事还惊动了苏联情报界，他们得知阿明曾经在美国学习过，并且目前正在主动与华盛顿悄悄联络。一名克格勃官员指出，他们担心阿明"用萨达特那一套对付我们"——如果让他掌权，他会把俄国人赶出阿富汗，让美国人进来，并且邀请他们"在靠近我们的最敏感的边境上布置他们的控制和情报中心"。[35] 尽管似乎没有其他人选可以出任新阿富汗领导人，但是苏联国防部却坚称，还有另外唯一的方法，那就是派遣 7.5 万人的军队镇压内部的反抗或可能的来自国外的干涉。

211

对这样一种行动，国际社会做出了什么样的反应呢？维也纳峰会现在已经召开，第二轮战略武器限制谈判协定被搁置在美国参议院尚未通过，并且 12 月初北约盟国已经投票同意部署潘兴 II 型和巡航导弹。对于所有这些，苏联最高领导人心知肚明，如同他们授权部署 SS-20 导弹一样，事前未同美国进行太多协商就下令全面入侵阿富汗。军事行动即将展开，时间定在了一个令人不快的日子——圣诞节。在华盛顿的苏联大使馆中的所有人，都未曾被问及美国会做出何种反应：外交部长葛罗米柯宽慰多勃雷宁，不管美国人做出什么反应，都不必计较。勃列日涅夫亲自许诺，整件事会在"三或四个星期"内结束。[36]

## 四

因此，缓和政策未能阻止核军备竞赛，未能结束超级大国在第三世界的角逐，甚至未能阻止苏联像 12 年前在捷克斯

洛伐克那样再次使用军事力量挽救"社会主义"。美国的反应
在 1980 年 1 月变得明了：卡特总统在一个月内从参议院撤回
了第二轮战略武器限制谈判协定，下令对出口到苏联的谷物
和科技实施禁运，要求大幅增加国防开支，宣布美国将拒绝
参加莫斯科奥运会，并且谴责对阿富汗的入侵是"自第二次
世界大战以来对和平的最严重的威胁"。一位在三年前就职并
且希望能够结束冷战的总统，而今却做出这些举措，这种转
变令人震惊。甚至连葛罗米柯都不得不承认"国际局势……
已经转向恶化"。[37]

212

　　但在当时仍不清楚的是，这对全球均势意味着什么。大多
数专家或许会同意这样一种判断，即在 20 世纪 70 年代的大多
数时间，这种均势有益于莫斯科。在第一轮战略武器限制谈判
中，美国承认与苏联的战略对等，而苏联却通过"勃列日涅夫
主义"宣称有权抵制任何地方出现的对马列主义的挑战。尽管
基辛格成功地把俄国人排挤出了埃及与以色列的和平谈判，但
是 1973 年战争引发阿拉伯国家实行原油禁运，结果导致原油价
格上升，西方经济在随后十年中一直处于滞胀状态。与此同时，
作为一个主要的原油输出国，苏联大获其利。这使得在 20 世纪
70 年代，它能够始终将军费开支维持在一定的国民生产总值比
例，可能甚至还有所增加。而在同一时期，由于经济和政治原
因，美国的军费预算被削减了一半。[38]

　　美国人似乎深陷同自己开展的无休止的争论之中，最初是
在越南战争问题上，随后是对于水门事件，后来是对于卡特总
统未能保护诸如伊朗王或是 1979 年夏被尊崇马克思主义的桑地
诺解放阵线（Sandinistas）夺取政权的尼加拉瓜独裁者安纳斯
塔西奥·索摩萨（Anastasio Somoza）等重要盟友的批评。最低

潮出现在这一年的 11 月，伊朗人入侵了美国驻德黑兰的大使馆，掳走数十名外交官和军警做人质。这次的羞辱仅仅发生在苏联入侵阿富汗几个星期之后，使得华盛顿看上去处处被动防御，而莫斯科却连连获胜。基辛格在当年出版的回忆录第一卷中，捕捉到了当时蔓延着的悲观情绪。他承认："随着苏联从第二次世界大战中恢复过来，我们的相对地位注定要衰落。我们的军事和外交地位在其他任何时候，都没有比在 20 世纪 40 年代末遏制政策刚刚开始时更有利了。"[39]

但是，在这个问题上，基辛格作为历史学家的精明辜负了他。很长时间以来，很清楚的是，苏联及其华约盟友走在一条日暮之途，缓和政策掩盖了他们之间的分歧，这一点现在变得更加清楚了。这种迹象最早在 1970 年 3 月就已经有所显露，本着东方政策的精神，东德领导人邀请西德总理勃兰特访问埃尔福特（Erfurt），却极不明智地在一家宾馆中把他安排在一个窗子面向广场的房间。令他们十分尴尬的是，数百名东德人在这个广场上聚集，在勃兰特的窗户下欢呼他的到来。"埃尔福特会议的筹备工作，"党的官员们承认，"没有完全意识到这是社会主义和帝国主义之间阶级斗争中关键的组成部分。"[40]

在接下来的 12 月，表达不满的更严重的信号在波兰发生了。在格但斯克（Gdansk）和格丁尼亚（Gdynia），不满于食品价格的抗议者招致军队向他们开火，数十名参加罢工的工人被射杀。意味深长的是，莫斯科并没有对这场危机运用"勃列日涅夫主义"；相反，苏联领导人下令增加消费品的生产，并且批准从西欧和美国进口食品和技术。这就使得维持该地区的稳定并非依赖于使用武力，而是依赖于资本主义国家提供信贷的意愿，这表明马列主义政权呈现出一种异乎寻常的脆弱性。[41]

213

　　因石油价格上升而获得的意外之财也并非没有负面影响。苏联选择向东欧国家提价，这导致它们的石油开销在一年内翻倍增加。尽管这种增长并不如在西方那么急剧，但这笔意料之外的开支削弱了莫斯科希望实现的提高东欧国家人民生活水平的目标。[42]同时，滚滚而来的石油利润也弱化了苏联计划者们提高经济效益的驱动力。对于苏联而言，它已无力继续承受巨大的国防开支，这笔开支到 20 世纪 70 年代末将会是美国的 3 倍，而其国内生产总值的规模仅仅是它的对手美国的 1/6。[43]"我们像成瘾般把我们自身武装起来，"阿尔巴托夫回忆道，"却没有任何明确的政治需要。"[44]而石油给这种嗜好火上浇油。

214

　　那么，从这个角度来看，苏联在非洲支持马克思主义的革命、部署 SS－20 导弹，以及入侵阿富汗等行动，不太像是一种旨在扭转全球均势格局的协调一致的战略，更像是毫无任何战略可言。这是因为，什么样的逻辑才会假定意外之财将源源不断呢？什么样的政权才会有意激怒它在经济上依靠的对象？什么样的领导集团承诺要保护人权——如 1975 年在赫尔辛基——但当它自己的公民要求获得这样的权利时却大为吃惊？处于勃列日涅夫气息奄奄的统治下的苏联，已经难以执行任何有效战略所要求的那些最基本的任务：有效使用可获得的手段，实现经过选择的目标。这就给其他地方能够做到这些的领导人留下了广阔可为的天地。

# 五

　　像约翰·保罗二世一样，他们的出现让人意外；或许正因为这一点，他们能够以出人意料的视角质疑 20 世纪 70 年代，也是笼罩整个冷战时期的传统观念。他们利用了这样一个事实，即无论人们抱有怎样的期许，缓和政策所能改变的微乎其微。他们最大限度上利用了个人的力量：他们的个性，他们在逆境中坚韧不拔的精神，他们的无畏和友善，但是最重要的是他们富有戏剧表演的技巧，这使得他们不仅仅善于向数百万人展现这些品质，而且能够让这数百万人接受这些品质。他们使 20 世纪 80 年代发生了与 70 年代惊人的不同。并且，他们开启了终结冷战的进程。

例如，几乎难以预料，那个毛泽东长久以来的追随者、在他身边只有五英尺高的不显眼的小个子，竟然会利用中国共产党的力量在他的国家实行一种市场经济。"不管它是黑猫白猫，"邓小平喜欢说，"只要能抓住耗子就是好猫。"邓小平对猫——他意指意识形态——的见解，使他在毛泽东时代的"文化大革命"中陷入了困境，当 1972 年尼克松访问北京之时，邓小平正在被下放，同他的家人一起种菜、砍柴，在一个拖拉机修理厂工作，并且照料他那个被红卫兵从房顶扔下去以致永久性瘫痪的儿子。在第二年，毛泽东把邓小平召回北京，承认他"做了七分好事，三分坏事"，但结果不过是在 1976 年再次打倒了他。他总是能够坚韧地重新恢复生机，邓小平逃到了中国南方，过起了归隐的生活，并且耐心等待再一次的复出。那一年 9 月毛泽东去世后不久，他再次复出的机会到来了。到 1978 年底，邓小平已经以谋略战胜了他所有的对手，成为中国"至高无上"的领导人。[45]

215

他扭转了前任领导人时代的局面，宣称毛泽东的功过三七开，现在这已经成为党内的原则。[46]毛泽东立下的"功绩"包括使中国成为一个大国，维持着共产党的政治统治，并且打开了与美国的关系以作为抗衡苏联的手段。毛泽东犯下的"过错"包括奉行高度集中的计划经济。对毛泽东的历史功过做出了这样的划定后，邓小平为他自己开辟另一条完全不同的道路争取了空间。

　　这条道路包括在某些地方和地区开展市场经济的试验，之后由邓小平来宣布凡是那些有效的做法都是与马列主义原则相一致的。通过这种自下而上的方式，他向人们展示出，共产党可以显著地甚至彻底地改善在它统治下的人民的生活，只不过要通过接受资本主义的做法。在中国，从 1978 年到 1994 年，人均国民收入增长了三倍，国内生产总值翻两番，出口扩大了十倍。到 1997 年邓小平去世时，中国的经济规模已经位居世界上最大经济规模之列。[47]与奄奄一息的苏联经济相比，中国的发展对苏联领导人而言是一种难辞其咎的谴责，因为除了高昂的原油价格外，苏联经济在 20 世纪 70 年代没有任何增长，并且实际上在 80 年代出现了倒退。"毕竟，"被罢免不久的米哈伊尔·戈尔巴乔夫在 1993 年懊悔地评论说，"中国今天已经能够养活它数目超过十亿的人口。"[48]

　　人们也从未料想到，英国的第一位女首相竟然能够挑战西欧的社会福利国家。同邓小平一样，玛格丽特·撒切尔通往权力的道路并不平坦。她的出身既不富裕也无权势，在一个男性主导政治的社会中由于性别而处于不利的地位，但是她通过努力的工作、不加掩饰的雄心抱负，以及对装腔作势的厌恶，终于攀登到了权力的顶峰。她的首要目标是实现高税收、工业国有化、尊重工会和侵入性的政府规制。"没有任何政府理论……比英国奉行的民主社会主义经受了更公平的考验，"她后来强调，"但是，从任何方面看，它都是一种彻底的失败。"

216

她执政 11 年所产生的影响尽管不如邓小平那样了不起，但是的确也向世人展示出，私有化、撤销管制规定以及鼓励企业家等措施——批评者指出甚至鼓励企业家的贪婪——也可以获得广泛的支持。[49]这是对马克思主义的又一次打击，因为如果资本主义的确剥削了"人民群众"，那为什么他们之中有这么多人为"铁娘子"喝彩呢？

撒切尔一向直言不讳，对缓和政策也是如此。"我们可以讨论苏联的动机，"她在就职后不久对一位美国观众说，"但事实上，俄国人拥有武器并且越来越多。西方的反应是审慎的。"苏联入侵阿富汗一事，并没有使她感到震惊："我很早就清楚，缓和政策不过是苏联残忍无情地利用了西方的弱点和混乱。我了解人面兽心之人。"[50]自丘吉尔以来，没有一位英国领导人可以以这种方式运用语言：反复用突兀之词而非委婉的话语，讲述真相而非陈词滥调。一位来自加利福尼亚的昔日电影演员变成了政治家，又变成了广播员，他热情洋溢地评论着这位新首相。"我高兴之至，"罗纳德·里根告诉他的电台听众，"自从我们第一次会面……我一直为她鼓劲儿。当她孤立而无畏的人民为不列颠而战时……如果有人可以让英格兰忆起她往日的辉煌，那这个人就是被英国媒体亲切昵称为'玛姬'（Maggie）的首相。"[51]

不久后，里根正式宣布要参加美国总统竞选，并且清楚地阐明了他对缓和政策的看法："难道那不就是一个农夫带着自己的火鸡直到感恩节那天吗？"[52]同邓小平、撒切尔和约翰·保罗二世一样，他能上升到权力的顶端本来也是令人难以预料的，不过至少他的表演技能是经过专业训练的。在冷战甚至第二次世界大战之前，他已经拥有了作为电影演员的声望，这使他在

217

步入政坛时能够领先一步，也使得他的对手，有时甚至是他的朋友低估了他。但那无疑是一个严重的错误，因为里根正是这个国家多年来所需要的那种精明的政治家和最敏锐的大战略家。[53]他的实力在于他对事务的观察能够由繁及简。并且他所看到的很简单：因为缓和政策使得并且意在使冷战长久延续，所以只有废除缓和政策才能终结冷战。

凭借信念、担忧和自信，里根攀登到了这个职位。他的信念在于坚信民主和资本主义将战胜共产主义，他在 1975 年预言，这种"昙花一现的非正常的思想终究会有一天从地球上消失，因为它违背了人类的本性"。[54]他的担忧在于在预言变为现实之前，人类会在一场核战争中毁灭殆尽。"我们生活在这样一个世界，"他在 1976 年警告道，"超级大国们把……对方可怕的毁灭性导弹作为打击目标……这些导弹能在几分钟之内到达对方领土并且几乎完全摧毁我们居住的文明世界。"[55]接下来，无论是共产主义还是核武器，都将难以为继；而正是缓和政策确保了这些悲剧的发生。"我不清楚你们的想法，"他在 1977 年对电台听众说，"但是我不会因为可能失去缓和，就抓耳挠腮地惊慌不已。"[56]正是这种扬扬得意的自信推动了他在 1980 年 11 月以压倒性的胜利击败了卡特，使他因此登上权力的巅峰，与同时代的其他伟大领导人和其他伟大的演员并肩同列。

还有另一位，他恰巧也是波兰人，直至几个月前还是名不见经传。这个矮胖的、长着大胡子且举止酷似查理·卓别林（Charlie Chaplin）的男人，目睹了 1970 年格但斯克造船厂的枪杀事件，并且在 1976 年因试图组织工人反抗而被解雇。而现在，抗议活动在 1980 年 8 月 24 日再次兴起，造船厂负责人正在竭力安抚愤怒的人群。莱赫·瓦文萨（Lech Walesa）爬上了身后的一个梯子，拍了拍负责人肩膀说道："还记得我吗？"两星期之后，在匆忙集合了他的那些挖掘机、卡车驾驶员以及造船厂门口的支持者后，瓦文萨宣布，马列主义世界中有史以来第一个独立的自治工会成立了。他在共同签署波兰独立自主工会宪章时所使用的钢笔刻着约翰·保罗二世的肖像。而这位罗马主教也悄无声息、明确无误地让世人知道，他赞成这种做法。[57]

这是一个多种潮流汇集的时刻：尽管几个世纪以来强大的邻邦试图扼杀它，但这种独特的波兰人的认同仍然存留了下来；历经几十年的战争、革命和占领，教会成功地维护了自主权；国家没有能力执掌二战后的经济，这反过来使执政党的意识形态丧失了可信性。但是，潮流几乎从不会自动会聚，需要领导人使它们这么做。来自克拉科夫的演员－神父和来自格但斯克的演员发挥各自的长处相映生辉，而要把他们两个从舞台上除掉的计划很快被制定了出来。

这名特工是莫梅特·阿里·阿加（Mehmet Ali Agca），一个年轻的土耳其人，很可能是他在1981年1月到罗马策划暗杀瓦文萨，也是他于1981年5月13日在圣彼得广场开枪并差点儿杀死教皇。阿加与保加利亚情报机构保持着紧密联络的事实很快被弄清楚了。尽管难以表明苏联参与暗杀的谋划，但很难让人信服的是，如果没有莫斯科的首肯，保加利亚人自己会开展一项如此重大的行动。意大利政府检察官的正式报告强烈地暗示了这一点："在某个秘密背后隐藏着秘密的地方，一些大国的政治人物……铭记着东欧阵营的需要，决定有必要杀死教皇沃伊蒂瓦。"这位教皇的传记作家写得更为直白："最简单且最令人信服的答案……就是苏联在这件事中并非清白的无辜者。"[58]

约翰·保罗二世恢复了健康,将他的生还归功于神的恩典。但是波兰独立自主工会发现其生存面临日益严峻的风险,因为克里姆林宫领导人担心任何共产主义政府会与他人分享权力,于是向波兰当权者施加压力,要求镇压波兰独立自主工会。"我们的朋友听取、同意我们的建议,但是毫无作为,"勃列日涅夫恼怒道,"而反革命活动正在各条阵线上推进。"这种势头甚至影响了苏联自身:在波兰发生的事情"正在我国西部各州……产生影响",克格勃首脑尤里·安德罗波夫警告说,"此外……格鲁吉亚的部分地区突然爆发了自发性示威运动,一些人高喊着反苏的口号……所以我们也必须在这里采取严厉的措施"。[59]

但是,除了警告波兰人并且镇压国内的异见分子外,人们根本不清楚苏联为应对波兰独立工会的挑战会采取什么措施。里根的当选确保了这样一点,即对波兰的任何占领,都将引发美国政府做出比卡特时期对苏联入侵阿富汗所做的更为激烈的回应;与此同时,红军在阿富汗陷入困境,军费开支和人员伤亡巨大,难以抽身。苏联经济已经难以承受支援东欧的压力,但如果苏联对波兰采取军事行动,则西方会对东欧施以更严厉的经济制裁,这就迫使苏联不得不对东欧施以经济援助。

此外,波兰的情况与 1968 年捷克斯洛伐克的情况不同。阿纳托利·格里布科夫 (Anatoly Gribkov) 将军回忆,他曾向上级警示道:

> 在捷克斯洛伐克,事件最初发生在权力的最高层。在波兰,情况相反,是人民起来造反,全都不再相信这个国

家的政府和波兰统一工人党的领导层……波兰军队已经做好战斗准备且热爱祖国。他们不会向自己的人民开火。[60]

到 1981 年 12 月，政治局决定不进行干预。"即便是波兰倒向'独立自主工会'的统治，那这就是它的命运，"安德罗波夫告诉他的同志们，"如果资本主义国家向苏联发动突然袭击……那才是我们巨大的负担。我们必须首先关注我们自己的国家。"克里姆林宫的首席意识形态专家米哈伊尔·苏斯洛夫（Mikhail Suslov）表示赞同："如果让军队介入，那就意味着一场灾难。我想我们在这个问题上形成了一致的见解，根本不应该考虑派出军队。"[61]

从两个方面而言，这是一个非凡的决定。首先，它意味着勃列日涅夫主义的结束，以及像 1956 年在匈牙利和 1953 年在东德那样，苏联使用武力以保存自己在东欧势力范围的意愿结束了。但是，它还承认了这一事实，即世界上这个最有实力的马列主义国家不再代表其边境之外的无产阶级，因为在波兰，至少工人们自己已经抛弃了那种意识形态。如果这些结论在当时就已经被人们明白，那么 1989 年的苏联解体可能早在 8 年前就发生了。

但是，这些结论并不为人们所知：在一次极其偶然的成功的戏剧性事件中，政治局使新的波兰领导人沃依切赫·雅鲁泽尔斯基（Wojciech Jaruzelski）将军相信，苏联即将进行干预。他急切地要避免这种结局的发生，于是在 1981 年 12 月 13 日清晨极不情愿地下达了戒严令，关押了独立自主工会的组织者，并且突然终止了工厂中开展的给予工人们以自治权的试验。那位永远的演员——莱赫·瓦文萨已经让他的追随者们做好了发生这种事件的准备。"这是你们失败的时刻，"他对前来逮捕他

222

的人说，"这是共产主义灵柩上最后的钉子。"[62]

# 六

1981 年 3 月 30 日，就在有人试图夺取教皇性命的六个星期之前，里根险些在另一场有预谋的枪击事件中遇害。苏联与这次袭击毫无瓜葛：这不过是一个疯狂的年轻人约翰·欣克利（John W. Hinckley）为了吸引他的偶像女电影明星朱迪·福斯特（Judie Foster）的注意而采取的行动。这场致命性的行动背后所隐藏的荒谬的动机表明了个人在历史上的重要性和脆弱性，因为如果里根的副总统乔治·H. W. 布什（George H. W. Bush）在这时接替他出任总统，那么里根的总统任期就只能成为历史的一个注脚，美国也不可能对冷战现状做出任何挑战。布什与和他同一时期的大多数对外政策专家一样，认为冲突是国际关系中一个永恒的特点。而里根则如同瓦文萨、撒切尔、邓小平和约翰·保罗二世，绝不落窠臼。[63]

他与他们有着共同之处，相信可以用语言的力量、思想的潜在影响力和戏剧性事件来打破传统观念的束缚。他认为冷战本身已经成为一种习惯：太多地方有太多的人屈从于相信它将永远延续下去。他试图通过利用苏联的弱点、展示西方的实力，以打破这种他认为在很大程度上是心理上的僵局。他偏爱的武器是公开演说。

第一个事例发生在 1981 年 5 月 17 日，在与死亡擦肩而过仅仅一个半月之后，里根来到了圣母大学（Notre Dame University）。五天前，教皇遇刺负伤，所以这本来可以成为一次沉痛反思人类生活的不稳定性的机会。但相反，本着约翰·保罗二世的"莫畏惧"的精神，康复良好的总统向他的听众保证：
"由于自由的进程和文明的传播，未来几年将是这个国家最辉
煌的岁月。"他接着做出了一个大胆的预言，对于那些漫不经
心的听众而言，最打动人心的是他表示：

> 西方不再遏制共产主义，它将超越共产主义。它不想……
> 谴责它，它不再去理会它，而是视它为人类历史上一个怪诞的
> 篇章，并且它最后的几页行将被书写完毕。

多年来，对于已经听惯了高层不断宣称需要学会与苏联这个竞
争性超级大国共存的人们来说，这是一种全新的基调。现在，
里根强调的是苏联实力的昙花一现，是西方必将看到它的
灭亡。[64]

1982 年 6 月 8 日，这位总统在一个更富戏剧性的场合进一
步强调了这个主题。这一次是在威斯特敏斯特（Westminster）
对英国议会的演讲，首相撒切尔也出席了。里根从谈论波兰开
始，他称这个国家曾经"为（欧洲）文明做出巨大的贡献"，
并且将继续做出贡献，"坚定地不向压迫妥协"。他接着效仿丘
吉尔在 1946 年发表的"铁幕"演说，提醒他的听众：

> 从波罗的海的什切青（Stettin）到黑海边的瓦尔纳
> （Varna），极权主义培植的政权曾经拥有 30 多年的时间来
> 建立自己的合法性。但是都没有、没有一个政权能够冒险
> 实行自由选举。用刺刀培植的政权无法生根。

里根承认道：卡尔·马克思是正确的，"今天我们正在见证一
场伟大的革命性危机……经济秩序的需求与政治秩序的需求发
生了直接冲突"。但是，这场危机并没有发生在资本主义的西

224

方，而是发生在苏联——一个"通过否定人的自由和人的尊严
以抗拒历史潮流"，同时又"难以养活自己的人民"的国家。
莫斯科的核力量难以使它回避这样的事实："任何无法以和平
方式使其领导人具有合法性的体制，在本质上是不稳定的。"
接着，里根有针对性地转述列夫·托洛茨基的话，总结道：
"自由和民主的长征……将会使马克思－列宁主义湮没于历史
的尘埃。"[65]

　　没有比这经过精心策划的演讲更好地给苏联领导人的焦躁
之情火上浇油了。戒严令尽管给波兰的改革扣上了一个盖子，
但这么做只能激起那里和东欧其他地方人们的愤恨之情。阿富
汗已经变为一个血腥的僵局。原油价格大幅跌落，苏联经济变
得蹒跚难行。而苏联执政者们自身的状况是它境遇的最好写照：
勃列日涅夫病入膏肓，终于在 1982 年 11 月寿终正寝，而他的
继任者安德罗波夫也已经肾疾缠身，在一年半之后因病去世。
尽管里根比勃列日涅夫年轻五岁、比安德罗波夫年长三岁，但
他精力充沛，与后两者相比差距悬殊。

　　接下来，里根开始运用宗教。"世界上存在罪孽和邪恶，"
他在 1983 年 3 月，用教皇一贯使用的言语提醒全国福音派协会
（National Association of Evangelicals），"而享有《圣经》和主耶
稣的我们，将以全力来抵制它们。"只要共产党"宣扬国家至
上，宣称它对个人拥有无限权威，并且预言它最终将统治地球
上的所有人，它们就是现代世界的邪恶核心"。因此：

　　　　我竭力主张你们大胆反对那些将美国置于军事和道德
　　的下等地位的人……我竭力主张你们警惕自满的引诱——
　　轻率地宣称自己超越了它和认为双方都有同样错误的诱惑，
　　忽视历史事实和邪恶帝国的侵略性动力。

里根在后来承认，他选择这些语句"是有预谋的……我认为它发挥了作用"。[66]"邪恶帝国"的演说完成了一场话语上的反击，旨在揭露里根所谓的缓和政策的核心错误：他认为在二战后的国际体系中，苏联已经获得了与美国以及其他西方民主国家同等的地缘政治、意识形态、经济和道德合法性。

但是，这场猛攻并不仅仅局限于言语。里根加快了卡特任期已开始的美国军事开支增加的步伐：到 1985 年，五角大楼的支出预算比 1980 年增长了一倍。[67]他无意恢复第二轮战略武器限制谈判，而是提出开展战略武器削减谈判（START，Strategic Arms Reduction Talks），美国国内的批评家和俄国人嘲笑这是一种完全扼杀军控过程的行为。当里根提出如果苏联拆除它部署的所有 SS–20 导弹，美国便不会部署潘兴 II 型和巡航导弹时，这些人做出了同样的反应。当莫斯科轻蔑地拒绝了这一"零选择"的方案后，尽管美国出现了大范围的冻结核武器运动，西欧出现了激烈的反对核武器的抗议运动，但美国仍毅然决然地部署了新式北约导弹。

里根最为重要的行动发生在 1983 年 3 月 23 日，他拒绝接受"相互确保摧毁"的战略观念，这一表态让克里姆林宫、大部分美国军控专家以及他的许多顾问都十分吃惊。他从来不认为这个战略有什么意义：它就像两个西部老枪手"站在小酒馆里用枪指着对方的脑袋并一直僵持下去一样"。当得知美国对来袭导弹根本没有任何防御措施并且在威慑战略的奇怪逻辑中这算是一件好事时，他深感震惊。[68]因此他在一次全国性的电视演讲中问道："如果……我们能够在战略性弹道导弹到达我们或我们盟友的领土之前就进行拦截并将其摧毁，怎么样？"这是一个类似"皇帝的新装"的问题，在过去的二十多年里，华

226

盛顿中没有任何一个身居要职的人敢于提出。

原因在于，稳定在美苏关系中超越其他而备受珍视。若要建造针对进攻性武器的防御设施，那么人们就会质疑说，这么做会破坏威慑战略赖以维系的微妙的平衡。如果人们从静止不变的角度去理解，这是有道理的——如果人们认为核平衡定义了冷战并且将毫无疑问地继续下去的话。但里根是以一种革命性的视角来思考这个问题的。他认为苏联已经失去了意识形态上的号召力，它正在失去曾经拥有的经济实力，并且它作为超级大国的生存问题已不再被视为理所当然。在里根看来，这些因素就使得稳定成为一种过时的甚至不道德的优先事项。如果苏联正在瓦解，那么如何证明把东欧人民抵为"勃列日涅夫主义"的人质是合理的？或者，继续让美国人充当同样令人厌恶的"相互确保摧毁"战略观念的人质是可行的？为什么不加速苏联解体的进程呢？

这就是星球大战计划（Strategic Defense Initiative）的意图所在。它是一种对所谓脆弱性可以保障安全的说法的挑战。它对 1972 年《反弹道导弹条约》表示怀疑，而后者是第一轮战略武器限制谈判的核心部分。它利用了苏联在计算机技术方面的落后，苏联人清楚在这个领域中他们无法与美国匹敌。并且它以能够降低核战争的风险的说法来粉饰这个项目，从而削弱了和平运动的声势：里根坚称，星球大战计划的最终目的不是冻结核武器，而是宣布它们是"无效的和过时的"。[69]

最后一个话题反映了里根的另一个特点，这也是当时绝大多数人所忽略的：他是有史以来唯一一名成为美国总统的废核主义者。他对此毫不隐瞒，但是作为一名右翼共和党的反共且具有军事性的行政长官，同时也是一名反核武器的积极

人士，这种可能性挑战了人们头脑中老套的印象，几乎没有任 227
何人注意到里根在"邪恶帝国"演说中反复重申的许诺："保
持美国的强大和自由，同时我们通过谈判真正地、可证实地削
减世界核武库，并在未来某一天，在上帝的帮助下，将它们全
部销毁。"[70]

里根坚定地执着于星球大战计划，它不是一项要在未来谈
判中被放弃的讨价还价的筹码。但这并不排除可以用它来虚张
声势：尽管美国已多年甚至是几十年没有染指发展导弹防御能
力的计划，但是里根的演说使犹如惊弓之鸟的苏联领导人相信，
美国的确会这么做。多勃雷宁回忆道，他们相信"美国的科技
潜力已经再次占据上风，并且视里根的表态为一种真实的威
胁"。[71]为了在进攻型导弹上赶上美国，他们的国家已经筋疲力
尽；而现在突然之间，他们又要面临一轮新的竞赛，并且这场
竞赛所需要的技术却是他们根本无望掌握的。而美国人似乎镇
定自若。

克里姆林宫的反应几近恐慌。仍然担任克格勃首领的安德
罗波夫推断，华盛顿的新政府可能正在对苏联设计一场突然袭
击。"里根高深莫测，"他警告说，"你们应当做好他出任何招
数的准备。"[72]接下来，他下达了一个为期两年的情报警告，命
令安插在全世界的特工搜罗有关这种迹象的证据。[73]当1983年9
月1日一架韩国飞机突然意外闯入苏联库页岛上方领空时，气
氛变得骤然紧张，莫斯科军方做出了最坏的推测并下令将其击
落，结果造成包括63名美国人在内的269名平民死亡。安德罗
波夫不愿承认这是指挥失误，坚称这一事件是"由美国特勤部
门精心组织策划的挑衅"。[74]

不久之后，更可怕的事件吸引了公众的注意。多年以来，

228

美国及其北约盟友一直在秋季开展例行性的军事演习，但是在
1983 年 11 月开展的代号为"能干的弓箭手 83"（Able Archer
83）的演习中，有比以往更高层级的领导人参加。苏联情报机
构密切关注着此次演习的运作，他们的报告使安德罗波夫及其
高级助手们简单地断定一场针对苏联的核进攻已迫在眉睫。这
或许是自古巴导弹危机以来最危险的时刻，而华盛顿却对此毫
不知情，直到一个安插在苏联克格勃驻伦敦总部的间谍向英国
情报部门发出了警告，后者才最终将信息传递给了美国人。[75]

　　这当然引起了里根的关注。很久以来，这位总统就对爆发
核战争的危险忧心忡忡，并早已着手悄悄地与苏联官员开展一
系列接触以缓解紧张关系，尽管这些接触大多是单方面的。这
场"能干的弓箭手"危机使他确信，他给俄国人施加的压力已
经足够大，是时候进行另一场演讲了。机会出现在 1984 年 1 月
16 日，奥威尔笔下关键的一年之始，但是老大哥（Big Brother）
还看不到未来的发展趋势。不料，在演讲稿中他可以草拟的部
分，里根建议道，要将美苏关系交给让人能放心的吉姆（Jim）、
萨利（Sally）、伊万（Ivan）和安雅（Anya）。后来，一位白宫
职员吃惊地看着这份手写草稿的附录大声惊呼："谁写的这烂
东西？"[76]

　　这位老演员再次把握了良机。安德罗波夫在第二个月去世，
由康斯坦丁·契尔年科（Konstantin Chernenko）接任，这个僵
尸般衰弱无力的老人，难以对情报做出评估或发出警告。既然
没能阻止北约部署导弹，外交部长葛罗米柯很快极不情愿地同
意与美国重新恢复军控谈判。与此同时，既是鹰派又是鸽派的
里根正在竞选争取连任，他在 11 月打败了民主党对手沃尔特·
蒙代尔（Walter Mondale）。当 74 岁的契尔年科在 1985 年 3 月

去世时，里根对"最后几页"和历史"尘埃"的预言似乎全部得到了验证。这位当时已经 74 岁的总统准备好了另一行演说词："如果俄国人接连不断地死在我面前，我该怎么和他们取得任何进展呢？"[77]

## 七

"我们不能再这样生活。"米哈伊尔·戈尔巴乔夫回忆，在他 54 岁被政治局任命接替契尔年科出任苏联共产党总书记的前一天晚上，他曾对妻子赖莎（Raisa）如是说。[78]不仅对于戈尔巴乔夫，甚至对于那些推选他的奄奄一息的年迈领导人来说都是一个显而易见的事实是：克里姆林宫不能再像个敬老院了。自斯大林之后，还没有人如此年轻就能攀登到苏联领导层的最高峰。自列宁之后，还没有一个接受过大学教育的苏联领导人。并且，从来没有一个人如此开放地看待自己国家的缺点，或如此坦率地承认马克思－列宁主义意识形态的失败。

戈尔巴乔夫接受的教育是成为一名律师，而非演员，但是他像里根一样明白该如何利用人格魅力。代表美国出席契尔年科葬礼的副总统布什从苏联回来后报告说，戈尔巴乔夫"有着亲切的笑容，让人感到温暖的眼睛，和一种让人愉悦的交流方式，他若说出让人不快的观点，那么会紧接着同对话者建立起一种真正的沟通"。国务卿乔治·舒尔茨（George Shultz）也一同出席了葬礼，描述他为："与我所见过的任何一个苏联领导人都完全不同。"里根自己也在 1985 年的日内瓦峰会上与戈尔巴乔夫会面，他发现"他的脸和说话的仪态都洋溢着热情，而不是我在当时所见过的大多数充满敌意的苏联高级领导人身上

229

流露出的冷酷"。[79]

自从冷战开始以来，苏联第一次拥有了这样一位统治者，他看上去并不邪恶、粗鲁、冷漠、老态龙钟或危险。戈尔巴乔夫"有才智、受过良好的教育、精力充沛、诚实、富有思想和想象力"，他的一位亲密的顾问安纳托利·切尔亚耶夫（Anatoly Chernyaev）在私人日记中如是写道。"神话与禁忌（包括意识形态的那种）都与他无关。他可以把它们全部打碎。"当一位苏联公民于 1987 年初在信中祝贺他已经取代了一个"石面狮身人面像"的政权时，戈尔巴乔夫骄傲地公开了这封信。[80]

但是，能够替代神话、禁忌和狮身人面像的将是什么，这个问题仍不清楚。戈尔巴乔夫清楚，苏联不能继续走它现在的老路，但是与约翰·保罗二世、邓小平、撒切尔、里根和瓦文萨不同，他不知道新的道路应该是什么。他一度精力旺盛、坚决果断且无所适从：他花费了巨大的精力打破现状，却无法指明如何将它们重新组合。结果，他允许让外界以及更富远见的同辈人所持有的更坚定的看法来决定他自己的首要之务。在这个意义上，他类似于伍迪·艾伦（Woody Allen）的电影《西力传》（Zelig）中的同名英雄，主人公参与了他那个时代所有重大的事件，但只是扮成他身边那些不同身份的有很强个性的人，甚至是模仿他们的外表。[81]

戈尔巴乔夫的可塑性在同里根打交道中表现得淋漓尽致。里根一直坚称，如果他能够同苏联领导人进行面对面的会谈，便能够使他们明白自己的意思。但这对于勃列日涅夫、安德罗波夫或契尔年科而言都没有可能实现，这使得里根热切地希望在戈尔巴乔夫身上尝试一番。这位新的克里姆林宫老板，带着怀疑的心态，精神抖擞地来到日内瓦；他声称，总统试图"利用军备竞赛……来削弱苏联……但是我们能同任何挑战进行较量，尽管你们可能不这么认为"。里根回答说："我们更倾向于坐下来谈，并且废除核武器，连同它们一起被除掉的还有战争的威胁。"星球大战计划可以使这成为可能，美国甚至愿意与苏联分享这种技术。里根情绪激昂，戈尔巴乔夫抗议道：星球大战计划只是"一个人的梦想"。里根反驳道：为什么"寻求发展这种针对可怕的威胁的防御系统，竟会令人如此恐惧呢"。[82] 峰会无果而终。

但是两个月后，戈尔巴乔夫公开提议，美国和苏联共同承诺到 2000 年前使世界摆脱核武器。犬儒主义者认为这是在试探里根是否真心实意，但是切尔亚耶夫觉察到了一个更深刻的动机。他断定，戈尔巴乔夫"的确决定，无论如何都要结束军备竞赛。他之所以甘冒这个'风险'，是因为他明白这根本没有风险——因为没有人会攻击我们，即便我们完全解除武装"。[83] 两年前，安德罗波夫还认为里根有能力发动一场突然袭击。而现在，戈尔巴乔夫自信美国永远不会这么做。里根的立场并没有改变：他总是对苏联领导人说"相信我"。[84] 在同里根会面后，戈尔巴乔夫开始这么做。

尽管如此，一场核危机还是发生了——不是因为战争，而是源自 1986 年 4 月 26 日切尔诺贝利（Chernobly）核电站的一场爆炸。这一事件也改变了戈尔巴乔夫。它表明"我们体制的弊病……封锁或掩盖事故真相和其他坏消息、不负责任和麻痹大意、工作草率马虎、酗酒误事"。他严厉地责备政治局，几十年来，"科学家、专家和部长们一直告诉我们一切都安全……你们认为我们把你们当神来供奉。但是现在我们却遭此惨败"。所

以，苏联自身内部要实行公开化（glasnost）和政治经济改革
（perestroika）。"切尔诺贝利，"戈尔巴乔夫承认，"使我和我的
同事们重新思考了很多事情。"[85]

里根-戈尔巴乔夫的下一次峰会于第二年10月在冰岛首都
雷克雅未克举行，它显示出这种重新思考已经走得有多远。戈
尔巴乔夫放弃了早先苏联方面的反对意见，接受了里根"零选
择"的方案，即主张销毁部署在欧洲的全部中程核导弹。他接
着提出将苏联和美国的战略武库分别削减50%，作为回报，美
国需同意在未来十年遵守《反弹道导弹条约》，同时将星球大
战计划限于仅在实验室进行测试。里根毫不犹豫地表示，他愿
意在规定期限内逐渐废除所有洲际弹道导弹，并且重申愿与苏
联分享星球大战计划。但戈尔巴乔夫仍持怀疑态度，这使得里
根感到疑惑，人们怎么会反对这种"针对并不存在的武器部署
的防御系统"呢？接着，这位总统提议，他和戈尔巴乔夫约定
在1996年重返雷克雅未克：

232
> 他和戈尔巴乔夫将回到冰岛，并且每人带着各自国家
> 的最后一枚核导弹。接着，他们将向全世界呈上一场精彩
> 的聚会……总统……到那时会变得很老了，戈尔巴乔夫甚
> 至认不出他。总统会说："嗨，米哈伊尔。"而戈尔巴乔夫
> 则应道："罗，是你吗？"然后，他们将摧毁这最后的
> 导弹。

这是里根最精彩的表演之一，但是戈尔巴乔夫此刻仍然不为所
动：美国必须放弃发展星球大战计划的权利。而这对里根来说
是无法接受的，他于是气愤地结束了峰会。[86]

尽管如此，两个人很快意识到了已经发生的事情的重要性：

他们的助手和盟友们惊奇地发现，美国和苏联的领导人意识到他们有着共同的利益，如果这种共同利益不在于星球大战的技术，那么至少是在销毁核武器的原则上。这么做的道理是里根提出的，但是戈尔巴乔夫后来表示接受。他在记者招待会上说：雷克雅未克并不是一次失败，"它是一次突破，使得我们第一次看到了地平线"。[87]

他们两人从未正式同意在他们任职期间销毁核武器，也没有正式认可建立导弹防御的现实性。但是在 1987 年 12 月于华盛顿举行的第三次峰会上，他们的确签署了一份条约，提出拆除部署在欧洲的所有中程核导弹。"信任，但要核查"（Dovorey no provorey），里根在签署仪式上如是坚称，这句话似乎穷尽了他的俄语知识。"你在每次会谈中都重复这句话。"戈尔巴乔夫笑着说道。"我喜欢它。"里根毫不掩饰地承认。[88]不久之后，苏联和美国观察家们都见证了这些事件，即几年前曾经使冷战重新变得紧张的 SS - 20 导弹、潘兴 II 型导弹和巡航导弹真的被拆除了——它们像纪念品一样被一部分一部分地打包。[89]如果不是绝对的"无用"，某些种类的核武器已经无疑变得完全"过时"。是里根而不是其他任何人，使之成为可能。

戈尔巴乔夫的敏感性还表现在经济方面。就任领导职位前到外国旅行的经历使他认识到，"那里的人民……过得比我们国家的好很多"。似乎"我们年迈的领导人们不那么担心我们无可否认的低下的生活水平，我们令人不满的生活方式，以及我们在先进科技领域的落后"。[90]但是他并不清楚对此应该做些什么。所以，国务卿舒尔茨——这位前斯坦福大学经济学教授，当仁不让地要对这位新任苏联领导人教育一番。

早在 1985 年，舒尔茨就已经开始给戈尔巴乔夫讲解为何一个封闭的社会不可能成为一个繁荣的社会："人民必须能够自由表达自己，按自己的意愿到处流动、迁移和旅行……否则，他们就无法利用可以利用的机会。苏联的经济必须进行剧烈的改革以适应这个新的时代。""应当由你来莫斯科掌管计划办公室，"戈尔巴乔夫开玩笑说，"因为你的点子比他们多。"在某种程度上来说，这的确是后来舒尔茨所做的。在接下来的几年中，他利用去莫斯科的机会给戈尔巴乔夫和他的顾问们当起了辅导员，甚至带着圆形分格统计图来到克里姆林宫以说明他的论点，即只要继续实行计划经济，苏联就会越来越落后于发达世界。[91]

　　出人意料的是，戈尔巴乔夫很愿意接受他的观点。在他1987 年的著作《改革与新思维》（*Perestroika*）中，他回应了舒尔茨的思想。"经济如何能发展，"他问道，"如果它为落后的企业提供了优惠的条件，却对最先进的企业予以处罚?"[92]当里根在 1988 年 5 月访问苏联时，戈尔巴乔夫安排他在莫斯科国立大学进行了一场关于资本主义市场的优点的演说。站在一座巨大的列宁头像下，总统谈起了电脑芯片、摇滚明星、电影和"手无寸铁的真理所具有的不可抗拒的力量"。学生们向他回以了热烈的掌声。[93]不久，戈尔巴乔夫向里根的继任者乔治·H. W. 布什重复着他所学到的："不论我们是否喜欢，我们必须应对一个统一的、一体化的欧洲经济……无论我们是否希望，日本是世界政治的又一个中心……中国……是（另一个）巨大的现实……我重申，所有这些都是世界力量重组过程中发生的典型的重大事件。"[94]

　　但是，这大部分不过是冠冕堂皇的言辞：戈尔巴乔夫从来没有像邓小平所做的那样，心甘情愿地直接倒向市场经济。他

在 1988 年底提醒政治局说，富兰克林·罗斯福曾经通过"借用
社会主义的计划、国家管理以及……更多的社会公平的原则"
来挽救美国的资本主义。这意味着戈尔巴乔夫可以借用资本主
义的方法来挽救社会主义，只是还不确定该如何去做。"被反
复重申的关于'社会主义价值观'和'十月纯净思想'的咒
语，"数月之后切尔亚耶夫观察到，"在那些世故的听众中激起
了一种具有讽刺意味的反应……他们觉察到在这些（口号）背
后空洞无物。"[95]苏联解体之后，戈尔巴乔夫承认了自己的失败。
"社会主义的阿喀琉斯之踵就是，它无法将社会主义的目标与
为高效劳动力提供激励并鼓励个人的创造性相联系。实践表明，
市场提供了这些最好的激励。"[96]

　　但是，里根和他的顾问们试图教给戈尔巴乔夫一堂他并不
需要学习的课程：其内容有关维持一个不受欢迎的、过分扩张
的和落伍的帝国遇到的困难。从卡特执政的最后一年，美国就
开始向在东欧、阿富汗、中美洲和其他地方抵制苏联影响的各
种势力提供秘密的、有时公开的援助。到 1985 年，在华盛顿已
经出现这样一种说法——"里根主义"（Reagan Doctrine）：这
场运动要使民族主义力量转向与苏联抗衡，它的理由是苏联在
勃列日涅夫主义的指导下已经变成最差劲的帝国主义大国。戈
尔巴乔夫的出现增加了这种可能性：使一位克里姆林宫领导人
自己相信，"邪恶帝国"正在解体，而这也正是在接下来几年
中里根努力要做的事情。他的手段包括安静地劝说、持续不断
地支援反苏抵抗运动和一如往常地发表激动人心的演说。其中
最为精彩绝伦的是 1987 年 6 月 12 日在勃兰登堡门（Branden-
burg Gate）的演说，总统那时没有听从国务院的建议，高声提
出："戈尔巴乔夫先生，推倒这面墙！"[97]

235

里根的表演又一次没有达到预期的效果：莫斯科的反应是一种出乎意料的谨慎。尽管这场演说挑战了苏联在欧洲权威的最显著的标志——柏林墙，但为筹备《美苏消除两国中程和中短程核武器条约》（the Intermediate – Range Nuclear Forces Treaty）和当年晚些时间召开的华盛顿峰会的工作仍继续进行着。其中的原因现在已经清楚，这是因为当政治局在 6 年前做出反对入侵波兰的决定时，勃列日涅夫主义已经寿终正寝了。从那时起，克里姆林宫领导人依靠威胁使用武力来维持他们对东欧的控制，但是他们清楚他们不会真的动武。戈尔巴乔夫很明白这一点，并且试图在 1985 年向他的华约盟友们示意，他们要靠自己的力量："我感到他们根本没有把它认真当回事。"[98] 所以他开始更公开地表示了这一点。

人们可以总是"镇压、强制、贿赂、破坏或进攻"，他在自己《改革与新思维》一书中写道："但那只能在某一个时期。从长远的角度来看，在一流的政治中，没有任何人能够屈从于他人的淫威……让每个人自己做出选择，并且让我们都尊重这一选择。"[99] 接下来的决定是开始从阿富汗撤出苏联军队，并且削减对第三世界其他马克思主义政权的支持。但东欧是另外一回事：在华盛顿和被冷战分隔于两个阵营的欧洲各首府，普遍的看法是苏联绝不会主动放弃它在这里的势力范围。"苏联在这里的丝毫让步，"一位西方分析家在 1987 年评论道，"将不仅削弱共产主义意识形态的诉求……贬低苏联作为一个自信的全球性大国的身份，还将严重破坏苏联内部的共识并且损害这个体系自身的国内安全。"[100]

236 　但对于戈尔巴乔夫来说，任何出于道德的和对现实的考虑，通过使用武力维持控制不愿受摆布的人民的做法，都会因肆意挥霍资源、败坏意识形态的声誉、抵御席卷全世界的不可抗拒的民主化力量而贬低苏联的体制。所以，他仿照里根的把戏，亲自做了一场激动人心的演说：1988 年 12 月 7 日，他对联合国大会宣布，苏联将单方面削减 50 万派驻华约的地面部队。"显然，"他强调，"武力和武力威胁都不能成为对外政策的工具……选择的自由是……一个普遍的原则，别无例外。"[101]

这次演讲给人们"留下了深刻的印象，"戈尔巴乔夫回到莫斯科后，对政治局吹嘘说："它为（人们）理解我们的政策和完整的苏联打造了一种完全不同的背景。"[102]在这一点上，他是对的。在里根即将卸任之时，一切在突然之间豁然明了，"里根主义"一直在推撞着一扇开启的大门。但是戈尔巴乔夫也很明确，对于东欧人民和政府，这扇大门现在也已经打开了。

# 第七章　希望的胜利

以那些自负的知识分子发明的抽象思想的名义，法国大革命是一场推翻一种传统秩序——当然它有着许多弊端——的乌托邦式的努力，然而因其脆弱、邪恶，随着时间的流逝，必然地变成了清洗迫害、大屠杀和战争。它在许多方面都预言了那场更可怕的 1917 年布尔什维克革命的爆发。

——玛格丽特·撒切尔[1]

或许最终起决定性的因素……是阿历克西·德·托克维尔（Alexis de Tocqueville）在一个多世纪以前所描述的革命形势的性质：统治精英丧失了对其自身统治权力的信仰。几个年轻人走上街头，高呼一些口号。警察殴打了他们。年轻人说：你们没有权力打我们！而事实上，至高无上的统治者们回答说：是的，我们没有权利殴打你们。我们没有权利以武力来维持我们的统治。目的不再证明手段的合理。

——蒂莫西·加顿·阿什[2]

1989 年，法国大革命爆发 200 周年。大革命扫除了旧制度（ancient régime）及认为政府可以将权威建立在世袭合法性之上
的旧思想。甚至在举行 200 周年庆祝的同时，东欧的另一场革命正在扫除一种较新的思想：政府可以将权威建立在一种声称掌握了历史发展方向的意识形态之上。这似乎是某种迟到的正

义，因为 1989 年东欧所发生的事本应该在 1917 年的俄国发生：
马克思和列宁曾经承诺，工人和知识分子的自发起义将会在全
世界建立一个没有阶级的社会。但是这场布尔什维克革命并非
自发，并且在此后的 70 年中，它信奉的那种意识形态所建立
的，只是他们自称为人民民主的独裁。因此，进行这样的比较
似乎是合理的，即 1989 年的东欧革命摒弃了马克思 - 列宁主
义，它比两个世纪之前法国大革命推翻神圣王权更为坚定。

　　尽管如此，如同 1789 年革命，1989 年的东欧剧变出乎每
一个人的意料。历史学家当然可以在尘埃落定后回顾往昔并条
分缕析其中的原因：对二战和平协议中的临时性划分变成战后
时代永久性分割的沮丧失望；对造成这种僵局的核武器的恐惧；
对中央管制的计划经济未能提高人民生活水平的不满；权力发
生了一种由本应拥有的强大向貌似无能的缓慢变化；做出道德
判断的独立标准意外出现。在感知到这些趋势后，这些 20 世纪
80 年代伟大的演员 - 领导者们找出了一些方法，使这些趋势发
生了戏剧性的变化，以至于冷战无须再继续。尽管如此，即便
是他们也没有预料到它的终结是如此之快，如此之决然。

　　在 1989 年初，还没有一个人看明白，苏联、它的帝国、它
的意识形态以及冷战自身都是将倾之际的沙堆。坍塌的最终发
生，不过是再多几粒细沙而已。[3] 而撒下这几粒细沙的人，并没
有领导着超级大国、大规模的运动或宗教；他们只是一些简简
单单首先看到、抓住并且无意中撞上机遇的普通人。就这样，
他们引发了一场无人能够阻止的大崩溃。他们的 "领导人" 束
手无策，只得顺从大势。

　　但是，一位独特的领导人采取了一种特殊的方式。他确保
这场伟大的 1989 年革命成为有史以来第一场没有流血的革命。

没有断头台、没有挂在长矛上的头颅、没有正式批准的大屠杀。
的确有人死亡，但较之于事件的规模和重要性，人数非常少。
就其目标与手段而言，这场革命是一次希望的胜利。它之所以
能够如此，主要在于米哈伊尔·戈尔巴乔夫选择了不采取行动，
而是被采取行动。

一

1989 年 1 月 20 日，乔治·赫伯特·沃克·布什就任美国总
统，这一年的开始非常平静。作为里根的副总统，布什曾目睹
戈尔巴乔夫的上台以及随后发生的事情，但是比起他的前任，
他并不那么确信这些事件具有的革命性的本质："当我们就职
的时候，我们预料到即将发生的事情了吗？不，我们没有，我
们也没有能力规划它。"[4] 这位新的行政首脑打算先停一停以重
新估计形势，于是下令花几个月来重新评估美苏关系。布伦
特·斯考克罗夫特（Brent Scowcroft），这位布什的国家安全顾
问，显得更为怀疑：

> 我很怀疑戈尔巴乔夫的动机并且对他的前途心存疑
> 虑……他试图以温柔来杀死我们……我的担心是，戈尔巴
> 乔夫要说服我们裁军，却不对苏联自身的军事架构采取任
> 何根本性的举措，这样在大约十年之后，我们就会面临一
> 种比以往更严峻的威胁。[5]

戈尔巴乔夫这一边，则小心翼翼地提防着布什政府。"这些人
在冷战岁月中被培育起来，并且仍然没有任何其他对外政策
的选择，"在布什就职前不久他对政治局如是说，"我认为，

240

他们仍然担心他们可能处于失败的一方。很难指望有大的进展。"[6]

布什和戈尔巴乔夫都并无太多预料，这说明他们对即将发生的事情没有太多的掌控。那些由约翰·保罗二世、邓小平、撒切尔、里根和戈尔巴乔夫在过去十年中精心造就的对现状的挑战，已经使现状变得缓和，那些难以预料的来自鲜为人知的领导人甚至无名小卒的攻击也都使它显得十分脆弱。科学家们称这种状况为"临界"状态：这个系统中某一部分发生的细微变化可以改变甚至摧毁整个系统。[7]他们还知道，预测这种崩溃在何时、何地、如何发生，或者其影响如何，都是不可能的。戈尔巴乔夫不是科学家，但他明白了这一点。"事件的发生瞬息万变……不能落于其后……处于领导地位的政党只能如此，别无他途。"[8]

这种居领导地位的政党奋力争夺不甘于后的模式最早出现在匈牙利，自从赫鲁晓夫镇压了1956年卡达尔·亚诺什政权的起义后，匈牙利缓慢、稳步而谨慎地在苏联阵营中获得了一定程度的自主权。到1985年戈尔巴乔夫执政时，匈牙利已经拥有东欧最发达的经济，并且开始实行政治自由的试验。年轻的改革者们迫使卡达尔在1988年退休，1989年初年轻的匈牙利总理米克罗斯·内梅特（Miklós Németh）在莫斯科拜访了戈尔巴乔夫。"每一个社会主义国家都在以其独特的方式发展，"内梅特提醒他的东道主，"并且他们的领导人首先对他们自己的人民负责。"戈尔巴乔夫并没有反对。他承认，1956年发生的抗议最初是"由于人民的不满"。之后它们"升级为反革命运动和流血冲突。这一点是不能被忽视的"。[9]

匈牙利人当然没有忽视戈尔巴乔夫的话。他们已经成立了

一个官方委员会重新评价 1956 年事件。它认定，这次反抗是
"一场针对使这个国家受辱的寡头政治权力体制的群众起义"。
戈尔巴乔夫并不反对这一调查结果，当这一点变得很清楚时，
布达佩斯当局批准举行一场正式认可这一结论的仪式：重新安
葬领导起义并最终被赫鲁晓夫下令处决的匈牙利总理伊姆雷·
纳吉。20 万匈牙利人参加了这场国葬，这是一个发生在 1989
年 6 月 16 日的激动人心的事件。同时，内梅特自行决定，采取
了一个更重要的步骤。他拒绝批准为继续维护设置在匈牙利和
奥地利边境的带刺铁丝网提供资金，1956 年事件发生后难民曾
试图越过铁丝网逃亡。随后，他以这种铁栅栏已经过时并且随
时可能发生危险为理由，下令士兵把它们全部拆除。东德人大
为惊恐，向莫斯科抗议，但是获得的回复令人吃惊："我们对
此无能为力。"[10]

　　自雅鲁泽尔斯基早前释放了瓦文萨并取消了戒严令以来，
让人同样未能预料到的进展发生在波兰。在 20 世纪 80 年代末，
这个政府就同仍然处于被官方禁止状态的波兰独立自主工会跳
起了一场微妙的舞蹈，它们二者各自寻求统治的合法性，但又
相互依赖。到 1989 年春，波兰经济再一次陷入危机。雅鲁泽尔
斯基试图解决这一难题，他再次承认了独立自主工会，并允许
它选派代表参加为成立一个新的两院制立法机关而进行的一场
"非对抗性"（non-confrontational）选举。瓦文萨不情愿地对
此表示了赞同，因为他预料选举过程中会出现舞弊的现象。但
出乎每个人意料的是，独立自主工会的候选人囊括了他们参与
角逐的下议院的所有席位，以及上议院中除一个席位之外的所
有席位。

　　6 月 4 号的选举结果是一场"巨大的、令人惊讶的胜利"，

一位独立自主工会的组织者评论道，瓦文萨发现他自己再一次奋力拼争，而这次的目的却是帮助挽救雅鲁泽尔斯基的颜面。"我有太多的谷物已经成熟，"他开玩笑说，"而我却无法将它们全部储藏到我的粮仓。"莫斯科的反应与十年前波兰独立自主工会刚刚兴起时的反应不同。"这件事完全应该由波兰决定。"戈尔巴乔夫的一位首席助手评论说。于是在 1989 年 8 月 24 日这一天，战后东欧第一个非共产党政权正式执政了。　242 这位新总理塔德乌什·马佐维耶茨基（Tadeusz Mazowiecki）着实为发生的事情震惊，以至于竟然晕倒在自己的就职典礼上。[11]

此时，戈尔巴乔夫已经允许在苏联举行选举，以成立一个新的人民代表大会；他告诉雅鲁泽尔斯基，他"根本没有想过要阻止这些变革"。[12]代表大会于 5 月 25 日在莫斯科召开，全苏联的电视观众欣赏着这幅史无前例的画面——慷慨激昂的反对派努力说服政府。"每个人都厌倦了为勃列日涅夫唱赞美歌，而现在对这位领导人进行斥责却成了一种必需之举，"戈尔巴乔夫回忆道，"作为有教养的人，我的政治局同事们并没有表现出不悦。尽管如此，我仍然感受到了他们糟糕的情绪。党独裁统治的日子已经结束了，尽管每个人都对此心知肚明，可又能如何呢？"[13]

时至今日，对于中国共产党是如何在他们的欧洲同志失去　243 权力的时候把持住了权力的问题，仍没有一致的看法：或许是使用武力的意愿；或许是对党被推翻后发生混乱的担忧；或许邓小平版本的"资本主义"真正改善了中国人民的生活，尽管他们政治表达的机会受到了严重的阻塞。不过很清楚的是，戈尔巴乔夫的事例已经动摇了邓小平的权威。而邓小平的事迹现在是否会动摇戈尔巴乔夫的权威还不得而知。

希望事情能如此发展的，是一位欧洲的共产党人埃里希·昂纳克（Erich Honecker），东德长期以来实行强硬路线的统治者。在 1989 年 5 月的一次选举中，他的政府不可思议地获得了98.95%的赞成票。天安门事件之后，昂纳克的秘密警察局局长埃利希·米尔克（Erich Mielke）向他的下属评论，认为中国的做法是"镇压……反革命暴乱的坚定举措"。东德电视反复播放北京制作的一份纪录片，赞扬"人民军队和警察英勇地应对了示威学生背信弃义的残暴行为"。[14]所有这些似乎都表明昂纳克已经掌控了德意志民主共和国，直到该政权注意到它的大量公民不同寻常地在匈牙利度暑假。

匈牙利当局拆除了与奥地利边境上的带刺铁丝网，他们的本意是让自己的公民更容易通行。但这一消息传开后不久，成千上万的东德人开着他们浓烟滚滚嗡嗡作响的"卫星"牌小汽车，穿越捷克斯洛伐克和匈牙利，抵达匈牙利和奥地利边境，丢掉他们的汽车，步行穿越边界。其他一些人蜂拥进入西德设在布达佩斯的大使馆，请求政治避难。到 9 月，在匈牙利已有13 万东德人，而政府宣布出于"人道主义"的原因，不会阻止他们向西方移民。昂纳克及其同伴们异常愤怒。"匈牙利正在背叛社会主义。"米尔克怒气冲冲地说。"我们必须警惕变得气馁沮丧，"另一位党内官员警告说，"由于苏联、波兰和匈牙利发生的事情……越来越多的人质疑社会主义究竟该怎样挺过去？"[15]

这是一个非常好的问题，因为之后不久，3000 名来自东德的政治避难者爬上了矗立在西德驻布拉格大使馆的围栏并向里拥挤，这幅景象被电视画面记录了下来。捷克政府对这一报道大为不快但又不愿意开放边境，强烈要求昂纳克应对这种局势。随着德意志民主共和国在下月将迎来建国四十周年的纪念，昂纳克自己也迫切希望终止这一尴尬局面。他最终同意，在布拉格的东德人可以前往西德，但只能乘坐封闭的火车通过德意志民主共和国的领土，这样做就使得他可以声称是他驱逐了他们。但是，这些火车在沿途受到了热烈的欢呼，还有东德人试图强行攀上去。当警察最后一次要求查看他们的身份证件时，一些乘客把证件扔到了警察们的脚下。"这种感觉就是，"一个人回忆道，"'给你卡——你再也不能威胁我了。'非常满足。"16

与此同时，包括戈尔巴乔夫本人在内的客人们正在抵达东柏林，准备参加 1989 年 10 月 7 至 8 日举行的正式纪念仪式。令东道主感到恐慌的是，这位苏联领导人在这里比在北京更受欢迎。当游行队伍沿着菩提树大道前进时，行进者丢掉了经过批准的口号并开始高呼："戈比①，救救我们！戈比，留在这里！"坐在面如死灰的昂纳克身边，戈尔巴乔夫从观礼台上看到：

> 这些经过特别甄选的年轻人，强壮、帅气……（雅鲁泽尔斯基），这位波兰领导人走到我这里说："你懂德语吗？"我说："我懂，就一点儿。""你听到了吗？"我说："听到了。"他说："这就是尽头了。"这的确是尽头：这个政权注定要结束了。

245

戈尔巴乔夫试图警告东德人关于进行急剧变革的需要："事不宜迟，否则就会受到生命的惩罚。"但是正如他后来回忆的：

---

① 戈尔巴乔夫的昵称。——译者注

"埃里希·昂纳克同志显然认为他在社会主义阵营中是老大，如果不是在全世界的话。他并没有真正意识到事实上正在发生着什么。"试图让他明白这些，就好像"朝一面墙上扔豌豆"一样。[17]

在莱比锡，反政府抗议活动已经持续高涨了几个星期，并在 10 月 9 日戈尔巴乔夫返回莫斯科的第二天又重新开始。既然苏联客人已经离开，采取邓小平式的解决手段的可能性依然存在；昂纳克当时可能已经下令那么做。但就在这个时候，一位不速之客——广受尊敬的莱比锡格万特豪斯乐团（Gewandhaus Orchestra）的指挥家库特·马祖尔（Kurt Masur）从中斡旋，终止了这场冲突，安全部队也最终撤出。但这也意味着昂纳克的权威已经所剩无几，他被迫在 10 月 18 日辞职。昂纳克的继任者挨贡·克伦茨（Egon Krenz）几个星期之前参加了在北京举行的庆祝新中国成立四十周年纪念活动，但是他在 11 月 1 日向戈尔巴乔夫保证，即便动荡扩散至东柏林，他也不会对示威者动用武力。或许有人试图"冲破柏林墙，"克伦茨补充说道，"但是这种态势不太可能发生。"[18]

然而克伦茨没有料到的是，他的一个下属搞砸了一场新闻发布会，从而攻破了这面墙。从莫斯科返回后，克伦茨与他的同事们经过商议，在 11 月 9 日决定通过放松而不是取消到西方旅行的限制性规定，以缓和东德逐渐紧张的局势。这份仓促起草的政令交给了一位没能参加此次会议的政治局委员君特·沙博夫斯基（Günter Schabowski），将由他在新闻发布会上向媒体通报这一决定。沙博夫斯基匆匆瞄了一眼决定，便宣布德意志民主共和国的公民可以"通过任何边境检查站"自由离开。吃惊的记者们问道，新规定将于何时生效。在粗疏地翻了翻他的报告后，沙博夫斯基回答道："根据我收到的信息，即刻生效。"这些规定对到西柏林旅行同样有效吗？沙博夫斯基皱了皱眉头，耸了耸肩膀，又翻了几页报告，之后回答说："从德意志民主共和国分别到西德和西柏林的所有边境口岸都永久通行。"接下来的问题是："现在柏林墙怎么办？"沙博夫斯基在咕哝了一个不连贯的回答后，就结束了这场新闻发布会。[19]

仅仅几分钟的时间，消息就传播了出去，这面墙被冲开了。大批的人群开始在出境检查站集结，而卫兵们却没有收到任何指令。克伦茨在中央委员会上不知所措，对正在发生的事情摸不着头脑，而就在这时他发现拥挤的人群如此之大，已无法控制。最终，守卫波恩霍尔姆大街（Bornholmer Strasse）检查站的士兵们自行决定打开大门，欣喜若狂的东柏林人蜂拥进入了西柏林。很快，两边的德国人开始坐在、站在柏林墙上，甚至在上面跳舞；许多人带来了铁锤和凿子开始推翻它。当这一切发生时，远在莫斯科的戈尔巴乔夫还正在睡觉，直到第二天早晨才有所耳闻。而他能做的，就是向东德当局传话："你们做出了正确的决定。"[20]

随着柏林墙的倒塌，一切都变成了可能。11月10日，保加利亚自1954年以来的统治者托多尔·日夫科夫（Todor Zhivkov）宣布辞职；不久后保加利亚共产党开始同反对派谈判，承诺将举行自由选举。11月17日，布拉格爆发了示威游行，并且示威运动在捷克斯洛伐克全境内迅速蔓延。就在几个星期之内，联合政府驱逐了共产党员；到年底，曾领导了1968年"布拉格之春"的亚历山大·杜布切克（Alexander Dubcek）被任命为国民大会主席，听从于新任捷克斯洛伐克总统瓦茨拉夫·哈维尔的领导。

247　　　12 月 17 日，罗马尼亚独裁者尼古拉·齐奥塞斯库（Nicolai Ceausescu）为保住自己的政权铤而走险，下令军队开枪射击蒂米什瓦拉（Timisoara）的示威者。结果 97 人被杀害，但这种做法只是激起了动乱，导致齐奥塞斯库于 12 月 21 在布加勒斯特召集了他认为的忠实支持者。可结果证明这些人并非如此，他们开始嘲弄他，并且官方电视直播还没来得及中断，他在未能安抚人群时流露出的不知所措的惊讶表情被拍个正着。齐奥塞斯库和他的妻子埃列娜（Elena）乘坐直升机逃离了这座城市，但是很快被逮捕并送上审判庭，他们在圣诞节这一天被行刑队处决。[21]

　　21 天之前，齐奥塞斯库曾在克里姆林宫同戈尔巴乔夫会面。他警告说，最近东欧发生的事件，"被置于严重危险境地的不仅是各个国家的社会主义，还有共产党在那里的生存"。"你看起来很担心这一点，"戈尔巴乔夫说，语气听起来更像一个治疗师而非克里姆林宫的老板，"告诉我，我们能做什么？"齐奥塞斯库茫然地建议道："我们可以召开一次会议，并讨论可能的解决方案。"那还不够，戈尔巴乔夫回答说：改变是必须的；否则，最终就会落个不得不"在行军靴下"解决问题的下场。但是东欧各国总理将在 1 月 9 日开会。随后，戈尔巴乔夫不明智地向他焦虑的客人保证说："你会活到 1 月 9 号的。"[22]

　　对于举办周年纪念而言，这是不错的一年；而对于预言，却并不那么幸运。1989 年初，苏联在东欧的势力范围亦如过去 45 年那般稳固。但是在 5 月间，戈尔巴乔夫的助手切尔亚耶夫在他的日记中注意到："社会主义正在东欧消失……到处的景象正在变得与想象和计划中的大为不同。"到 10 月，苏联外交部新闻发言人金纳蒂·格拉西莫夫（Gennadi Gerasimov）甚至以此开玩笑。"你知道弗兰克·辛纳屈（Frank Sinatra）的歌《我的路》吗，"当被问到"勃列日涅夫主义"还剩下什么时，他回答说，"匈牙利和波兰在按照它们的方式行事。我们现在有的是辛纳屈主义。"[23] 在这一年底，什么都没有剩下：红军在第二次世界大战中所赢得的，斯大林所巩固的，赫鲁晓夫、勃列日涅夫、安德罗波夫甚至契尔年科曾努力保存的，全都丢掉了。戈尔巴乔夫决心尽力而为。

248

"已经发生的每一件事情都绝不应该以一种消极的观点来看待，"他在 1989 年 12 月于马耳他同布什举行的第一次峰会上说，

> 45 年来，我们一直设法避免发生大规模的战争……源自意识形态信念的冲突并没能证明自身的合理性……对发达国家和不发达国家之间不平等交换的依赖也是一个失败……从战略角度而言，冷战的方法……已经败北。我们已经意识到了这一点。而普通人或许已经更好地明白了这一点。

这位苏联领导人告诉美国总统，苏联领导层"反思这一点已经有很长时间了，并且得出了这样的结论，即美国和苏联'注定'要开展对话、协作与合作。除此之外没有其他的选择"。[24]

二

在马耳他峰会上，布什向戈尔巴乔夫承认，美国对东欧"呈现出的急剧的变化感到吃惊"。他自己的立场已经有了 180 度的改变。他正设法"不做出任何可能导致削弱你的执政地位

的事情"。或许是心里想着里根的做法，他承诺他不会"爬到
**249** 柏林墙上并且大声宣告"。但布什接着说："我希望你能明白，
要求我们反对德国的统一是不太可能的。"戈尔巴乔夫的回答
只是提到："苏联和美国都在不同程度上卷入了欧洲的问题。
我们完全理解你们对欧洲倾注的感情。否则看待美国在旧世界
的角色就是不现实的、错误的，并且最终也没有任何建
设性。"[25]

这些交流暗示了许多东西。布什证实，与其他任何人一样，
他的政府对所发生的事情有些措手不及。他承认戈尔巴乔夫在
这些事件中的重要性：美国不希望削弱他的地位。但是，布什
也暗示出，美国人和西德人现在希望推动德国统一，这在几个
星期之前还看似那么不切实际。戈尔巴乔夫的反应也同样关键，
这包括他说的和没有说的。他欢迎作为一个欧洲大国的美国，
此前没有任何一个苏联领导人如此明确表示过。而他在德国问
题上的沉默表明了他矛盾的内心：对于这个在二战后主张只有
整个德国都信奉马克思主义才能实现统一，或者当这种情况难
以实现的时候也要尽力保持德国永远分裂的政权而言，这也是
一种前所未有的立场。

有一些迹象表明，戈尔巴乔夫或许修正了这一立场。他曾
经在 1987 年告诉西德总统里夏德·冯·魏茨泽克（Richard von
Weizsacker），尽管两个德国的状况是目前的一种现实，"从今
开始一百年后它们将如何，就让历史来决定吧"。1989 年 6 月
赴波恩途中，他被人群欢呼的口号恭维着："戈比！做爱，不
是建墙。"[26]在 10 月东德庆典中，他在无名红军"解放者"烈士
墓前朗诵了一首诗，让听众感到意外：

我们时代的神谕已宣告统一，

它只能由铁和血铸就，

但我们试图以爱来打造，

我们将会看到哪一种更为持久。[27]

就在柏林墙倒塌前，他再次向克伦茨保证"没有人能够无 250
视……两个德国之间存在的分管人口的约定"。当柏林的大门
在那晚被打开后，第二天清晨他回忆起当时的情景仍不明白：
"你们怎么能够向那些穿过边界与另外一边的德国人会面的德
国人开枪呢？所以政策必须做出改变。"[28]

虽然如此，但德国的统一仍然是一个令人担忧的前景，这
不仅仅是对苏联而言，也是对仍然铭记上一个统一的德国所作
所为的全部欧洲人而言。这种忧虑超越了冷战的分歧，戈尔巴
乔夫与雅鲁泽尔斯基、法国总统弗朗索瓦·密特朗（Francois
Mitterrand），甚至玛格丽特·撒切尔拥有同样的担忧。撒切尔
警告布什："如果我们不小心，德国人会得到希德勒在战争中
无法得到的和平。"[29]一位表示反对的重要的欧洲人物是西德总
理赫尔穆特·科尔（Helmut Kohl），他对人们在马耳他峰会前
几天表现出来的对统一的关切感到吃惊。布什认为科尔之所以
这样反应，是因为"他希望确保戈尔巴乔夫和我不会在德国的
未来这个问题上达成共识，如同斯大林和罗斯福在二战最后一
个月中的做法一样"。[30]

科尔起了重要的作用，但这仅仅是因为东德人自己已经冲
破了柏林墙，他们很快表明愿意完全接受统一。接替克伦茨出
任总理的汉斯·莫德罗（Hans Modrow）在 1990 年 1 月告知戈
尔巴乔夫，"德意志民主共和国的大部分人民不再支持两个德
国的观念"。克格勃的首脑弗拉基米尔·克留奇科夫（Vladimir
Kryuchkov）证实，该政府和党自身正在瓦解。面对着这样的情

报，戈尔巴乔夫别无选择："德国的统一应当被视为是不可避免的。"[31]

关键的问题是以什么样的条件实现统一。东德仍然是华沙条约的一个成员国，并且有 30 多万苏联部队驻扎在那里。西德仍然是北约的一部分，在其领土上驻有大约 25 万美军。[32]苏联政府坚称，它不会允许一个统一的德国继续留在北约之中；它提出应当使德国保持中立。美国人和西德人同样坚决地认为，统一后的德国应依旧从属于北约。关于解决这一争端的各式各样的建议纷纷浮出水面，甚至提出一个统一的德国或许可以拥有北约和华约两种成员身份。对统一没有丝毫好感的撒切尔，将此视为"我听到过的最愚蠢的观点"而不予理会。戈尔巴乔夫惆怅地回忆道："长久以来，我们是这一观点的支持者。"[33]

最终，布什和科尔说服了戈尔巴乔夫，他别无选择，只能接受让一个统一的德国继续留在北约中。他本可以不尊重东德人要求解散他们自己国家的决定，也可以不理会西德人要求继续作为北约一部分的要求。他也没否认这样一点，即对一个统一的从属于北约的德国的担忧要比对一个独立自主管理的德国少。美国人最终只向戈尔巴乔夫做出了一个让步：用国务卿詹姆斯·贝克（James Baker）的话说，他们承诺，"北约的管辖范围不会向东延伸一寸"。后来，比尔·克林顿政府重申了这一承诺，但那时苏联已经不复存在。[34]对于戈尔巴乔夫自己而言，他认为美国坚持要求德国保留北约成员国身份，是因为它担心如若不然，一个统一的德国或许会驱逐美国军队："我几次努力使美国总统相信，美国从欧洲'抽身'不符合苏联的利益。"[35]

那么，这意味着在支持几个月前还被认为是一个不可思议的解决方案的问题上，苏联和美国的利益是重合的：德国将实现统一，它将继续留在北约内，驻扎在德国领土上的苏联军队将撤出，与此同时美国军队将保留。1990 年 7 月间，戈尔巴乔夫在同科尔的会晤中达成了这份重要的协定。"我们不能忘记过去，"这位苏联领导人告诉他的德国同伴，"在这些年中，我国的每一个家庭都吃尽了苦头。但是我们应该对欧洲抱有期待，并且走一条与伟大的德国民族合作的道路。这是我们为巩固欧洲与世界的稳定做出的贡献。"[36] 于是，1990 年 10 月 3 日，就在波恩霍尔姆大街卫兵未同任何人商议就自行决定开放边境检查站大门事件发生不到一年时间后，因第二次世界大战战败而开始的德国的分裂状态，终于结束了。

三

在那时，戈尔巴乔夫在东柏林、波恩、北京受到了民众的欢呼，这是此前任何一个克里姆林宫主人所不曾享有的。但是他也获得了一份不那么好的荣誉：1990 年 5 月 1 日，当他在红场列宁墓的上方检阅一年一度的五一劳动节大游行时，他成为第一个被讥讽甚至被嘲笑的苏联领导人。标语上写着："打倒戈尔巴乔夫！打倒社会主义和法西斯主义红色帝国。打倒列宁的党。"而这全部出现在全国电视直播中。他们是"政治流氓"，戈尔巴乔夫语无伦次，下令进行调查。"把这样一个国家发动起来！"他后来向助手抱怨说，"而现在他们大喊着：'混乱！''货架空空！''党在瓦解！''没有秩序！'"没有发生"重大流血"就取得了这些成就是多么"艰巨"。但是"他们咒骂我，诅咒我……我一点儿也不后悔。我不害怕。我不为任何事感到懊悔或抱歉"。[37]

马基雅维利曾经问道，对于一个王子来说，受人爱戴还是被人畏惧好？[38]与他的前任不同，戈尔巴乔夫选择被人爱戴并且几乎得到了这种爱戴，但只是在他自己的国家之外。在国内，他收获的既不是爱戴也不是畏惧，而是蔑视。关于这一点，有着复杂的原因：政治自由似乎开始变成一场公共的混乱；经济同勃列日涅夫时期一样停滞不前；苏联在边界之外的国家实力影响范围似乎已经缩小到门庭。现在另一个问题也已经隐隐出现：苏联自身还能够存活吗？

列宁组建了一个联邦制国家苏维埃社会主义共和国联盟，其中从芬兰和黑海蔓延至太平洋的俄罗斯共和国是其中面积最大的。此外还包括乌克兰、白俄罗斯、摩尔达维亚、阿塞拜疆、亚美尼亚和格鲁吉亚等外高加索共和国，以及中亚的哈萨克斯坦、乌兹别克斯坦、土库曼斯坦、吉尔吉斯斯坦和塔吉克斯坦。当1940年它们被合并为苏联后，爱沙尼亚、拉脱维亚和立陶宛等波罗的海国家也加入了其中。到戈尔巴乔夫掌权时，苏联内部的非俄罗斯人和俄罗斯人的数量相当，并且非俄罗斯人的共和国在文化和语言方面已经获得了相当大的自主权，它们甚至有了一些抵抗莫斯科政治控制的能力。[39]尽管如此，没有一个俄罗斯人或非俄罗斯人看到了这个国家瓦解的较大可能性。

但是，进行区域化改革是困难的。戈尔巴乔夫很难一方面在苏联内部呼吁开展经济政治体制的改革（perestroika）和开放（glasnost），或者放手让东欧人和德国人"按照他们自己的方式"去做，同时另一方面不鼓励那些从来没有完全接受与苏联从属关系的非俄罗斯民族进行改革。这些非俄罗斯民族主要包括波罗的海国家和外高加索的各共和国，在那里，要求获得更大自主权甚至独立的压力迅速激增。1990 年初，一位立陶宛的教授在同戈尔巴乔夫的会面中谈到了这样的逻辑：

> 民族复兴是由经济政治体制改革引发的。两者密切相关……在（苏联共产党）决意要把我们的政治生活建立在民主基础上后，生活在共和国中的我们认为，它首先并且最重要的是一种对自决权的宣告……我们坚信你们真诚希望所有人民幸福，并且认为若违背人民的意愿，你们就无法让人民幸福。

戈尔巴乔夫发现这是"一个毋庸置疑的论点"。但是"承认存在做出原则上的让步的可能性的同时，我曾经希望经济和政治改革的发展能够超越这种让步的进程"。[40]这同样是一个错误的预言。

254

因为当政治开放而繁荣不足时，像立陶宛这样的国家，很难看到作为苏联一部分会得到什么好处。立陶宛人憎恨这种状况的形成——希特勒和斯大林在 1939 年纳粹－苏联协定中决定由苏联吞并他们。他们密切关注着现在正在德国和东欧发生的事情。无论曾经有什么样的迟疑，当 1991 年 1 月苏联军队在维尔纽斯（Vilnius）朝示威人群开枪时，所有的疑虑都消失了，2 月 19 日立陶宛人坚决投票选择独立。一系列差不多相同的事件也在拉脱维亚、爱沙尼亚发生了。依然期待着收获爱戴的戈尔巴乔夫无意表示反对。[41]

但是如果波罗的海国家脱离了联邦，外高加索共和国为何不效仿呢？或者摩尔达维亚人？或者甚至乌克兰人？这是戈尔巴乔夫在 1991 年春面对的问题，但他却没有答案。"尽管我们正在杀死极权主义的恶魔，"切尔亚耶夫回忆说，"但对于由什么来代替它的问题并没有共识；所以，当经济政治改革迷失方向时，它所释放的力量也正在脱离控制。"[42] 在 6 月，联邦中最大的共和国俄罗斯选举了它自己的总统。他就是鲍里斯·叶利钦，一位前莫斯科党魁、戈尔巴乔夫现在的首要竞争者。这种对比是不容忽视的，因为尽管大谈特谈民主，但戈尔巴乔夫自己从来没有接受过民众的投票。另外一个对比在当时还不很明显，但很快就会变得明朗：与戈尔巴乔夫不同，叶利钦有着一个宏大的战略目标，那就是取消共产党、解散苏联，使俄国成为一个独立、民主的资本主义国家。

在华盛顿，叶利钦并不是一个受欢迎的人物。他有着酗酒、好出风头的名声，并且当布什努力支持戈尔巴乔夫时他却无故对其大加挞伐。他甚至曾经在白宫汽车道上，因为礼仪的问题与总统的那位年轻但令人望而生畏的苏联事务顾问康多莉扎·赖斯（Condoleezza Rice）发生争执——最终是他输了。[43] 但是到了 1991 年，再没有任何人否认叶利钦的重要性：在"重新恢复俄国在政治和经济方面对共和国自身事务的控制上，"斯考克罗夫特回忆道，"他动摇了苏联最根本的基础。"对布什政府来说，看到苏联影响在东欧崩溃并且推动德国统一是一回事，而考虑苏联的全面解体却又是另外一回事。"我的看法是，你若跳舞，便是和那些在舞台上的人跳，"布什在他的日记中写道，"你特别不愿意……（鼓励）破坏稳定……我在想着，我们该去哪里、我们如何到达？"[44]

7 月 30 日，布什抵达莫斯科签署第一轮削减战略武器谈判（START I）的军控协定，现在它几乎完全被事件发生的进程遮蔽了。他和戈尔巴乔夫在这位苏联领导人位于郊外的别墅度过了轻松的一天。"我有这样一种印象，"切尔亚耶夫回忆道，"我置身于长久以来按照新思维所开展的一项伟大努力的高潮……它从一开始就不同于过去的'争夺战'。"布什也有同感，但是他在峰会最后注意到，戈尔巴乔夫的"热情洋溢已经消失"。[45]在回国途中，总统在基辅停留，向乌克兰议会发表演说。他试图通过赞美戈尔巴乔夫来帮助他，并且提醒他的听众：

> 自由并不等于独立。美国人民不会支持那些为寻求独立，从而以地方专制取代遥远的暴政的人。他们不会支援那些在民族仇恨基础上鼓动自杀性民族主义的人。

但是这样的发言使他失去了听众的支持。"布什是作为戈尔巴乔夫的信使来这里的，"一位乌克兰人抱怨道，"只是他听起来不比我们自己的共产党政客更激进而已。毕竟，他们不得不在这里参加竞选……而他不用。"最强烈的反响是《纽约时报》专栏作家维廉·沙费尔（William Safire）公开指责布什的"基辅炸鸡"（chicken Kiev）演说。可以说，这也是一个不大的打击，但它的确抓住了这个政府在考虑苏联存在可能性时的矛盾心理。[46]

"哦，托尔亚，所有的事情都已经变得如此微不足道、庸俗和迂腐，"8月4日动身赴克里米亚度暑假前，戈尔巴乔夫向切尔亚耶夫感叹道，"你看着，想着，让一切都见鬼去吧！但是我应该把它留给谁？我太累了。"[47]仅此一次，这是他做出的一个有先见之明的观察，因为在8月18日他的所有通信联络都被切断了，一群想要成为继承者的人来告诉他，他被软禁在家中了。他自己的同志认为他的政策最终只能导致苏联的解体，于是决定取而代之。

接下来在经历了三天的混乱后，三件事情终于变得明了：

第一，美国和世界上其他大多数国家都认为这场政变是非法的，并且拒绝同密谋发动政变者打交道；第二，密谋者自己忽略了要确保获得军方和警察的支持；第三，鲍里斯·叶利钦站在俄罗斯议会大厦外的一辆坦克上宣布这场政变不会成功，这一表态确保了政变的失败。但是，戈尔巴乔夫对此并没有感到一丝慰藉，因为叶利钦已经取代他成为莫斯科占据统治地位的领导人。[48]

叶利钦很快取消了苏联共产党，并没收了它的全部财产。他还解散了戈尔巴乔夫创建的立法机构人民大表大会，由一个仍保留在苏联的其他共和国代表组成的委员会取而代之。作为回报，他承认波罗的海国家的独立，这又引发乌克兰、亚美尼亚和哈萨克斯坦相继宣布独立。戈尔巴乔夫的权威，因叶利钦在全国电视节目中对他的屡次侮蔑而消失殆尽。在 12 月 8 日，叶利钦同乌克兰、白俄罗斯的领导人签署了一份协议，成立"独立国家联合体"（Commonwealth of Independent States）。之后，他很快致电布什："今天，一个非常重要的事件在我国发生了……戈尔巴乔夫还不知道这些结果。"总统立刻察觉到了它的重要性："叶利钦刚刚告诉我，他……已经决定解散苏联。"[49]

"你在我背后干的……是……一件耻辱的事！"戈尔巴乔夫抗议道，但是他无能为力：他已经没有国家了。于是在 1991 年 12 月 25 日——在齐奥塞斯库被处决两年后的纪念日、入侵阿富汗 12 年后的纪念日，以及布尔什维克革命 74 年之后——苏联的最后一位领导人向美国总统打电话致以圣诞节祝福，向叶利钦移交了发起核进攻所需要的密码，并且拿起了他将要签署正式终结苏联存在的命令的钢笔。可这支钢笔没有墨水，所以他不得不从报道这一事件的有线电视新闻网（Cable News Network）工作人员那里借用了一支笔。[50] 尽管如此，他已决意以最好的表情来面对发生的事情，于是他在告别演说中疲惫不堪地宣布："'冷战'、军备竞赛和我们国家疯狂的军事化都已经终结，这一切使我们的经济陷入瘫痪，扭曲了我们的思想并且削弱了我们的士气。世界大战的威胁已经不再。"[51]

　　戈尔巴乔夫绝不是瓦茨拉夫·哈维尔、约翰·保罗二世、邓小平、玛格丽特·撒切尔、罗纳德·里根、莱赫·瓦文萨，甚至鲍里斯·叶利钦式的领导人。他们的头脑中都有目的地和到达目的地的路线图。相比较而言，戈尔巴乔夫犹豫不决，无法解决这些问题。最大的问题是：他想要挽救社会主义，但又不愿意使用武力这样做。这正是他特有的不幸之处，即这些目标都是相抵触的，他无法在实现这个的同时又不放弃那个。于是，最终他放弃了一种意识形态、一个帝国和他自己的国家，而不是使用武力。他选择爱戴而非畏惧，违反了马基雅维利给王子的建议，他也因此不再是王子。从传统地缘政治的角度来看，这毫无意义。但这使得他成为有史以来最当之无愧的诺贝尔和平奖获得者。

# 后记　观后

259　　　冷战就这样结束了，比开始更为突然。正如戈尔巴乔夫在马耳他告诉布什的，让这一切发生的，是那些"普通人"：宣布带刺的铁丝网已经完全过时的匈牙利人，他们随后成群结队地参加一个死了 31 年的人的葬礼；令独立自主工会喜出望外的波兰人，他们使它以大获全胜之势执掌政权；在匈牙利度假的东德人，他们爬上了布拉格大使馆的围墙，使昂纳克在自己组织的游行中受到羞辱，说服警察不要在莱比锡开枪，并且最终打开了一扇门，这扇门推翻了一面墙并且统一了一个国家。领导人们——惊讶、震惊、兴奋、充满信心、不知所措、毫无头绪——奋力收复主动权，但是他们发现若要实现这一点，就只有通过承认那些曾经看似不可思议之事现在已经变得无可避免。难以感到兴奋的是那些已被罢免之人如昂纳克，或已经死去之人如齐奥塞斯库。在国内被批判但在国外受尊敬的戈尔巴乔夫，成立了一个智库，聊以自慰。[1]

　　　戈尔巴乔夫基金会试图解决但从来未能解决的一个问题是：
260　这一切到底意味着什么？未能找到答案不足为奇，因为那些经历了重大事件的人们，通常不是判断这些事件深远影响的最好的法官。想想克里斯托弗·哥伦布，他可能曾在一生中的某个时候，期盼着他伟大航行的 500 周年纪念日的到来，设想那是一场为他自己、他的队友和他们驾驶的船只以及送他们出海的那些贵族举办的庆典。哥伦布很难预料到，当岁月流逝这个纪念日最终在 1992 年来到时，历史学家选择纪念的是他的地理大发现释放的帝国主义、资本主义、科技、宗教，特别是那些使文明毫无抵御能力的疾病所裹挟的威力开启的一场几近种族灭绝的进程。

反过来，如果 1424 年洪熙皇帝没有下令暂停中国开展的花费更为高昂、野心更大的海上探险活动，并因此把更大的发现留给了欧洲人，那么哥伦布的名声就不会是这样。[2] 人们可能会想，这是多么奇怪的决定，但是人们又会想起美国人那次花费昂贵而又雄心勃勃的努力：为了超过苏联，他们在 1969 年 7 月 20 日成功地把一个人送到了月球上。尼克松总统曾夸张地吹嘘说：这是"创世以来世界历史上最伟大的一个星期"。[3] 但是在随后的三年半时间中，人类五次成功登陆月球之后，尼克松完全暂停了载人空间探索活动，使得未来的探索被无限期地搁置了。500 年后，哪一个皇帝的行为看似更古怪呢？这很难说。

因此，当评判冷战的意义时，谦虚谨慎是必须的：近眺不远的过去所看到的，注定与从遥远未来的远观不同。在当下看似重大的事件，可能会变得微不足道并且不可思议，就像南极洲的游客或许会关注漂流的冰川上一群难以分辨的企鹅之间发生的争吵一样。但是推动历史发展的潮流有着某种意义，因为它在某种程度上塑造着即将发生的事情。那些扬帆、掌舵的远航者也是如此，于是他们发明了使他们自己能够从所在地到达希望之地的各种方法。

261

卡尔·马克思对企鹅一无所知，但是他的确以 1852 年的术语承认："人类自己创造自己的历史。"作为坚定的决定论者，他接着仓促地证明了这一论点："他们不是随心所欲地创造；他们不是在自己选定的条件下创造，而是在直接碰到的、既定的、从过去继承下来的条件下创造。"⁴ 这是最伟大的必然性理论家在最大限度上允许违反的，这绝不能说马克思喜爱谈主动性。但是，他的论点提供了一种方法，用以区分那些人们关于冷战倾向于记住的事情，和那些将被未来世代的人们当作难以分辨的国家、意识形态和个人之间不可思议的争吵从而不予理睬的事情。那些不符合决定论的事件的进展——扬帆、掌舵和控制航程，从来都不是事先预定好的——在方式上与"通常"不同，这些方式不会在未来，甚至五个世纪之后被人们遗忘。

在冷战中，最重要的违反决定论的事显然与热战有关。在 1945 年之前，大国之间频繁地进行大战，似乎这就是国际局势中永恒的特点；列宁甚至据此提出资本主义将最终走向自我灭亡的理论。但是在 1945 年之后，战争局限于超级大国和例如朝鲜、越南和阿富汗这样较小国家之间，或者在较小国家之间的战争，例如以色列及其阿拉伯邻国在 1948 年到 1973 年发生的四次战争，或者在 1947～1948 年、1965 年、1971 年发生的三场印度-巴基斯坦战争，或者那场贯穿 20 世纪 80 年代且耗竭了伊朗和伊拉克的旷日持久、血腥但胜败未定的斗争。从未发生但人们普遍担心它会发生的事情，是美国、苏联及它们各自的盟友都被卷入一场全面战争。这些国家的领导人大概绝不比那些在过去诉诸战争的领导人更不好战，但是在他们的好战性中缺少乐观：这是有史以来第一次没人确信能够在一场大战中获胜，或者存活下来。就像在匈牙利边境上设置的带刺的铁丝网，战争本身——至少是那些在大国之间进行的大战——已经变成一种健康的危害，并因此成为不合时代之事。⁵

产生这种结果的历史潮流并不难分辨。它们包含了对第二次世界大战中伤亡和损失的记忆，但仅有这些并不能排除在未来发生战争的可能性：我对第一次世界大战的类似的记忆证明的确未能如此。罗伯特·奥本海默提出了一个更好的解释，他在 1946 年预言道："如果发生另一场大战，原子武器将会被使用。"[6] 这位主持制造这种炸弹的项目的人有着正确的逻辑，但是冷战颠覆了它；相反，事实上发生的事情是，由于核武器可以在任何新兴大国的战争中被使用，于是这样的战争并没有发生。[7] 到 20 世纪 50 年代中期，这些毁灭性装置借助它们的发射工具可以在瞬间抵达任何地方，将所有国家置于危境。结果，保护某国自身的领土是过去发动战争的一个主要原因，而它已不再有任何意义。同时，争夺领土，作为另一个传统上爆发战争的原因，比起以前也不那么有利可图了。在一个总体脆弱的时代，获得势力范围、坚固的防线、战略性的咽喉要道又有什么益处呢？这类资产日益降低的价值已经被人们谈论了许久，苏联甚至在解体之前就已经和平地大量放弃了它们。

卫星侦察和其他情报技术的突破，也使得大规模战争已经过时，因为这些情报技术降低了出其不意地发动全球战争的可能性，消除了隐藏发动大战意图的条件。奇袭仍然会发生，例如 1990 年 8 月伊拉克入侵科威特，但这只是由于情报分析而非情报收集的失败。从 1991 年初科威特被解放开始，萨达姆·侯赛因（Saddam Hussein）发现他的军事部署竟如此一目了然，并因此完全暴露在敌方的攻击之下，于是他不得不选择撤退。战事部署的完全透明是冷战中战略武器竞赛的一个副产品，它创造了一种全新的环境，奖赏那些试图阻止战争的人，阻挠那些试图发动战争的人。

冷战或许还会作为这样一个关键的节点而被人铭记，即在

263

过去五个世纪中，定义了"强国"自身特点的军事力量已不再具备这样的功能。[8] 毕竟，苏联解体时，它的军事力量，甚至它的核实力都完好无损。科技的进步，以及超越了意识形态的一种谨慎的文化，使得强国的本质在 1945 年至 1991 年间发生了改变：到冷战结束时，在国际体系中，战争的能力不再能够确保国家的影响力，甚至不能确保它们能够继续存在。

对决定论的第二种摆脱包括诋毁独裁统治。专制君主已经存在了数千年之久；但是 1948 年在孤岛上撰写《1984》的乔治·奥威尔，他的最大的担忧就是 18 世纪、19 世纪在限制王权上取得的进展会被扭转。尽管纳粹德国和大日本帝国战败，但是如果未能做出这样的结论，即历史潮流变得垂青威权政治和集体经济，那么就很难解释 20 世纪前半叶的历史。正如处于中世纪世界边缘的爱尔兰修道士一样，奥威尔处在他自己世界的边缘，试图通过向世人表现野蛮人的胜利意味着什么，来保存所剩无几的文明。[9] 到 1984 年，老大哥控制了苏联、中国和半个欧洲。指望他们能够停留在那里不再扩张，本来就是一种乌托邦式的看法。

但是，他们的确如此：20 世纪后半叶的历史潮流变成了坚决地反对共产主义。奥威尔自己与此不无关系：他痛苦的作品，同后来出现的更加自信的一些人——索尔仁尼琴、萨哈罗夫、哈维尔，以及未来的教皇卡罗尔·沃伊蒂瓦一道，提出了对马克思－列宁主义的批判，而后者对此并无应答。风帆迎风、船舵掌稳都需要时间，但是到 20 世纪 70 年代末时机已经到来。于是，约翰·保罗二世和其他 80 年代的演员－领导者开启了这一进程。苏联可以启用的最能鼓舞人心的领导人是列昂尼德·勃列日涅夫、尤里·安德罗波夫、康斯坦丁·契尔年科，这是独裁统治已不似往昔的明显信号。

与此同时，共产主义曾经允诺人民会过上更好的生活，却未能实现。马克思强调，生产方式的变革会加剧不平等，激起愤怒，并且因此激发工人阶级的革命自觉性。但是，他未能预料到将要发生的变革的类型，因为随着后工业时代经济的发展，横向分层组织形式开始受到青睐。复杂的工业体系使得早期更简单工业化阶段的计划管理不再适用；只有下放权力，在很大程度上自发运转的市场才可以做出现代经济中必须在每一天完成的成百上千万个决定，使商品和服务的供给满足需求。结果，对资本主义的不满永远达不到这样的程度，即"所有国家的无产阶级"认为有必要联合起来摆脱他们身上的"锁链"。

这一点之所以能在冷战中变得明确，很大程度上是由于西方领导人不赞同马克思在对资本主义的谴责中，把资本家的贪婪提升到了无以复加的程度。正如一场新的世界大战并未发生一样，预期的世界革命也未到来。但是冷战已经造成了另一个历史的错误。

接下来是第三个创新：民主化的全球化。据统计，在20世纪后半叶民主国家的数量变成之前的五倍，这是在前半叶末很难预料到的。[10] 即便在今天，仍难以分辨出那些使冷战时期变成民主时代的条件。没有发生大萧条和世界大战，或许与此有一定关系：20世纪30年代末、40年代初的发展表明，民主政体在出现时是多么脆弱。政策选项也发挥了作用：鼓励民主政治的发展，成为美国人和他们的西欧盟友们区分自己和马克思－列宁主义对手的最明显的方式。教育也扮演了一个角色：冷战时期，几乎各地的识字水平和学习年限都提高

265

了，尽管受教育的社会并不总是民主社会，希特勒的德国说明了这一点。似乎的确如此，随着人们拥有更多关于他们自己和周围世界的知识，他们也会变得越来越不愿意由别人来告诉他们应该怎样生活。

信息革命加速了民主化的传播，因为它使得人们能够自主获取信息并对学到的知识做出比以往更迅速的反应。在冷战时期，隐瞒世界其他地方正在发生的新闻变得越来越难，封锁一国之内发生的事件的消息也同样如此。这种"透明"为抗衡独裁政权提供了各种各样新的手段，赫尔辛基会议的进程戏剧性地体现了这一点。在独裁统治被推翻的地方，它也确保了独裁统治将不再复辟。

但是民主制度也生根发芽了，因为在提高生活水平方面，它们总体上胜过了独裁政治。市场为了运行，并不总是要求实行民主政治：韩国、中国台湾、新加坡和中国大陆都在不那么民主的条件下成功发展了经济。但是，冷战的经验表明，在保持市场开放的同时实行思想管制并非易事。并且，既然市场被证明在分配资源和提高生产率方面比计划经济更有效，能够改善人民的生活，那它反过来也可以巩固民主政治。

由于这些原因，这个世界变得能够比以往在冷战时期更加紧密地达成这样一种共识，即只有民主才能赋予统治的合法性。这也是对帝国的决定论、强加的意识形态和为维持独裁统治而滥用武力的一种突破。

可以肯定的是，冷战有很多让人遗憾之处：每个人的未来都冒着风险；为了无用的武器装备而消耗了大量资源；大规模的军事－工业复合体给环境和健康造成了不良的影响；高压统治破坏了整整几代人的生活；常常与之伴随产生的还有生命的丧失。没有任何地方的独裁统治者曾处决他 1/5 的人民，而越南战争结束后，这却真实地发生在红色高棉（Khmer Rouge）领导人波尔布特（Pol Pot）身上。当未来的人们已经忘记了有关冷战的大部分历史的时候，这一当时在柬埔寨之外几乎无人知晓的暴行却仍然会被铭记。违反人权的罪行并未受到审判：1998 年，波尔布特在泰国边界一个简陋的窝棚里去世，他的尸首被放在一堆废品和老旧的橡胶轮胎上草草地火化。[11]在那里连一个坟墓都没有。

　　由于这些以及其他更多的事情，冷战本可能变得更糟糕——非常糟糕。它以恐惧的重返开始，以希望的胜利告终，对于重大的历史剧变而言，这是一种不寻常的发展轨迹。它本可以轻易地变成另外一种方式：这个世界花费了整个 20 世纪后半叶的时间来确保它最深刻的担忧不会变为现实。可以眺望遥远未来的双筒望远镜将证明，如果冷战是以另外一种不同的方式进行的，那么现在很可能已经没有一个人活下来用这个望远镜眺望了。这的确意义非凡。让我们重复埃贝·西哀士（Abbe Sieyes）在被问到他在法国大革命中做了什么时的回答：我们大多数人活了下来。

# 注　释

## 序言　前瞻

1. Michael Shelden, *Orwell: The Authorized Biography* (New York: Harper-Collins, 1991), p. 430. 此处关于夏威尔最后岁月的描述来自本书的最后一章。

2. George Orwell, *1984* (New York: Harcourt Brace, 1949), p. 267.

3. Radio – television address, January 16, 1984, *Public Papers of the Presidents of the United States: Ronald Reagan, 1984* (Washington: Government Printing Office, 1985), p. 45.

## 第一章　恐惧的回归

1. Interviews, CNN *Cold War*, Episode I, "Comrades, 1917 – 1945".

2. Alexander Werth, *Russia at War: 1941 – 1945* (New York: E. P. Dutton, 1964), p. 1045. 英美伤亡数字来自 *Britannica Online*. 苏联伤亡数字来自 Vladimir O. Pechatnov and C. Earl Edmondson, "The Russian Perspective," in Ralph B. Levering, Vladimir O. Pechatnov, Verena Botzenhart – Viehe, and C. Earl Edmondson, *Debating the Origins of the Cold War: American and Russian Perspectives* (New York: Rowman& Littlefield, 2002), p. 86

3. Warren F. Kimball, *TheJuggler: Franklin Roosevelt as Wartime Statesman* (Princeton: Princeton University Press, 1991), pp. 97 – 99.

4. George F. Kennan, *Memoirs: 1925 – 1950* (Boston: Atlantic – Little, Brown, 1967), p. 279.

5. 有关这个问题, 见 AlanBullock, *Hitler and Stalin: Parallel Lives* (New York: Knopf, 1992), p. 464.

6. Pechatnov and Edmondson, "The Russian Perspective," p. 92.

7. Geoffrey Roberts, "Stalin and Soviet Foreign Policy," in Melvyn P. Leffler and David S. Painter, eds. , *Origins of the Cold War: An International History*, second edition (New York: Routledge, 2005), pp. 42 – 57.

8. Geoffrey Roberts, "Stalin and Soviet Foreign Policy," in Melvyn P. Leffler and David S. Painter, eds. , *Origins of the Cold War: An International History*, second edition (New York: Routledge, 2005), p. 51.

9. John Lewis Gaddis, *The United States and the Origins of the Cold War, 1941 – 1947* (New York: Columbia University Press, 1972), p. 190.

10. Joseph Stalin, *Economic Problems of Socialism in the USSR* (Moscow: Foreign Languages Publishing House, 1952), excerpted in Robert V. Daniels, ed. , *A Documentary History of Communism*, revised edition (Hanover, New Hampshire: University Press of New England, 1984), II, 172.

11. Record of Stalin – Thorez conversation, November 18, 1947, in Levering, *et al.* , *Debating the Origins of the Cold War*, p. 174.

12. 潘恩的话来自他于 1776 年写的书《常识》(*Common Sense*), 节录于 Dennis Merrill and Thomas G. Paterson, eds. , *Major Problems in American Foreign Policy*, sixth edition (New York: Houghton Mifflin, 2005 ), I, 34.

13. John Quincy Adams speech, July 4, 1821, in *ibid*, I, 132.

14. Address to Congress, April 2, 1917, in *ibid*, I, 431.

15. Robert Dallek, *Franklin D. Roosevelt and American Foreign Policy, 1932 – 1945* (New York: Oxford University Press, 1979), p. 70.

16. Speech to the International Student Assembly, September 3, 1942, in Samuel I. Rosenman, ed. , *The Public Papers and Addresses of Franklin D. Roosevelt* (New York: Random House, 1941 – 50), XI, 353.

17. Roy Jenkins, *Churchill: A Biography* (New York: Farrar, Straus and Giroux, 2001), pp. 350 – 51.

18. Vojtech Mastny, *Russia's Road to the Cold War: Diplomacy, Warfare, and the Politics of Communism, 1941 – 1945* (New York: Columbia University Press, 1979), pp. 156 – 62.

19. Nikolai Novikov to Soviet foreign ministry, September 27, 1946, in Kenneth M. Jensen, ed. , *Origins of the Cold War: The Novikov, Kennan,*

*and Roberts "Long Telegrams" of 1946*, revised edition (Washington: U-nited States Institute of Peace, 1993), pp. 3 – 4.

20. Mastny, *Russia's Road to the Cold War*, p. 270. 关于斯大林 – 丘吉尔协议的问题，见 Kimball, *The Juggler*, pp. 160 – 64.

21. Pechatnov and Edmondson, "The Russian Perspective," p. 98.

22. W. Averell Harriman and Elie Abel, *Special Envoy to Churchill and Stalin, 1941 – 1946* (New York: Random House, 1975), p. 444.

23. Pechatnov and Edmondson, "The Russian Perspective," p. 109.

24. Norman M. Naimark, *The Russians in Germany: A History of the Soviet Zone of Occupation, 1945 – 1949* (Cambridge, Massachusetts: Harvard University Press, 1995), pp. 69 – 140.

25. Tsuyoshi Hasagawa, *Racing the Enemy: Stalin, Truman, and the Surrender of Japan* (Cambridge, Massachusetts: Harvard University Press, 2005) 对这个问题做了最详尽的讨论。

26. 关于戴维·格林哥拉斯 – 朱丽叶斯·罗森堡案和克劳斯·福克斯案的详细论述，见 Richard Rhodes, *Dark Sun: The Making of the Hydrogen Bomb* (New York: Simon and Schuster, 1995), pp. 27 – 198. 关于第三个间谍案，即泰德·霍尔案的简略描述，见 Kai Bird and Martin J. Sherwin, *American Prometheus: The Triumph and Tragedy of J. Robert Oppenheimer* (New York: Knopf, 2005), pp. 286 – 87, and in an interview with Hall in CNN *Cold War*, Episode 21, "Spies."

27. Simon Sebag Montefiore, *Stalin: The Court of the Red Tsar* (New York: Knopf, 2004), p. 502.

28. Simon Sebag Montefiore, *Stalin: The Court of the Red Tsar* (New York: Knopf, 2004), p. 502.

29. Stalin to Molotov, Beria, Mikoyan, and Malenkov, December 9, 1945, in Levering, *et al.*, *Debating the Origins of the Cold War*, p. 155.

30. 关于这个问题的进一步论述，见 Robert Jervis, *Perception and Misperception in International Politics* (Princeton: Princeton University Press, 1976), pp. 62 – 67.

31. Albert Resis, ed., *Molotov Remembers: Inside Kremlin Politics: Conversations with Felix Chuev* (Chicago: Ivan R. Dec, 1993), p. 8.

32. Albert Resis, ed. , *Molotov Remembers: Inside Kremlin Politics: Conversations with Felix Chuev* (Chicago: Ivan R. Dec, 1993), p. 8.

33. For more on these crises, see FernandeScheidRaine, "The Iranian Crisis of 1946 and the Origins of the Cold War", in Leffler and Painter, eds. , *Origins of the Cold War*, pp. 93 – 111; and Eduard Mark, "The Turkish War Scare of 1946," in *ibid*, pp. 112 – 33.

34. Kennan, Memoirs: 1925 – 1950, pp. 292 – 95.

35. Kennan to State Department, February 22, 1946, U. S. Department of State, *Foreign Relations of the United States* [ hereafter *FRUS* ]: *1946*, VI, 699 – 700; "X" [ George F. Kennan ], "The Sources of Soviet Conduct," *Foreign Affairs*, 25 (July, 1947), 575, emphasis added.

36. Pechatnov and Edmondson, "The Russian Perspective," p. 116.

37. Novikov to Soviet Foreign Ministry, September 27, 1946, in Jensen, ed. , *Origins of the Cold War: The Novikov, Kennan, and Roberts "Long Telegrams" of 1946*, pp. 3 – 16.

38. Viktor L. Mal'kov, "Commentary," in *ibid*, p. 75.

39. Charles E. Bohlen, *Witness to History: 1929 – 1969* (New York: Norton, 1973), p. 263.

40. *Public Papers of the Presidents of the United States: Harry S. Truman*, 1947 (Washington: Government Printing Office, 1963), pp. 178 – 79.

41. Yoram Gorlizki and Oleg Khlevniuk, *Cold Peace: Stalin and the Soviet Ruling Circle*, 1945 – 1953 (New York: Oxford University Press, 2004), pp. 35 – 36.

42. Kennan, *Memoirs: 1925 – 1950*, p. 326.

43. John Lewis Gaddis, *We Now Know: Rethinking Cold War History* (New York: Oxford University Press, 1997), pp. 41 – 42.

44. Montefiore, *Stalin*, p. 569.

45. John A. Armitage, "The View from Czechoslovakia," in Thomas T. Hammond, ed. , *Witnesses to the Origins of the Cold War* (Seattle: University of Washington Press, 1982), pp. 225 – 26.

46. Nikita S. Khrushchev, *Khrushchev Remembers*, translated and edited by Strobe Talbott (New York: Little, Brown, 1970), p. 411n.

47. John Lewis Gaddis, *The Long Peace: Inquiries into the History of the Cold War* (*New York: Oxford University Press*, 1987), pp. 158 – 59.

48. Pechatnow and Edmondson: "The Russian Perspective," p. 139.

49. James V. Forrestal to Chan Gurney, December 8, 1947, in Walter Millis, ed., *The Forrestal Diaries* (New York: Viking, 1951), pp. 350 – 51.

50. Gaddis, *The Long Peace*, pp. 111 – 12.

51. PPS/39, "United States Policy Toward China," September 7, 1948, *FRUS*: 1948, VIII, 148.

52. James Chace, *Acheson: The Secretary of State Who Created the Modern World* (New York: Simon & Schuster, 1998), p. 217.

53. Chen Jian, *Mao's China and the Cold War* (Chapel Hill: University of North Carolina Press, 2001), p. 50.

54. Gaddis, *We Now Know*, pp. 58 – 66.

55. Marc Selverstone, " 'All Roads Lead to Moscow': The United States, Great Britain, and the Communist Monolith," Ph. D. Dissertation, Ohio University History Department, 2000, p. 380.

56. Gaddis, *We Now Know*, pp. 66 – 67.

57. Gaddis, *We Now Know*, p. 94.

58. David M. Oshinsky, *A Conspiracy So Immense: The World of Joe McCarthy* (New York: Free Press, 1983), pp. 108 – 9.

59. Gaddis, *The Long Peace*, p. 96.

60. Kathryn Weathersby, "Stalin and the Korean War," in Leffler and Painter, eds., *Origins of the Cold War*, pp. 274 – 75.

61. Gaddis, *We Now Know*, pp. 66 – 70, 158 – 61.

62. Gaddis, *The Long Peace*, p. 97.

63. Montefiore, *Stalin*, p. 608.

64. Chen Jian, *China's Road to the Korean War: The Making of the Sino – American Confrontation* (New York: Columbia University Press, 1994), p. 143. See also ShuGuang Zhang, *Mao's Military Romanticism: China and the Korean War*, 1950 – 1953 (Lawrence: University Press of Kansas, 1995), pp. 55 – 86.

65. Gaddis, *We Now Know*, pp. 79 – 80.

66. Interview with Lt. Col. Charles Bussey, U. S. Army 24th Infantry Regiment, CNN *Cold War*, Episode 5, "Korea."

67. Zhang, *Mao's Military Romanticism*, p. 78.

68. D. Clayton James, *The Years of MacArthur: Triumph and Disaster*, 1945 – 1964 (Boston: Houghton Mifflin, 1985), p. 536.

69. Kennan, *Memoirs: 1925 – 1950*, p. 319.

70. Michael Shelden, *Orwell: The Authorized Biography* (New York: Harper Collins, 1991), p. 430.

71. "International Control of Atomic Energy," January 20, 1950, in Thomas H. Etzold and John Lewis Gaddis, eds. , *Containment: Documents on American Policy and Strategy*, 1945 – 1950 (New York: Columbia University Press, 1978), p. 380. The passage is from *Troilus and Cressida*.

## 第二章 死亡艇和救生艇

1. *Public Papers of the Presidents of the United States: Harry S. Truman*, 1950 (Washington: Government Printing Office, 1965), p. 727.

2. 参见他关于德累斯顿轰炸的经典小说 *Slaughterbouse – Five* (New York: Delacorte Press, 1969).

3. 这些数据来自 the *Britannica Online* entry on the Korean War.

4. Bernard Brodie, "War in the Atomic Age," in Brodie, ed. , *The Absolute Weapon: Atomic Power and World Order* (New York: Harcourt, 1946), pp. 33 – 34.

5. Thucydides, *History of the Peloponnesian War*, translated by Rex Warner (New York: Penguin, 1972), p. 48. 没有人知道有多少人在伯罗奔尼撒战争中死亡，但是我的耶鲁同事、研究伯罗奔尼撒战争最杰出的历史学家唐纳德·卡根统计出了这个大概的死亡人数。第一次世界大战和第二次世界大战的死亡人数来自 *Britannica Online*.

6. Carl von Clausewitz, *On War*, edited and translated by Michael Howard and Peter Paret (Princeton: Princeton University Press, 1976), p. 87.

7. See Kai Bird and Martin J. Sherwin, *American Prometheus: The Triumph and Tragedy of J. Robert Oppenheimer* (New York: Knopf, 2005), pp. 221 – 22.

8. Diary entries, July 16, 1945, and September 26, 1946, in Robert H. Ferrell, ed., *Off the Record: The Private Papers of Harry S. Truman* (New York: Harper & Row, 1980), pp. 52, 99. 在回顾杜鲁门对核武器看法的变化时，我特别参考了 S. David Broscious, "Longing for International Control, Banking on American Superiority: Harry S. Truman's Approach to Nuclear Weapons," in John Lewis Gaddis, Philip H. Gordon, Ernest R. May, and Jonathan Rosenberg, eds., *Cold War Statesmen Confront the Bomb: Nuclear Diplomacy since* 1945 (New York: Oxford University Press, 1999), pp. 15 – 38.

9. David E. Lilienthal journal, July 21, 1948, in *The Journals of David E. Lilienthal: The Atomic Energy Years*, 1945 – 1950 (New York: Harper & Row, 1964), p. 391.

10. 内战的死亡人数来自 *Britannica Online*. 关于索姆河战役，参见 John Keegan, *The Face of Battle: A Study of Agincourt, Waterloo, and the Somme* (New York: Viking, 1976), p. 260. 关于第二次世界大战中的战略轰炸，参见 Richard Overy, *Why the Allies Won* (New York: Norton, 1996), pp. 101 – 33.

11. James V. Forrestal diary, July 15, 1948, in Walter Millis, ed., *The Forrestal Diaries* (New York: Viking, 1951), p. 458.

12. Vladislav M. Zubok, "Stalin and the Nuclear Age," in Gaddis, *et al.*, eds., *Cold War Statesmen Confront the Bomb*, p. 54.

13. Lilienthal journal, February 9, 1949, in *The Journals of David E. Lilienthal: The Atomic Energy Years*, p. 464.

14. Lilienthal journal, May 18, 1948, in *ibid.*, p. 342. See also Zubok, "Stalin and the Nuclear Age," p. 52.

15. Milovan Djilas, *Conversations with Stalin*, translated by Michael B. Petrovich (New York: Harcourt, Brace & World, 1962), p. 153.

16. Zubok, "Stalin and the Nuclear Age," p. 55; John Lewis Gaddis, *The Long Peace: Inquiries into the History of the Cold War* (New York: Oxford University Press, 1987), pp. 111 – 12. 关于苏联原子弹工程的花费，参见 David Holloway, *Stalin and the Bomb: The Soviet Union and Atomic Energy*, 1939 – 1956 (New Haven: Yale University Press, 1994), pp.

172 – 95.

17. John Lewis Gaddis, *We Now Know: Rethinking Cold War History* ( New York: Oxford University Press, 1997 ), p. 91; Zubok, "Stalin and the Nuclear Age," p. 58.

18. Sergei N. Goncharov, John W. Lewis, and XueLitai, *Uncertain Partners: Stalin, Mao, and the Korean War* ( Stanford: Stanford University Press, 1993 ), p. 69.

19. The interview, with Alexander Werth, appeared in *Pravda* on September 25, 1946.

20. Holloway, *Stalin and the Bomb*, p. 264.

21. 这些引文分别来自 Zubok, "Stalin and the Nuclear Age," p. 56, and Simon Sebag Montefiore, *Stalin: The Court of the Red Tsar* ( New York: Knopf, 2004 ), p. 601.

22. "NRDC Nuclear Notebook: Global Nuclear Stockpiles 1945 – 2002," *Bulletin of the Atomic Scientists*, 58 ( November/December, 2002 ), 102 – 3, also available at: http://www. thebulletin. org/issues/nukenotes/ndo2nukenote. html.

23. 有关这个问题的进一步论述，参见 Gaddis, *The Long Peace*, p. 116.

24. William Stueck, *Rethinking the Korean War: A New Diplomatic and Military History* ( Princeton: Princeton University Press, 2002 ), p. 124. See also Roger Dingman, "Atomic Diplomacy During the Korean War," *International Security*, 13 ( Winter, 1988/89 ), 50 – 91.

25. See above, p. 45.

26. Stalin to Mao, June 5, 1951, Cold War International History Project [hereafter CWIHP] *Bulletin*, #6 – 7 ( Winter, 1995/96 ), 59. 关于这些事件来龙去脉的详细描述，参见 Gaddis, *We Now Know*, pp. 103 – 10.

27. 有关苏联在朝鲜战争中的军事卷入的更多信息，可登录 http://www. korean – war. com/ussr. html.

28. Bird and Sherwin, *American Prometheus*, pp. 416 – 30; George F. Kennan, Memoirs: 1925 – 1950 ( Boston: Atlantic – Little Brown, 1967 ), pp. 471 – 76.

29. Gaddis, *The Long Peace*, p. 113. See also Gaddis, *We Now Know*, pp.

230 – 32.

30. George Cowan and N. A. Vlasov, quoted in *ibid.* , p. 224.

31. Andrew P. N. Erdmann, " ' War No Longer Has Any Logic Whatever ' :
    Dwight D. Eisenhower and the Thermonuclear Revolution," in Gaddis, *et
    al.* , eds. , *Cold War Statesmen Confront the Bomb*, p. 101.

32. Andrew P. N. Erdmann, " ' War No Longer Has Any Logic Whatever ' :
    Dwight D. Eisenhower and the Thermonuclear Revolution," in Gaddis, *et
    al.* , eds. , *Cold War Statesmen Confront the Bomb*, p. 101.

33. Holloway, *Stalin and the Bomb*, pp. 336 – 37.

34. Gaddis, *The Long Peace*, p. 109.

35. Jonathan Rosenberg, "Before the Bomb and After: Winston Churchill and
    the Use of Force," in Gaddis, *et al.* , eds. , *Cold war Statesmen Confront
    the Bomb*, p. 191.

36. James C. Hagerty diary, July 27, 1954, in *FRUS*: 1952 – 54, XV,
    1844 – 45.

37. Erdmann, "Eisenhower and the Thermonuclear Revolution," pp. 106 –
    7, 113.

38. Erdmann, "Eisenhower and the Thermonuclear Revolution," p. 109.

39. 影响我的观点的书有 Campbell Craig, *Destroying the Village*: *Eisenhower
    and Thermonuclear War* ( New York: Columbia University Press, 1999),
    especially pp. 67 – 70.

40. William Taubman, *Khrushchev*: *The Man and His Era* ( New York: Nor-
    ton, 2003), pp. 147 – 78.

41. Nikita S. Khrushchev, *Khrushchev Remembers*: *The Last Testament*, trans-
    lated and edited by Strobe Talbott ( Boston: Little, Brown, 1974), p.
    47; James G. Blight, Bruce J. Allyn, and David A. Welch, *Cuba on the
    Brink*: *Castro*, *the Missile Crisis*, *and the Soviet Collapse* ( New York:
    Pantheon, 1993), p. 130. 关于这一时期苏联拥有的轰炸机和导弹数
    量, 参见 Stephen J. Zaloga, *The Kremlin's Nuclear Sword*: *The Rise and
    Fall of Russia's Strategic Nuclear Forces*, 1945 – 2000 ( Washington:
    Smithsonian Institution, 2002), pp. 22 – 59.

42. 有关这一问题的进一步讨论, 参见 Gaddis, *We Now Know*, pp. 234 –

39; also Sergei Khrushchev, *Khrushchev on Khrushchev: An Inside Account of the Man and His Era*, edited and translated by William Taubman ( Boston: Little, Brown, 1990 ), p. 56.

43. Taubman, *Khrushchev*, p. 407.

44. McGeorge Bundy, *Danger and Survival: Choices About the Bomb in the First Fifty Years* ( New York: Random House, 1988 ), p. 331.

45. Hope M. Harrison, *Driving the Soviets Up the Wall: Soviet-East German Relations*, 1953 – 1961 ( Princeton: Princeton University Press, 2003 ), pp. 111 – 12; Khrushchev, *Khrushchev Remembers: The Last Testament*, p. 501; Taubman, *Khrushchev*, p. 407; Dean Rusk, as told to Richard Rusk, *As I Saw It* ( New York: Norton 1990 ), p. 227.

46. Sergei Khrushchev, *Khrushchev on Khrushchev*, p. 356. Emphasis in original.

47. 有关赫鲁晓夫访美的最精彩描述, 参见 Taubman, *Khrushchev*, pp. 419 – 41.

48. John Ranelagh, *The Agency: The Rise and Decline of the CIA* ( New York: Simon and Schuster, 1986 ), pp. 149 – 59.

49. Andrew Goodpaster interview, CNN *Cold War*, Episode 8, "Sputnik, 1949 – 61."

50. Michael R. Beschloss, *Mayday: Eisenbower, Khrushchev and the U – 2 Affair* ( New York: Harper & Row, 1986 ), pp121 – 22.

51. Zaloga, *The Kremlin's Nuclear Sword*, pp. 49 – 50.

52. Taubman, *Khrushchev*, p. 444.

53. Taubman, *Khrushchev*, p. 460.

54. Deputy Secretary of Defense Roswell Gilpatric, quoted in Gaddis, *We Now Know*, p. 256.

55. Taubman, *Khrushchev*, p. 536.

56. AleksandrFursenko and Timothy Naftali, *"One Hell of a Gamble": Khrushchev, Castro, and Kennedy*, 1958 – 1964 ( New York: Norton, 1997 ), p171. See also Taubman, *Khrushchev*, pp. 536 – 37.

57. Fursenko and Naftali, *"One Hell of a gamble,"* p. 39.

58. Nikita S. Khrushchev, *Khrushchev Remembers*, translated and edited by

280 / 冷 战

Strobe Talbott (New York: Bantam, 1971), p.546.

59. Taubman, *Khrushchev*, p537.

60. See the transcripts of conversations between American and Soviet veterans of the crisis in Blight, Allyn, and Welch, *Cuba on the Brink*; and in James G. Blight and David A. Welch, *On the Brink, Ameicansans Soviets Reexamine the Cuban Missile Crisis* (New York: Hill and Wang, 1989).

61. Kennedy meeting with advisers, October 22, 1962, in Ernest R. May and Philip D. Zelikow, eds., *The Kennedy Tapes: Inside the White House during the Cuban Missile Crisis* (Cambridge, Massachusetts: Harvard University Press, 1997), p.235.

62. Taubman, *Khrushchev*, p552.

63. Blight, Allyn, and Welch, *Cuba on the Brink*, p.259.

64. Blight, Allyn, and Welch, *Cuba on the Brink*, p.203.

65. Gaddis, *We Now Know*, p.262; "NRDC Nuclear Notebook: Global Nuclear Stockpiles, 1945 – 2002," p.104.

66. Blight, Allyn, and Welch, *Cuba on the Brink*, p.360.

67. Lawrence Freedman, *The Evolution of Nuclear Strategy* (New York: St. Martin's Press, 1983), p.235.

68. Lawrence Freedman, *The Evolution of Nuclear Strategy* (New York: St. Martin's Press, 1983), p.238.

69. CNN *Cold War*, Episode 10, "Cuba: 1959 – 1962."

70. Bundy, *Danger and Survival*, pp.543 – 48.

71. 有关这一问题的进一步论述，参见 Gaddis, *The Long Peace*, pp. 195 – 214.

72. Yann Martel, *Life of Pi* (New York: Harcourt, 2002).

# 第三章　指令社会抗衡自发社会

1. Benjamin Disraeli, *Sybil; or, The Two Nations* (New York: Oxford University Press, 1991; first published in 1845), pp.65 – 66.

2. Bohlen memorandum August 30, 1947, *FRUS*: 1947, I, 763 – 64.

3. William Taubman, *Khrushchev: The Man and His Era* (New York: Norton, 2003), pp.427, 511.

4. Michael R. Beschloss, *The Crisis Years: Kennedy and Khrushchev*, 1960 – 1963 (New York: HarperCollins, 1991), pp. 224 – 25, 227.

5. Disraeli, *Sybil*, p. 115.

6. 这两个引语都出自 Tony Smith, *Thinking Like a Communist: State and Legitimacy in the Soviet Union, China, and Cuba* (New York: Norton, 1987), pp. 23, 48.

7. 我在这段和下面几段论述中所做的分析受了 Arno J. Mayer in his book *Wilson Vs. Lenin: Political Origins of the New Diplomacy*, 1917 – 1918 (New Haven: Yale University Press, 1959) 观点的影响。

8. 有关威尔逊在 1919 年谈判《凡尔赛条约》时所做的妥协的最新和最令人满意的解释，参见 Margaret Macmillan, *Paris 1919: Six Months That Changed the World* (New York: Random House, 2001).

9. Edward Hallett Carr, *The Twenty Years' Crisis*, 1919 – 1939: *An Introduction to the Study of International Relations* (London: Macmillan, 1940), pp. 37 – 38. 有关卡尔那段话的时代背景的分析，参见 Jonathan Haslam, *No Virtue Like Necessity: Realist Thought in International Relations since Machiavelli* (New Haven: Yale University Press, 2002), pp. 187 – 88.

10. KrystynaKersten, *The Establishment of Communist Rule in Poland*, 1943 – 1948, translated by John Micgiel and Michael H. Barnhart (Berkeley: University of California Press, 1991) 为这个观点提供了证据。

11. Reinhold Niebuhr, "Russia and the West," *The Nation*, 156 (January 16, 1943), 83. See also Richard Wightman Fox, *Reinhold Niebuhr: A Biography* (New York: Pantheon, 1985), p. 227.

12. *The Memoirs of Cordell Hull* (New York: Macmillan, 1948), II, 1681.

13. John Lewis Gaddis, *Strategies of Containment: A Critical Appraisal of American National Security Policy During the Cold War*, revised and updated edition (New York: Oxford University Press, 2005), p. 3.

14. See Harold James and Marzenna James, "The Origins of the Cold War: Some New Documents," *Historical Journal*, 37 (September, 1994), 615 – 22.

15. 关于 1946 年 2 月 9 日斯大林做的有关"选择"的演讲，参见 *Vital Speeches*, 12 (March 1, 1946), 300 – 304.

16. Jussi M. Hanhimaki and Odd ArncWestad, eds., *The Cold War: A History*

*in Documents and Eyewitness Accounts* ( New York: Oxford University Press, 2003), p. 48. 关于丘吉尔演讲的背景分析，参见 Martin Gilbert, *"Never Despair"*: *Winston S. Churchill*, 1945 – 1965 ( London: Heineman, 1988), pp. 180 – 206.

17. Joseph M. Jones t Dean Acheson, May 20, 1947, *FRUS*: 1947, III, 229.

18. John Lewis Gaddis, *The Long Peace*: *Inquiries into the History of the Cold War* ( New York: Oxford University Press, 1987), p. 154.

19. Disraeli, *Sybil*, p. 246.

20. Bohlen memorandum, August 30, 1947, *FRUS*: 1947, I, 764.

21. 关于苏联采用恐怖手段的众多案例，参见 Richard Pipes, ed. , *The Unknown Lenin*: *From the Secret Archive* ( New Haven: Yale University Press, 1996).

22. Ronald Grigor Sunny, *The Soviet Experiment*: *Russia, the USSR, and the Successor States* ( New York: Oxford University Press, 1998 ), pp. 226, 228, 266.

23. Catherine Merridale, *Night of Stone*: *Death and Memory in Russia* ( London: Granta, 2000), pp. 196 – 205.

24. See above, p. 24.

25. William I. Hitchcock, *The Struggle for Europe*: *The Turbulent History of a Divided Continent* 1945 – 2002 ( New York: Doubleday, 2002), p. 105.

26. Vladimir O. Pechatnov and C. Earl Edmondson, "The Russian Perspective," in Ralph B. Levering, *et al.* , eds. , *Debating the Origins of the Cold War*: *American and Russian Perspective* ( New York: Rowman& Littlefield, 2002), p. 100.

27. Suny, *The Soviet Experiment*, p. 376.

28. Anne Applebaum, *Gulag*: *A History* ( New York: Doubleday, 2003 ), pp. xvi, 92. 关于斯大林执政最后几年的描述，参见 Yoram Gorlizki and Oleg Khlevniuk, *Cold Peace*: *Stalin and the Soviet Ruling Circle*, 1945 – 1953 ( New York: Oxford University Press, 2004 ); and Simon Sebag Montefiore, *Stalin*: *The Court of the Red Tsar* ( New York: Knopf, 2004), pp. 585 – 650.

29. Karl Marx, "Manifesto of the Communist Party," in Robert C. Tucker, ed. , *The Marx - Engels Reader*, Second edition (New York: Norton, 1978), p. 500.

30. 对于凯南思想的进一步分析，参见 Gaddis, *Strategies of Containment*, pp. 30 - 31.

31. Montefiore, *Stalin*, p. 614.

32. Jonathan Brent and Vladimir P. Naumov, *Stalin's Last Crime: The Plot Against the Jewish Doctors*, 1948 - 1953 (New York: HarperCollins, 2003), pp. 312 - 22.

33. Amy Knight, *Beria: Stalin's First Lieutenant* (Princeton: Princeton University Press, 1993), pp. 186 - 91.

34. John Lewis Gaddis, *We Now Know: Rethinking Cold War History* (New York: Oxford University Press, 1997), pp. 125 - 29.

35. 有关这一问题的最好论述，参见 Christian Ostermann, ed. , *Uprising in East Germany*, 1953 (Budapest: Central European University Press, 2001).

36. 有关逮捕贝利亚及其影响的论述，参见 Knight, *Beria*, pp. 191 - 224; also Hope M. Harrison, *Driving the Soviets Up the Wall: Soviet - East German Relations*, 1953 - 1961 (Princeton: Princeton University Press, 2003), pp. 12 - 48.

37. Taubman, *Khrushchev*, p. 274.

38. Dulles speech to Kiwanis International, June 21, 1956, *Department of State Bulletin*, 35 (July 2, 1956), 4.

39. Taubman, *Khrushchev*, p. 290.

40. Andras Hegedus interview, CNN *Cold War*, Episode 7, "After Stalin."

41. Taubman, *Khrushchev*, p. 301.

42. Interview, PBS/BBC *Messengers from Moscow*, Episode 2, "East."

43. See Gaddis, *We Now Know*, pp. 66 - 68.

44. Li Zhisui, *The Private Life of Chairman Mao: The Memoirs of Mao's Personal Physician*, translated by Tai Hung - chao (New York: Random House, 1994), p. 115.

45. Gaddis, *We Now Know*, pp. 214.

46. 这个数据来自 Jasper Becker, *Hungry Ghosts*: *Mao's Secret Famine* (New York: Free Press, 1996), pp. 266 – 74.

47. Stefan Heym interview, CNN *Cold War*, Episode 9, "The Wall."

48. 1953 年 7 月 2 日马林科夫在苏共中央全会的讲话被收录在 Ostermann, ed., *Uprising in East Germany*, 1953, p. 158.

49. Harrison, *Driving the Soviets Up the Wall*, pp. 72, 99 – 100.

50. Harrison, *Driving the Soviets Up the Wall*, , p. 124.

51. David Reynolds, *One World Divisible*: *A Global History Since* 1945 (New York: Norton, 2000), p. 134.

52. Harrison, *Driving the Soviets Up the Wall*, pp. 178 – 79.

53. Harrison, *Driving the Soviets Up the Wall*, pp. 20 – 21, 169, 186.

54. Beschloss, *The Crisis Years*, p. 278.

55. Kennedy Berlin speech, June 26, 1963, *Public Papers of the Presidents of the United States*: *John F. Kennedy*, 1963 (Washington: Government Printing Office, 1964), pp. 524 – 25.

56. Eric Hobsbawm, *The Age of Extremes*: *A History of the World*, 1914 – 1991 (New York: Pantheon Books, 1994), pp. 257 – 67.

57. Eric Hobsbawm, *The Age of Extremes*: *A History of the World*, 1914 – 1991 (New York: Pantheon Books, 1994), pp. 268 – 71.

58. Eric Hobsbawm, *The Age of Extremes*: *A History of the World*, 1914 – 1991 (New York: Pantheon Books, 1994), p. 250.

# 第四章 自主的兴起

1. Jonathan Schell, *The Unconquerable World*: *Power*, *Nonviolence*, *and the Will of the People* (New York: Metropolitan Books, 2003), p. 347. 我稍微修改了一下这个引言，使它更适用于冷战帝国以及谢尔所关注的殖民帝国。

2. 这段的引文以及上段对罢免赫鲁晓夫的描述引自 William Taubman, *Khrushchev*: *The Man and His Era* (New York: Norton, 2003), pp. 13, 15；以及 Sergei Khrushchev, *Khrushchev on Khrushchev*: *An Inside Account of the Man and His Era*, edited and translated by William Taubman (Boston: Little, Brown, 1990), pp. 157 – 58.

3. 关于这一部分内容的两本很好的著作: Jared Diamond, *Guns, Germs, and Steel: The Fates of Human Societies* (New York: Norton, 1997), 以及 J. R. McNeill and William H. McNeill, *The Human Web: A Bird's - Eye View of World History* (New York: Norton, 2003).

4. 我主要摘引自 Erez Manela, "The Wilsonian Movement: Self Determination and the International Origins of Anticolonial Nationalism, 1917 - 1920," Ph. D Dissertation, Yale University History Department, 2003.

5. 我主要摘引自 Erez Manela, "The Wilsonian Movement: Self Determination and the International Origins of Anticolonial Nationalism, 1917 - 1920," Ph. D Dissertation, Yale University History Department, 2003, p. 15.

6. Taubman, *Khrushchev*, p. 354.

7. Eisenhower press conference, April 7, 1954, *Public Papers of the Presidents of the United States: Dwight D. Eisenhower*, 1954 (Washington: Government Printing Office, 1960), p. 383.

8. 参见: Vojtech Mastny, *The Cold War and Soviet Insecurity: The Stalin Years* (New York: Oxford University Press, 1996), pp. 71 - 74, 102; 以及 Simon Sebag Montefiore, *Stalin: The Court of the Red Tsar* (New York: Knopf, 2004), pp. 631, 635.

9. Taubman, *Khrushchev*, pp. 298 - 99.

10. 关于这部分内容的一些最好的阐述, 参见 Robert J. McMahon, *The Cold War on the Periphery: The United States, India, and Pakistan* (New York: Columbia University Press, 1994); and Andrew J. Rotter, *Comrades at Odds: The United States and India*, 1947 - 1964 (Ithaca: Cornell University Press, 2000).

11. Mohamed Heikal, *The Sphinx and the Commissar: The Rise and Fall of Soviet Influence in the Middle East* (New York: Harper & Row, 1978), p. 58. 此外参见: Qiang Zhai, *China and the Vietnam Wars*, 1950 - 1975 (Chapel Hill: University of North Carolina Press, 2000), pp. 65 - 69.

12. Douglas Little, *American Orientalism: The United States in the Middle East since 1945* (Chapel Hill: University of North Carolina Press, 2002), p. 168.

13. Douglas Little, *American Orientalism: The United States in the Middle East*

*since* 1945（Chapel Hill：University of North Carolina Press，2002），pp. 170 – 72.

14. Keith Kyle，*Suez*（New York：St. Martin's，1991），p. 314.

15. Little，*American Orientalism*，p. 179.

16. 参见 Diane B. Kunz，*The Economic Diplomacy of the Suez Crisis*，（Chapel Hill：University of North Carolina Press，1991）.

17. Salim Yaqub，*Containing Arab Nationalism*：*The Eisenhower Doctrine and the Middle East*（Chapel Hill：University of North Carolina Press，2004），p. 178.

18. 国家安全委员会会议记录，1958 年 7 月 31 日，*FRUS*：1958 – 60，XII，132. 此外参见：John Lewis Gaddis，*We Now Know*：*Rethinking Cold War History*（New York：Oxford University Press，1997），p. 175.

19. Fredrik Logevall，*Choosing War*：*The Lost Chance for Peace and the Escalation of the War in Vietnam*（Berkeley：University of California Press，1999），pp. 6 – 8.

20. William Stueck，*The Korean War*：*An International History*（Princeton：Princeton University Press，1995），pp. 330 – 42.

21. 国家安全委员会会议记录，1953 年 7 月 2 日，*FRUS*：1952 – 54，XV，1307. 斜体的强调格式为档案原文所做。

22. Kathryn Weathersby，"New Evidence on North Korea：Introduction," *CWIHP Bulletin*，#14/15（Winter，2003 – Spring，2004），p. 5. 此外参见：Bernd Schfer，"Weathering the Sino – Soviet Conflict：The GDR and North Korea，1949 – 1989," *ibid.*，pp. 25 – 85；and Balázs Szalontai，"You Have No Political Line of Your Own's：Kim Il Sung and the Soviets，1953 – 1964," *ibid.*，pp. 87 – 103.

23. 毛泽东对全国人民代表大会的讲话，1958 年 9 月 5 日、8 日，CWIHP *Bulletin*，#6/7（Winter，1995 – 96），pp. 216 – 19. 此外参见：Chen Jian，*Mao's China and the Cold War*（Chapel Hill：University of North Carolina Press，2001），pp. 185 – 87.

24. 毛泽东对全国人民代表大会的讲话，1958 年 9 月 5 日、8 日，CWIHP *Bulletin*，#6/7（Winter，1995 – 96），pp. 216 – 19. 此外参见：Chen Jian，*Mao's China and the Cold War*（Chapel Hill：University of North

Carolina Press，2001），pp. 174 – 76.

25. 杜勒斯同中国国民党外交部长叶公超的谈话，1955 年 1 月 19 日，*FRUS*：1955 – 57，II，47.

26. Li Zhisui，*The Private Life of Chairman Mao*：*The Memoirs of Mao's Personal Physician*，translated by Tai Huang – chao（New York：Random House，1994），p. 270.

27. Gaddis，*We Now Know*，p. 252.

28. Lawrence Freedman，*Kennedy's Wars*：*Berlin*，*Cuba*，*Laos*，*and Vietnam*（New York：Oxford University Press，2000），p. 308.

29. Larry Berman，*Planning a Tragedy*：*The Americanization of the War in Vietnam*（New York：Norton，1982）该书提供了简洁的叙述。

30. 1965 年 7 月 28 日记者招待会，*Public Papers of the Presidents of the United ed States*：*Lyndon B. Johnson*，1965（Washington：Government Printing Office，1966），p. 794.

31. 伯德·约翰逊夫人录音日记，1965 年 7 月 22 日、25 日，转引自 Michael R. Beschloss，ed.，*Reaching for Glory*：*Lyndon Johnson's Secret White House Tapes*，1964 – 1965（New York：Simon and Schuster，2001），pp. 403，407.

32. Ilya V. Gaiduk，*The Soviet Union and the Vietnam War*（Chicago：Ivan R. Dee，1996），pp. 55 – 56. 另外参见：Logevall，*Choosing War*，pp. 322 – 23；以及 Zhai，*Chian and the Vietnam Wars*，especially pp. 148 – 51.

33. Anatoly Dobrynin，*In Confidence*：*Moscow's Ambassador to America's Six Cold War Presidents*（1962 – 1986）（New York：Random House，1995），p. 136.

34. 这一段以及其他一些篇章，引自 *We Now Know*，pp. 149 – 51.

35. Marc Trachtenberg，*A Constructed Peace*：*The Making of a European Settlement*，1945 – 1963（Princeton：Princeton University Press，1999），p. 132. 括号内容为译者所加。

36. Marc Trachtenberg，*A Constructed Peace*：*The Making of a European Settlement*，1945 – 1963（Princeton：Princeton University Press，1999），p. 275.

37. Hope H. Harrison，*Driving the Soviets Up the Wall*：*Soviet – East German*

*Relations*, 1953 – 1961 （Princeton：Princeton University Press, 2003），p. 74.

38. Hope H. Harrison, *Driving the Soviets Up the Wall：Soviet – East German Relations*, 1953 – 1961 （Princeton：Princeton University Press, 2003），p. 104.

39. 对这一点，参见 Gaddis, *We Now Know*, pp. 252 – 53.

40. Harrison, *Driving the Soviets Up the Wall*, p. 155.

41. Gaddis, *We Now Know*, pp. 146 – 47.

42. 关于最后一点，参见 Trachtenberg, *A Constructed Peace*, pp. 208 – 9.

43. Taubman, *Khrushchev*, pp. 336 – 37；以及 Chen, *Mao's Chian and the Cold War*, pp. 61 – 63；John Wilson Lewis and Xue Litai, *China Builds the Bomb* （Stanford：Stanford University Press, 1988），pp. 35 – 45.

44. Matthew Connelly, *A Diplomatic Revolution：Algeria's Fight for Independence and the Origins of the Post – Cold War Era* （New York：Oxford University Press, 2002），p. 169.

45. Trachtenberg, *A Constructed Peace*, p. 224.

46. 关于戴高乐的核战略，参见：Philip H. Gordon, *A Certain Idea of France：French Security Policy and the Gaullist Legacy* （Princeton：Princeton University Press, 1993），pp. 57 – 64.

47. Dean Rusk, as told to Richard Rusk, *As I Saw It* （New York：Norton, 1990），p. 271.

48. Logevall, *Choosing War*, p. 84.

49. 约翰逊与拉塞尔在电话中的交谈，1964 年 1 月 15 日，参见 Michael R. Beschloss, ed., *Taking Charge：The Johnson White House Tapes*, 1963 – 1964 （New York：Simon and Schuster, 1997），p. 162.

50. Taubman, *Khrushchev*, p. 337.

51. 关于这一点，参见 Thomas J. Christensen, *Useful Adversaries：Grand Strategy, Domestic Mobilization, and Sino – American Conflict*, 1947 – 1958 （Princeton：Princeton University Press, 1996），特别是第 244 页。

52. Minutes, Mao – Yudin conversation, July 22, 1958, CWIHP *Bulletin*, #6/7, p. 155. 此外参见 Chen, *Mao's China and the Cold War*, pp. 73 – 75.

53. Nikita S. Khrushchev, *Khrushchev Remembers*, translated and edited by

Strobe Talbott（New York：Bantam，1971），p.519.

54. Chen，*Mao's China and the Cold War*，pp.73，82 – 83.

55. 翔实的记录，参见 Lorenz Lüthi，"The Sino – Soviet Split，1956 – 1966，"博士论文，耶鲁大学历史系，2003 年。

56. Khrushchev，*Khrushchev Remembers*，p.270.

57. 这种比喻原本出现在乔治·凯南（George F. Kennan）写的一个语境非常不同的文本中，参见 John Lewis Gaddis，*Strategies of Containment：A Critical Appraisal of American National Security Policy During the Cold War*（New York：Oxford University Press，2005），pp.73 – 74.

58. Li，*The Private Life of Chairman Mao*，pp.488 – 93.

59. Jeremi Suri，*Power and Protest：Global Revolution and the Rise of Détente*（Cambridge，Massachusetts：Harvard University Press，2003），p. I. 随后几章的论述在很大程度上依赖这本开拓性的著作。

60. 两条引语参见 Matthew J. Ouimet，*The Rise and Fall of the Brezhnev Doctrine in Soviet Foreign Policy*（Chapel Hill：University of North Carolina Press，2003），pp.19 – 20.

61. Suri，*Power and Protest*，pp.172 – 81.

62. Allen J. Matusow，*The Unraveling of America：A History of Liberalism in the 1960s*（New York：Harper&Row，1984），p.405. 关于芝加哥大会，参见 411 – 422 页。

63. Henry Kissinger，*White House Years*（Boston：Little，Brown，1979），p.56.

64. 1970 年 4 月 30 日尼克松的全国演说，*Public Papers of the Presidents of the United States：Richard M. Nixon*，1970（Washington：Government Printing Office，1971），p.143.

65. Stephen Ambrose，*Nixon：The Triumph of a Politician*，1962 – 1972（New York：Simon and Schuster，1989），pp.354 – 56.

66. David Reynolds，*One World Divisible：A Global History Since* 1945（New York：Norton，2000），pp.137 – 44.

67. 数字来源于 Suri，*Power and Protest*，p.269.

68. Li，*The Private Life of Chairman Mao*，p.463.

69. Jean – Louis Margolin，"China：A Long March into Night，" in Courtois，

et al. , *The Black Book of Communism*, p. 513.

70. 两条引语引自 Suri, *Power and Protest*, pp. 209 – 10, 第二条引言加了着重号。

71. Piero Gleijeses, *Conflicting Missions: Havana, Washington, and Africa*, 1959 – 1976 ( Chapel Hill: University of North Carolina Press, 2002 ), pp. 101 – 59, 记录了格瓦拉在非洲的失败。他的全部记录和他牺牲后的声誉，都在 Alvaro Vargas Llosa 的文章中有简要评述，"The Killing Machine: Che Guevara, From Communist Firebrand to Capitalist Brand," *The New Republic*, 233 ( July 11 and 18, 2005 ), 25 – 30.

72. Kissinger, *White House Years*, pp. 182 – 83.

73. Ouimet, *The Rise and Fall of the Brezhnev Doctrine*, p. 67.

74. Kissinger, White House Years, p. 443. 此外参见 Zhai, *China and the Vietnam Wars*, pp. 173 – 74.

75. Kissinger, White House Years, p. 443. 此外参见 Zhai, *China and the Vietnam Wars*, p. 205.

76. Kissinger, *White House Years*, pp750 – 51; Suri, *Power and Protest*, p. 240.

77. Transcript, Nixon – Mao conversation, Beijing, February 21, 1972, in William Burr, ed. , *The Kissinger Transcripts: The Top Secret Talks with Beijing and Moscow* ( New York: New Press, 1998 ), pp. 59 – 65.

78. Ouimet, *The Rise and Fall of the Brezhnev Doctrine*, pp. 16 – 17, 21, 43 – 55, 58; Suri, *Power and Protest*, pp. 202 – 6.

79. Suri, *Power and Protest*, pp. 202 – 24. 此外参见 Timothy Garton Ash, *In Europe's Name: Germany and the Divided Continent* ( New York: Random House, 1991 ); and M. E. Sarotte, *Dealing with the Devil: East Germany, Détente, and Ostpolitik*, 1969 – 1873 ( Chapel Hill: University of North Carolina Press, 2001 ).

80. 引自 Richard Nixon, *RN: The Memoirs of Richard Nixon* ( New York: Grosset and Dunlap, 1978 ), p. 715. 此外参见 Kissinger, *White House Years*, p. 298.

# 第五章　公正的恢复

1. Niccolò Machiavelli, *The Prince*, translated by Harvey C. Mansfield, second

edition（Chicago：University of Chicago Press，1998），p. 61.

2. Anatoly Dobrynin，*In Confidence：Moscow's Ambassador to America's Six Cold War Presidents*（1962 – 1986）（New York：Random House，1995），p. 316.

3. Richard M. Nixon，*RN：The Memoirs of Richard Nixon*（New York：Grosset and Dunlap，1978），p. 1018.

4. 1977 年 5 月 19 日对 David Frost 的采访，http：//www. landmarkcases. org/nixon/nixonview. html.

5. 关于水门事件的简要历史，参见 Keith W. Olson，*Watergate：The Presidential Scandal that Shook America*（Lawrence：University Press of Kansas，2003）.

6. "Idea for a Universal History with a Cosmopolitan Purpose," in Hans Reiss，ed. , *Kant：Political Writings*，translated by H. B. Nisbet，second edition（Cambridge：Cambridge University Press，1991），p. 45.

7. Adam Roberts，"Order/Justice Issues at the United Nations," in Rosemary Foot，John Lewis Gaddis，and Andrew Hurrell，eds. , *Order and Justice in International Relations*（New York：Oxford University Press，2003），p. 53. 在后面一些段落的写作中，我还受益于阅读我的同事保罗·肯尼迪（Paul Kennedy）即将出版的新书 *The Parliament of Man：The Past，Present，and Future of the United Nations*。

8. Alonzo L. Hamby，*Man of the People：A Life of Harry S. Truman*（New York：Oxford University Press，1995），p. 13.

9. Kennan to Dean Acheson，November 14，1949，*FRUS：1949，II，19*.

10. JCS 1769/1，"United States Assistance to Other Countries from the Standpoint of National Security," April 29，1947，*FRUS：1947，I，748*.

11. Roberts，"Order/Justice Issues at the United Nations," pp. 62 – 63.

12. 在这一部分和下一部分，我引用了我在 *The United States and the End of the Cold War：Implications，Reconsiderations，Provocations*（New York：Oxford University Press，1992），pp. 48 – 60. 一书中提出的一些论点。

13. "X" [George F. Kennan]，"The Sources of Soviet Conduct," *Foreign Affairs*，25（July，1947），582.

14. Arnold Wolfers，引自：Wilson D. Miscamble，C. S. C. , *George F. Ken-*

*nan and the Making of American Foreign Policy*, 1947 – 1950 (Princeton: Princeton University Press, 1992), p. 104.

15. Sallie Pisani, *The CIA and the Marshall Plan* (Lawrence: University Press of Kansas, 1991), p. 70. 此外参见: Miscamble, *Kennan and the and the Making of American Foreign Policy*, pp. 106 – 11; 以及 James Edward Miller, *The United States and Italy*, 1940 – 1950: *The Politics and Diplomacy of Stabilization* (Chapel Hill: University of North Carolina Press, 1986), pp. 243 – 49.

16. NSC 10/2, "National Security Council Directive on Office of Special Projects," June 18, 1948, *FRUS*: 1945 – 1950: *Emergence of the Intelligence Establishment* (Washington: Government Printing Office, 1996), p. 714.

17. "Memorandum of Conversation and Understanding," drafted by Frank G. Wisner and approved by Kennan, August 6, *ibid.*, p. 720.

18. Anne Karalekas, "History of the Central Intelligence Agency," in U. S. Congress, Senate, Select Committee to Study Government Operations with Respect to Intelligence Activities, *Final Report: Supplementary Detailed Staff Reports on Foreign and Military Intelligence: Book IV* (Washington: Government Printing Office, 1976), p. 31.

19. Anne Karalekas, "History of the Central Intelligence Agency," in U. S. Congress, Senate, Select Committee to Study Government Operations with Respect to Intelligence Activities, *Final Report: Supplementary Detailed Staff Reports on Foreign and Military Intelligence: Book IV* (Washington: Government Printing Office, 1976), pp. 31 – 32.

20. 关于中央情报局这些行动的详细描述, 参见: John Ranelagh, *The Agency: The Rise and Decline of the CIA* (New York: Simon and Schuster, 1986), pp. 203 – 28, 246 – 69. 关于侦察飞行, 参见: R. Cargill Hall and Clayton D. Laurie, eds., *Early Cold War Overflights*, two volumens (Washington: National Reconnaissance Office, 2003).

21. Miscamble, *Kennan and the Making of American Foreign Policy*, p. 109. 此外参见: George F. Kennan, *Memoirs*: 1950 – 1963 (Boston: Little, Brown, 1972), pp. 202 – 3.

22. NSC – 68，"United States Objectives and Programs for National Security," April 14, 1950, *FRUS*: 1950, I, 243 – 44.

23. 关于这一点，更多参见：John Lewis Gaddis, *Strategies of Containment: A Critical Appraisal of American National Security Policy During the Cold War*, revised and updated edition（New York: Oxford University Press, 2005），第 3 – 5 章。

24. Loch K. Johnson, *America's Secret Power: The CIA in a Democratic Society*（New York: Oxford University Press, 1989），p. 10. 这个报告是以其主要作者空军中将詹姆斯·杜立德（James Doolittle）之名命名的。

25. Gaddis, *The United Stated and the End of the Cold War*, p. 55. 着重号为原文所做。

26. Johnson, *America's Secret Power*, p. 10.

27. Harold M. Greenberg, "The Dolittle Report: Covert Action and Congressional Oversight of the Central Intelligence Agency in the mid – 1950s," Senior Essay, Yale University History Department, 2005.

28. 2000 年 3 月 17 日国务卿马德琳·奥尔布赖特（Madeleine K. Albright）对美国伊朗关系理事会的讲话；Nicholas Cullather, *Operation PB Success: The United States and Guatemala*, 1952 – 1954（Washington: Central Intelligence Agency, 1994）；*FRUS*: 1952 – 54, *Guatemala*（Washington: Government Printing Office, 1993）.

29. Robert E. Quirk, *Fidel Castro*（New York: Norton, 1993），特别是 pp. 87 – 209.

30. 参见 James A. Bill, *The Eagle and the Lion: The Tragedy of American – Iranian Relations*（New Haven: Yale University Press, 1988）.

31. Ranelagh, *The Agency*, pp. 288 – 96. 此外参见：David E. Murphy, Sergei A. Kondrashev, and George Bailey, *Battleground Berlin: CIA vs KGB in the Cold War*（New Haven: Yale University Press, 1997），pp. 205 – 37.

32. Ranelagh, *The Agency*, pp. 285 – 88, 307 – 9.

33. Michael R. Beschloss, *Mayday: Eisenhower, Khrushchev and the U – 2 Affair*（New York: Harper & Row, 1986），pp. 173, 372.

34. Lawrence Freedman, *Kennedy's Wars: Berlin, Cuba, Laos, and Vietnam*（New York: Oxford University Press, 2000），pp. 140, 146.

35. Conversation with Senator Richard Russell, May 27, 1964, in Michael R. Beschloss, ed., *Taking Charge: The Johnson White House Tapes*, 1963 – 1964 (New York: Simon and Schuster, 1997), p. 365.

36. Johnson to Rusk, McNamara, and McCone, December 7, 1964, *FRUS*: 1964 – 68, I, Document 440. 此外参见: Robert Dallek, *Flawed Giant: Lyndon Johnson and His Times*, 1961 – 1973 (New York: Oxford University Press, 1998), pp. 238 – 41, 277.

37. Johnson to Rusk, McNamara, and McCone, December 7, 1964, *FRUS*: 1964 – 68, I, Document 440. 此外参见: Robert Dallek, *Flawed Giant: Lyndon Johnson and His Times*, 1961 – 1973 (New York: Oxford University Press, 1998), p. 276.

38. Gaddis, *Strategies of Containment*, pp. 256 – 58.

39. Gaddis, *Strategies of Containment*, pp. 259 – 60.

40. Stanley Karnow, *Vietnam: A History* (New York: Viking, 1983), pp. 515 – 56.

41. Nixon, *RN*, p. 390.

42. Nixon, *RN*, p. 382.

43. Henry Kissinger, *White House Years* (Boston: Little, Brown, 1979), pp. 252 – 53; Olson, *Watergate*, p. 12.

44. 尼克松的电台访谈, January 4, 1971, *Public Papers of the Presidents of the United States: Richard M. Nixon*, 1971 (Washington: Government Printing Office, 1972), p. 12.

45. 中央情报局谈话备忘录, 1970 年 9 月 16 日尼克松同理查德 · 赫尔姆斯 (Richard Helms) 的会谈, in Peter Kornbluh, ed., *The Pinochet File: A Declassified Dossier on Atrocity and Accountability* (New York: New Press, 2004), p. 37.

46. Viron Vaky to Kissinger, September 14, 1970, quoted in *ibid.*, p. 11.

47. 1971 年 7 月 1 日尼克松同罗伯特 · 霍尔德曼的谈话, in Stanley I. Kutler, ed., *Abuse of Power: The New Nixon Tapes* (New York: Free Press, 1997), p. 8, 着重符号为原文所做。此外参见 Nixon, *RN*, pp. 508 – 15.

48. Olson, *Watergate*, p. 37.

49. 有关一些可能的动机, 参见 Olson, *Watergate*, pp. 36 – 42.

50. Henry Kissinger, *Years of Upheaval* (Boston: Little, Brown, 1982), pp. 307 – 8.

51. Henry Kissinger, *Years of Upheaval* (Boston: Little, Brown, 1982), pp. 542, 546.

52. Johnson, *America's Secret Power*, pp. 157 – 59, 208.

53. Ranelagh, *The Agency*, pp. 520 – 30, 571 – 72.

54. 最全面的新近论述，对尼克松和基辛格的批评，参见 Kornbluh, *The Pinochet File.* 基辛格对政府政策的辩护，参见 *Years of Upheaval*, pp. 374 – 413, 以及 *Years of Renewal* (New York: Simon and Schuster, 1999), pp. 749 – 60.

55. 特别参见 Christopher Hitchens, *The Trial of Henry Kissinger* (New York: Verso, 2001); William D. Rogers and Kenneth Maxwell, "Fleeing the Chilean Coup," *Foreign Affairs*, 83 (January/February, 2004), 160 – 65; David Glenn, "'Foreign Affairs' Loses a Longtime Editor and His Replacement in Row Over Editorial Independence," *Chronicle of Higher Education*, June 25, 2004, p. A25.

56. Kissinger, *Years of Renewal*, p. 832.

57. Piero Gleijeses, *Conflicting Missions: Havana, Washington, and Africa, 1959 – 1976* (Chapel Hill: University of North Carolina Press, 2002), pp. 230 – 396, 该书提供了最好的论述。

58. 关于这一部分更多参见 John Lewis Gaddis, *The Long Peace: Inquiries into the History of the Cold War* (New York: Oxford University Press, 1987), pp. 219 – 23.

59. 当代电视采访，CNN *Cold War*, Episode 7, "After Stalin."

60. Dean Rusk, as told to Richard Rusk, *As I Saw It* (New York: Norton, 1990), p. 361. 此外参见 Chris Michel, "Bridges Built and Broken Down: How Lyndon Johnson Lost His Gamble on the Fate of the Prague Spring," Senior Essay, Yale University History Department, 2003.

61. Henry A. Kissinger, *A World Restored* (New York: Houghton Mifflin, 1957), pp. 1 – 2.

62. 1973 年 10 月 8 日基辛格在华盛顿举办的第三届地球和平 (*Pacem in Terris* III) 会议上的演讲，in Henry A. Kissinger, *American Foreign Poli-*

*cy*, third edition（New York：Norton，1977），p. 121.

63. 1973 年 10 月 8 日基辛格在华盛顿举办的第三届地球和平（*Pacem in Terris* III）会议上的演讲，in Henry A. Kissinger, *American Foreign Policy*, third edition（New York：Norton，1977），p. 121.

64. 1974 年 9 月 20 日亨利·杰克逊（Henry Jackson）的记者招待会，CNN *Cold War*, Episode 16, "Détente."

65. Kissinger, *Years of Upheaval*, p. 254.

66. Dobrynin, *In Confidence*, p. 268.

67. Kissinger, *Years of Upheaval*, p. 243. 此外参见 Henry Kissinger, *Diplomacy*（New York：Simon and Schuster，1994），pp. 713 – 14.

68. Robert D. English, *Russia and the Idea of the West：Gorbachev, Intellectuals, and the End of the Cold War*（New York：Columbia University Press, 2000），p. 118.

69. Len Karpinsky, 引自 *Russia and the Idea of the West：Gorbachev, Intellectuals, and the End of the Cold War*（New York：Columbia University Press, 2000），114 – 15.

70. Timothy Garton Ash, *The Uses of Adversity：Essays on the Fate of Central Europe*（New York：Random House，1989），p. 10.

71. 1974 年 1 月 7 日政治局会议记录，Michael Scammell, ed. , *The Solzhenitsyn Files*, translated under the supervision of Catherine A Fitzpatrick（Chicago：Edition Q，1995），p. 284.

72. John Lewis Gaddis, *Russia, the Soviet Union and the United States：An Interpretive History*, second edition（New York：McGraw – Hill，1990），pp. 283 – 84.

73. Kissinger, *Years of Renewal*, p. 636.

74. Raymond Garthoff, *Détente and Confrontation：American – Soviet Relations from Nixon to Reagan*, revised edition（Washington：Brookings Institution，1994），pp. 125 – 39.

75. 关于勃列日涅夫动机的进一步推测，参见 Kissinger, *Diplomacy*, p. 758.

76. Conference on Security and Co – operation in Europe "Final Act," Helsinki, August 1, 1975, at：http：//www. osce. org/docs/English/1990 –

1999/summits/helfa75e. htm.

77. 有关这些会谈的论述，参见 William G. Hyland, *Mortal Rivals: Understanding the Hidden Pattern of Soviet – American Relations* (New York: Simon and Schuster, 1987), pp. 114 – 19. 我还参考了一份耶鲁大学未公开发表的博士论文，Michael D. J. Morgan, "North America, Atlanticism, and the Helsinki Process."

78. Dobrynin, *In Confidence*, p. 346.

79. Hyland, *Mortal Rivals*, p. 122; Kissinger, *Years of Renewal*, p. 635.

80. Hyland, *Mortal Rivals*, p. 122; Kissinger, *Years of Renewal*, pp. 648 – 52, 861 – 67.

81. Hyland, *Mortal Rivals*, p. 122; Kissinger, *Years of Renewal*, p. 866; *A Time to Heal: The Autobiography of Gerald R. Ford* (New York: Harper&Row, 1979), pp. 422 – 25.

82. Dobrynin, *In Confidence*, pp. 345 – 46.

83. 关于这部分，更多参见 Daniel C. Thomas, "Human Rights Ideas, the Demise of Communism, and the End of the Cold War," *Journal of Cold War Studies*, 7 (Spring, 2005), pp. 111 – 12.

84. Andrei Sakharov, Memoirs, translated by Richard Lourie (New York: Knopf, 1990), pp. 456 – 57. 此外参见 Daniel C. Thomas, *The Helsinki Effect: International Norms, Human Rights, and the Demise of Communism* (Princeton: Princeton University Press, 2001).

85. Garton Ash, The Uses of Adversity, p. 64; Gale Stokes, *The Walls Game Tumbling Down: The Collapse of Communism in Eastern Europe* (New York: Oxford University Press, 1993), pp. 24 – 25.

86. Garton Ash, The Uses of Adversity, p. 64; Gale Stokes, *The Walls Game Tumbling Down: The Collapse of Communism in Eastern Europe* (New York: Oxford University Press, 1993), p. 24.

87. Václav Havel, *Living in Truth*, edited by Jan Vladislav (London: Faber and Faber, 1989), p. 59. 此外参见 Garton Ash, *The Uses of Adversity*, p. 192; 以及 Jonathan Schell, *The Unconquerable World: Power, Nonviolence, and the Will of the People* (New York: Metropolitan Books, 2003), pp. 195 – 204.

88. George Weigel, *Witness to Hope: The Biography of Pope John Paul II*, 1920 – 2005 (New York: Harper, 2005), pp. 184 – 85, 279, 301, 304.

89. George Weigel, *Witness to Hope: The Biography of Pope John Paul II*, 1920 – 2005 (New York: Harper, 2005), pp. 293, 305 – 20.

90. 类似的引言最好的出处——尽管是间接引用的——是 Wintston S. Churchill, *The Second World War: The Gathering Storm* (New York: Bantam, 1961), p. 121. 有关苏联对约翰·保罗二世此次访问的反应，参见 Matthew J. Ouimet, *The Rise and Fall of the Brezhnev Doctrine in Soviet Foreign Policy* (Chapel Hill: University of North Carolina Press, 2003), pp. 114 – 16.

## 第六章　演员

1. 他在很多情况下说过此话，特别参见 George Weigel, *Witness to Hope: The Biography of Pope John Paul II*, 1920 – 2005 (New York: Harper, 2005), pp. 10, 14, 262.

2. Richard Baum, *Burying Mao: Chinese Politics in the Age of Deng Xiaoping* (Princeton: Princeton University Press, 1994), p. 47.

3. Mikhail Gorbachev, *Memoirs* (New York: Doubleday, 1995), p. 165.

4. 可以参见 Kenneth N. Waltz, *Theory of International Politics* (New York: Random House, 1979), pp. 161 – 83.

5. John Lewis Gaddis, *The Long Peace: Inquires into the History of the Cold War* (New York: Oxford University Press, 1987), especially pp. 215 – 45.

6. John Lewis Gaddis, *The Long Peace: Inquires into the History of the Cold War* (New York: Oxford University Press, 1987), especially, pp. 195 – 214, 237 – 43.

7. 1976 年 2 月 3 日在旧金山，基辛格对联邦俱乐部 (Commonwealth Club) 和 "北加利福尼亚世界事务理事会" (World Affairs Council of Northern California) 的演说，参见 Henry A. Kissinger, *American Foreign Policy*, third edition (New York: Norton, 1977), p. 305.

8. Tony Smith, *America's Mission: The United States and the Worldwide Struggle for Democracy in the Twentieth Century* (Princeton: Princeton University Press, 1994), especially pp. 146 – 236.

9. Robert D. English, *Russia and the Idea of the West*: *Gorbachev*, *Intellectuals*, *and the End of the Cold War* (New York: Columbia University Press, 2000), 本书记录了苏联内部的这种倾向。

10. 关于这种现象，参见 David Reynolds, *One World Divisible*: *A Global History Since* 1945 (New York: Norton, 2000), pp. 498 – 506.

11. 更多细节，参见 John Lewis Gaddis, *Strategies of Containment*: *A Critical Appraisal of American National Security Policy During the Cold War*, revised and updated edition (New York: Oxford University Press, 2005), pp. 322 – 25; 以及 Gaddis, *The Long Peace*, p. 208.

12. Raymond L. Garthoff, *Détente and Confrontation*: *American – Soviet Relations from Nixon to Reagan*, *revised edition* (Washington: Brookings Institution, 1994), pp. 146 – 223, 本书提供了关于第一轮战略武器限制谈判的历史细节。

13. Henry Kissinger, *Years of Upheaval* (Boston: Little, Brown, 1982), p. 265. 关于杰克逊决议案，参见 McGeorge Bundy, *Danger and Survival*: *Choices About the Bomb in the First Fifty Years* (New York: Random House, 1988), pp. 553 – 56.

14. Garthoff, *Détente and Confrontation*, pp. 494 – 505, 596 – 600.

15. Gaddis Smith, *Morality*, *Reason*, *and Power*: *American Diplomacy in the Carter Years* (New York: Hill and Wang, 1986), pp. 30 – 31, 67 – 77; Zbigniew Brzezinski, *Power and Principle*: *Memoirs of the National Security Adviser*, 1977 – 1981 (New York: Farrar, Straus, Giroux, 1983), p. 157; Jimmy Carter, *Keeping Faith*: *Memoirs of a President* (New York: Bantam, 1982), pp. 215, 219.

16. Georgi Arbatov, *The System*: *An Insider's Life in Soviet Politics* (New York: Random House, 1992), pp. 191 – 92.

17. David Holloway, *The Soviet Union and the Arms Race* (New Haven: Yale University Press, 1983), pp. 49 – 55.

18. Arbatov, *The System*, pp. 205 – 6; Anatoly Dobrynin, *In Confidence*: *Moscow's Ambassador to America's Six Cold War Presidents* (1962 – 1986) (New York: Random House, 1995), pp. 251 – 52.

19. Garthoff, *Détente and Confrontation*, p. 88on.

20. Garthoff, *Détente and Confrontation*, pp. 913 – 57.

21. *Department of State Bulletin*, 66（June 26, 1972）, 898 – 99.

22. Leonid Brezhnev, *On the Policy of the Soviet Union and the International Situation*（Garden City, New York: Doubleday, 1973）, pp. 230 – 31. 此外参见 Dobrynin, *In Confidence*, pp. 251 – 52.

23. Henry Kissinger, *White House Years*（Boston: Little, Brown, 1979）, p. 1250.

24. Anwar el – Sadat, *In Search of Identity: An Autobiography*（New York: Harper &Row, 1977）, p. 229; Kissinger, *Years of Upheaval*, p. 637.

25. Anwar el – Sadat, *In Search of Identity: An Autobiography*（New York: Harper &Row, 1977）, p. 229; Kissinger, *Years of Upheaval*, p. 638. 此外参见 William B. Quandt, *Camp David: Peacemaking and Politics*（Washington: Brookings Institution, 1986）. 通过指导两份耶鲁大学历史系本科生毕业论文, 我读到了很多关于萨达特的策略以及基辛格对此深感敬佩的论述, 参见 Christopher W. Wells, "Kissinger and Sadat: Improbable Partners for Peace"（2004）, 以及 Anne Lesley Rosenzweig, "Sadat's Strategic Decision Making: Lessons of Egyptian Foreign Policy, 1970 – 1981"（2005）.

26. Kissinger, *Years of Upheaval*, p. 594; also p. 600.

27. Dobrynin, *In Confidence*, p. 301.

28. Dobrynin, *In Confidence*, pp. 404 – 5. 此外参见 Ilya V. Gaiduk, *The Soviet Union and the Vietnam War*（Chicago: Ivan R. Dee, 1996）, especially pp. 246 – 50; Piero Gleijeses, *Conflicting Missions: Havana, Washington, and Africa*, 1959 – 1976（Chapel Hill: University of North Carolina Press, 2002）, pp. 365 – 72; and Odd Arne Westad, "The Fall of Détente and the Turing Tides of History," in Westad, ed., *The Fall of Détente: Soviet – American Relations during the Carter Years*（Olso: Scandinavian University Press, 1997）, pp. 11 – 12.

29. Dobrynin, *In Confidence*, pp. 263, 405.

30. Arbatov, *The System*, p. 195.

31. Dobrynin, *In Confidence*, p. 407.

32. Odd Arne Westad, "The Road to Kabul: Soviet Policy on Afghanistan,

1978 – 1979," in Westad, ed. , *The Fall of Détente*, pp. 119 – 25.

33. Transcript, Kosygin – Taraki telephone conversation, March 17 or 18, 1979, CWIHP *Bulletin*, #8 – 9 (Winter, 1996/1997), p. 145.

34. Transcript, Kosygin – Taraki meeting, Moscow, March 29, 1979, CWI-HP *Bulletin*, #8 – 9 (Winter, 1996/1997), p. 147.

35. 引自 Westad, "The Road to Kabul," p. 132.

36. 引自 Westad, "The Road to Kabul," pp. 133 – 42; Dobrynin, *In Confidence*, pp. 439 – 40.

37. Carter address to Congress, January 23, 1980, *Public Papers of the Presidents of the United States: Jimmy Carter*, 1980 – 81 (Washington: Government Printing Office, 1982), p. 197; Minutes, Politburo meeting, January 17, 1980, in Westad, ed. , *The Fall of Détente*, p. 321. 此外参见 John Lewis Gaddis, *Russia, the Soviet Union, and the United States: An Interpretive History*, second edition (New York: McGraw – Hill, 1990), pp. 295 – 98, 310 – 12.

38. Gaddis, *Strategies of Containment*, pp. 318 – 27; Aaron L. Friedberg, *In the Shadow of the Garrison State: America's Anti – Statism and Its Cold War Grand Strategy* (Princeton: Princeton University Press, 2000), pp. 82 – 84.

39. Kissinger, *White House Years*, p. 62, 省略号委员为所加. 此外参见 John Lewis Gaddis, "Rescuing Choice from Circumstance: The Statecraft of Henry Kissinger," in Gordon A. Craig and Francis L. Loewenheim, eds. , *The Diplomats: 1939 – 1979* (Princeton: Princeton University Press, 1994), pp. 568 – 70.

40. M. E. Sarotte, *Dealing with the Devil: East Germany, Détente, and Ostpolitik*, 1969 – 1973 (Chapel Hill: University of North Carolina Press, 2001), pp. 44 – 54. 引言在第 46 页。

41. Matthew J. Ouimet, *The Rise and Fall of the Brezhnev Doctrine in Soviet Foreign Policy* (Chapel Hill: University of North Carolina Press, 2003), pp. 100 – 107.

42. Matthew J. Ouimet, *The Rise and Fall of the Brezhnev Doctrine in Soviet Foreign Policy* (Chapel Hill: University of North Carolina Press, 2003), pp.

87 – 88.

43. 1977 年，美国将国内生产总值（19840 亿美元）的 4.9% 用于国防开
支。苏联的数据不那么准确，对 1977 年数字的合理估计是将 3400 亿
美元国内生产总值的 15 – 17% 用于国防。[ Friedberg, *In the Shadow of
the Garrison State*, p. 82n; Gaddis, *Strategies of Containment*, p. 393;
International Institute for Strategic Studies, *The Military Balance*, 1979 –
1980 ( London: IISS, 1979 ), p. 9. ]

44. Arbatov, *The System*, p. 206.

45. Baum, *Burying Mao*, pp. 11, 56 – 65; Richard Evans, *Deng Xiaoping and
the Making of Modern China* ( New York: Penguin, 1997 ), pp. 184 – 89,
212 – 43. 关于毛泽东的引述，参见 Li Zhisui, *The Private Life of Chair-
man Mao: The Memoirs of Mao's Personal Physician*, translated by Tai
Hung – chao ( New York: Random House, 1994 ), p. 577. 我还从阅读这
本论文中获益 Bryan Wong, "The Grand Strategy of Deng Xiaoping," In-
ternational Studies Senior Essay, Yale University, 2005.

46. "The 'Two Whatevers' Do Not Accord with Marxism," March 24, 1977,
http: //English. people. com. cn/dengxp/vol2/b1100. html.

47. 相关研究，参见 Baum, *Burying Mao*, p. 391.

48. Mikhail Gorbachev and Zdeněk Mlynář, *Conversations with Gorbachev: On
Perestroika, The Prague Spring, and the Crossroads of Socialism*, transla-
ted by George Schriver ( New York: Columbia University Press, 2002 ),
p. 189.

49. William I. Hitchcock, *The Struggle for Europe: The Turbulent History of a
Divided Continent*, 1945 – 2002 ( New York: Doubleday, 2002 ), pp.
328 – 32. 引言来自 Margaret Thatcher, *The Downing Street Years* ( New
York: HarperCollins, 1993 ), p. 7.

50. William I. Hitchcock, *The Struggle for Europe: The Turbulent History of a
Divided Continent*, 1945 – 2002 ( New York: Doubleday, 2002 ), pp.
328 – 32. 引言来自 Margaret Thatcher, *The Downing Street Years* ( New
York: HarperCollins, 1993 ), pp. 86 – 87.

51. 1979 年 5 月 29 日的电台广播，in Kiron K. Skinner, Annelise Anderson,
and Martin Anderson, eds. , *Reagan*, *In His Own Hand* ( New York:

Free Press，2001），p. 47.

52. 1978 年 8 月 7 日的电台广播, in Kiron K. Skinner, Annelise Anderson, and Martin Anderson, eds., *Reagan, In His Own Hand*（New York: Free Press，2001），p. 15.

53. 关于这一部分, 更多参见 Gaddis, *Strategies of Containment*, pp. 349 – 53.

54. 1975 年 5 月的电台广播, in Skinner, *et al.*, eds., *Reagan, In His Own Hand*, p. 12.

55. 援引自 Paul Lettow, *Ronald Reagan and His Quest to Abolish Nuclear Weapons*（New York: Random House, 2005），p. 30.

56. 1977 年 3 月 23 日的电台广播, in Skinner, *et al.*, eds., *Reagan, In His Own Hand*, p. 118.

57. Timothy Garton Ash, *The Polish Revolution: Solidarity*（London: Granta, 1991），pp. 41 – 72. 此外参见 Weigel, *Witness to Hope*, p. 402.

58. Timothy Garton Ash, *The Polish Revolution: Solidarity*（London: Granta, 1991），pp. 397 – 98, 422 – 24; Ouimet, *The Rise and Fall of the Brezhnev Doctrine*, pp. 120 – 22.

59. Timothy Garton Ash, *The Polish Revolution: Solidarity*（London: Granta, 1991），pp. 397 – 98, 422 – 24; Ouimet, *The Rise and Fall of the Brezhnev Doctrine*, pp. 187, 189.

60. Timothy Garton Ash, *The Polish Revolution: Solidarity*（London: Granta, 1991），pp. 397 – 98, 422 – 24; Ouimet, *The Rise and Fall of the Brezhnev Doctrine*, pp. 199 – 202. See also pp. 95 – 96.

61. Timothy Garton Ash, *The Polish Revolution: Solidarity*（London: Granta, 1991），pp. 397 – 98, 422 – 24; Ouimet, *The Rise and Fall of the Brezhnev Doctrine*, pp. 234 – 35. 更多关于苏联不予干涉的决定, 参见两篇文章 Mark Kramer, "Poland, 1980 – 81, Soviet Policy During the Polish Crisis," CWIHP *Bulletin*, #5（Spring, 1995），pp. 1, 116 – 23, 以及 "Jaruzelski, the Soviet Union, and the Imposition of Marital Law in Poland, *ibid.*, #11（Winger, 1998），5 – 14.

62. CNN Cold War 第 19 章 "冰冻"（"Freeze"）电视节目的采访。

63. 在随后的两个部分, 我采用了 Gaddis, *Strategies of Containment* 一书中

的一些论点，参见第 353 - 79 页。

64. 1981 年 5 月 17 日在圣母大学的演说，参见 *Public Papers of the Presidents of the United States*: *Ronald Reagan*, 1981（Washington: Government Printing Office, 1982），p. 434.

65. 1982 年 6 月 8 日对英国议会的演说，*Regan Public Papers*, 1982, pp. 744 - 47. 关于这次演说的起草，参见 Richard Pipes, *Vixi*: *Memoirs of a Non - Belonger*（New Haven: Yale University Press, 2003），pp. 197 - 200.

66. 1983 年 3 月 8 日在佛罗里达奥兰多对全国福音派协会（National Association of Evangelicals）的演说，*Regan Public Papers*, 1983, p. 364; Ronald Reagan, *An American Life*（New York: Simon and Schuster, 1990），pp. 569 - 70.

67. 这些数据引自 Gaddis, *Strategies of Containment*, pp. 393 - 94.

68. Lettow, *Ronald Reagan*, p. 23; Reagan, *An American Life*, p. 13.

69. 1983 年 3 月 23 日电台 - 电视演说，*Regan Public Papers*, 1983, p. 442 - 43.

70. 1983 年 3 月 23 日电台 - 电视演说，*Regan Public Papers*, 1983, p. 364. Lettow, *Ronald Reagan*, 提供了最好的关于里根废除核武器思想的论述。

71. Dobrynin, *In Confidence*, p. 528.

72. Dobrynin, *In Confidence*, p. 523.

73. Christopher Andrew and Oleg Gordievsky, *KGB*: *The Inside Story of Its Foreign Operations from Lenin to Gorbachev*（New York: HarperCollins, 1990），pp. 583 - 99.

74. Raymond Garthoff, *The Great Transition*: *American - Soviet Relations and the End of the Cold War*（Washington: Brookings Institution, 1994），pp. 118 - 31.

75. Raymond Garthoff, *The Great Transition*: *American - Soviet Relations and the End of the Cold War*（Washington: Brookings Institution, 1994），pp. 138 - 41; Don Oberdorfer, *From the Cod War to a New Era*: *The United States and the Soviet Union*, 1983 - 1991, updated edition（Baltimore: Johns Hopkins University Press, 1998），pp. 65 - 68.

76. 1984 年 1 月 16 日电台 – 电视演说, *Regan Public Papers*, 1984, p. 45. 此外参见 Oberdorfer, *From the Cold War to a New Era*, pp. 72 – 73. 关于白宫职员的故事, 我是分别从两个不同的比较可靠的来源听说的。

77. Reagan, *An American Life*, p. 611.

78. Gorbachev, *Memoirs*, p. 165.

79. George Bush and Brent Scowcroft, *A World Transformed* (New York: Knopf, 1998), p. 4; George P. Shultz, *Turmoil and Triumph: My Years as Secretary of State* (New York: Scribner's, 1993), pp. 532 – 33; Reagan, *An American Life*, p. 635.

80. 1986 年 1 月 16 日切尔亚耶夫 (Anatoly Chernyaev) 的日记, in Anatoly S. Chernyaev, *My Six Years with Gorbachev*, translated and edited by Robert D. English and Elizabeth Tucker (University Park, Pennsylvania: Pennsylvania State University Press, 2000), p. 46; Mikhail Gorbachev, *Perestroika: New Thinking for Our Country and the World* (New York: Harper&Row, 1987), pp. 69 – 70.

81. 关于这部电影, 更多参见 http://www.imdb.com/title/ttoo86637/.

82. Lettow, *Ronald Reagan*, pp. 179 – 86.

83. 1986 年 1 月 16 日切尔亚耶夫 (Anatoly Chernyaev) 的日记, in Chernyaev, *My Six Years with Gorbachev*, pp. 45 – 46.

84. 参见 Gaddis, *Strategies of Containment*, p. 359.

85. Gorbachev, *Memoirs*, pp. 191, 193.

86. Lettow, *Ronald Reagan*, pp. 217 – 26; Gaddis, *Strategies of Containment*, p. 366n.

87. Gorbachev, *Memoirs*, p. 419.

88. 1987 年 12 月 8 日在签署《美苏消除两国中程和中短程核武器条约》(the Intermediate – Range Nuclear Forces Treaty) 时的评论, *Reagan Public Papers*, 1987, p. 1208.

89. 参见切尔亚耶夫对 1989 年 12 月 3 日布什与戈尔巴乔夫在马耳他会谈的记录, CWIHP *Bulletin*, #12/13 (Fall/Winter, 2001), p. 236. 通过几人转手, 我还得到了 SS – 20 导弹的一个碎片。

90. Gorbachev, *Memoirs*, pp. 102 – 3.

91. Shultz, *Turmoil and Triumph*, p. 591; Oberdorfer, *From the Cold War to*

*a New Era*, pp. 133, 223 - 24, 288.

92. Gorbachev, *Perestroika*, p. 85. 此外还可见 p. 138 - 39.

93. 1988 年 5 月 31 日里根在莫斯科国立大学的演说，*Reagan Public Papers*, 1988, p. 684. 此外参见 Oberdorfer, *From the Cold War to a New Era*, pp. 299 - 300.

94. 1989 年 12 月 2 日切尔亚耶夫对布什与戈尔巴乔夫在马耳他会谈的笔记，CWIHP *Bulletin*, #12/13 (Fall/Winter, 2001), p. 233.

95. 1988 年 12 月 27 - 28 日政治局会议记录，CWIHP *Bulletin*, #12/13 (Fall/Winter, 2001), p. 25；切尔亚耶夫 1989 年 5 月日记，in Chernyaev, *My Six Years with Gorbachev*, p. 225.

96. Gorbachev and Mlynár, *Conversations with Gorbachev*, p. 160.

97. Reagan, *An American Life*, p. 683. 更多关于"里根主义"的论述，参见: Gaddis, *Strategies of Containment*, pp. 369 - 73.

98. Gorbachev, *Memoirs*, p. 465. 此外参见 Garthoff, *The Great Transition*, pp. 315 - 18.

99. Gorbachev, *Perestroika*, pp. 138, 221.

100. Joseph Rothschild, 引自 Gale Stokes, *The Walls Game Tumbling Down: The Collapse of Communism in Eastern Europe* (New York: Oxford University Press, 1993), p. 76.

101. Joseph Rothschild, 引自 Gale Stokes, *The Walls Game Tumbling Down: The Collapse of Communism in Eastern Europe* (New York: Oxford University Press, 1993), p. 99. 此外参见 pp. 73 - 75.

102. 1988 年 12 月 27 - 28 日政治局会议记录，CWIHP *Bulletin*, #12/13 (Fall/Winter, 2001), p. 24.

## 第七章　希望的胜利

1. Margaret Thatcher, *The Downing Street Years* (New York: HarperCollins, 1993), p. 753.

2. Timothy Garton Ash, *The Magic Lantern: The Revolution of '89 witnessed in Warsaw, Budapest, Berlin, and Prague* (New York: Random House, 1990), pp. 141 - 42.

3. 一种科学的类比，参见 Per Bak, *How Nature Works: The Science of Self -*

*Organized Criticality* （New York：Oxford University Press，1997）.

4. George Bush and Brent Scowcroft, *A World Transformed* （New York：Knopf，1998），p. xiii.

5. George Bush and Brent Scowcroft, *A World Transformed* （New York：Knopf，1998），pp. 13 – 14.

6. 1988 年 12 月 27 – 28 日政治局会议记录，CWIHP *Bulletin*，#12/13 （Fall/Winter，2001），pp. 25 – 26.

7. Bak, *How Nature Works*，especially pp. 1 – 3. 关于历史类比，参见 John Lewis Gaddis, *The Landscape of History*：*How Historians Map the Past* （New York：Oxford University Press，2002），pp. 79 – 81，84 – 87.

8. 1989 年 11 月 1 日戈尔巴乔夫与挨贡·克伦茨（Egon Krenz）的会谈备忘录，CWIHP *Bulletin*，#12/13 （Fall/Winter，2001），pp. 140 – 41.

9. 1989 年 3 月 3 日戈尔巴乔夫与内梅特的会谈备忘录，CWIHP *Bulletin*，#12/13 （Fall/Winter，2001），p. 77. 有关 1956 年后匈牙利的发展情况，参见 Gale Stokes, *The Walls Game Tumbling Down*：*The Collapse of Communism in Eastern Europe* （New York：Oxford University Press，1993），pp. 78 – 101.

10. 1989 年 3 月 3 日戈尔巴乔夫与内梅特的会谈备忘录，CWIHP *Bulletin*，#12/13 （Fall/Winter，2001），p. 77. 有关 1956 年后匈牙利的发展情况，参见 Gale Stokes, *The Walls Game Tumbling Down*：*The Collapse of Communism in Eastern Europe* （New York：Oxford University Press，1993），99 – 101，131；以及 CNN *Cold War*，第 23 章 "The Wall Comes Down，1989"，对内梅特、伊姆雷·波茨盖依（Imre Pozsgay）、君特·沙博夫斯基（Günter Schabowski）的采访。

11. Stokes, *The Walls Game Tumbling Down*，pp. 102 – 30；Bernard Gwertzman and Michael T. Kaufman, eds.，*The Collapse of Communism* （New York：Random House，1990），p. 132. 此外参见 Garton Ash, *The Magic Lantern*，pp. 25 – 46.

12. 1989 年 5 月 9 日波兰方面戈尔巴乔夫与雅鲁泽尔斯基会谈记录整理稿，CWIHP *Bulletin*，#12/13 （Fall/Winter，2001），p. 113.

13. Mikhail Gorbachev, *Memoirs* （New York：Doubleday，1995），pp. 287，290，292.

14. 1989 年 6 月 10 日米尔克给服务机构领导的信，CWIHP *Bulletin*，#12/13（Fall/Winter, 2001），p. 209.

15. Charles S. Maier, *Dissolution: The Crisis of Communism and the End of East Germany*（Princeton: Princeton University Press, 1997），pp. 125 - 27.

16. CNN *Cold War*，第 23 章 "The Wall Comes Down, 1989"，对比尔吉特·斯潘瑙斯（Birgit Spannaus）的采访。此外参见 Maier, *Dissolution*, pp. 127 - 31; 以及 Stokes, *The Walls Came Tumbling Down*, pp. 136 - 38.

17. CNN *Cold War*，第 23 章 "The Wall Comes Down, 1989"，对戈尔巴乔夫的采访；1989 年 11 月 1 日戈尔巴乔夫与克伦茨的会谈备忘录，CWIHP *Bulletin*，#12/13（Fall/Winter, 2001），pp. 141 - 43, 151. 此外参见 Gorbachev, *Memoirs*, pp. 523 - 25.

18. 1989 年 11 月 1 日戈尔巴乔夫与克伦茨的会谈备忘录，pp. 147 - 48。此外参见 Stokes, *The Walls Came Tumbling Down*, pp. 139 - 40.

19. 1989 年 11 月 9 日沙博夫斯基新闻发布会记录整理稿，CWIHP *Bulletin*，#12/13（Fall/Winter, 2001），pp. 157 - 58. 此外参见 Hans - Hermann Hertle, "The Fall of the Wall: The Unintended Self - Dissolution of East Germany's Ruling Regime," 此外参见 Stokes, *The Walls Came Tumbling Down*, pp. 131 - 40; 以及 Phlip Zelikow and Condoleezza Rice, *Germany Unified and Europe Transformed: A Study in Statecraft*（Cambridge, Massachusetts: Harvard University Press, 1995），pp. 98 - 101.

20. CNN *Cold War*，第 23 章 "The Wall Comes Down, 1989"，对戈尔巴乔夫的采访。

21. Stokes, *The Walls Came Tumbling Down*, pp. 141 - 67，提供了关于这些事件的简明的论述。

22. 1989 年 12 月 4 日戈尔巴乔夫同齐奥塞斯库会谈记录，CWIHP *Bulletin*，#12/13（Fall/Winter, 2001），pp. 220 - 22.

23. 1989 年 5 月切尔亚耶夫日记，in Anatoly S. Chernyaev, *My Six Years with Gorbachev*, translated and edited by Robert D. English and Elizabeth Tucker（University Park, Pennsylvania: Pennsylvania State University Press, 2000），p. 226, Don Oberdorfer, *From the Cold War to a New*

*Era*：*The United States and the Soviet Union*，*1983 - 1991*，updated edition（Baltimore：Johns Hopkins University Press，1998），p.355.

24. 切尔亚耶夫关于 1989 年 12 月 2 日布什与戈尔巴乔夫在马耳他会谈笔记，CWIHP *Bulletin*，#12/13（Fall/Winter，2001），pp.232 - 34. 此外参见 Bush and Scowcroft，*A World Transformed*，p.164.

25. 切尔亚耶夫 1989 年 12 月 2 日布什与戈尔巴乔夫会谈笔记，pp.229，233，以及 1989 年 12 月 3 日，CWIHP *Bulletin*，#12/13（Fall/Winter，2001），pp.237 - 38.

26. Chernyaev，*My Six Years with Gorbachev*，pp.114 - 15；Gorbachev，*Memoirs*，pp.517 - 18，520.

27. Zelikow and Rice，*Germany Unified and Europe Transformed*，p.83. 这首诗写于俾斯麦奋力统一德国之时，由俄国诗人费多尔·丘特切夫（Fedor Tyutchev）所作。

28. 1989 年 11 月 1 日戈尔巴乔夫与可伦次会谈备忘录，CWIHP *Bulletin*，#12/13（Fall/Winter，2001），pp.144 - 45；CNN *Cold War*，第 23 章 "The Wall Comes Down，1989"，对戈尔巴乔夫的采访。

29. Bush and Scowcroft，*A World Transformed*，p.249.

30. Bush and Scowcroft，*A World Transformed*，p.194. 此外参见 Zelikow and Rice，*Germany Unified and Europe Transformed*，pp.118 - 25.

31. Gorbachev，*Memoirs*，p.528；以及 Zelikow and Rice，*Germany Unified and Europe Transformed*，pp.160 - 63.

32. 这些数据来自 Chernyaev，*My Six Years with Gorbachev*，p.272，以及 Zelikow and Rice，*Germany Unified and Europe Transformed*，p.169.

33. Gorbachev，*Memoirs*，p.532. 这种观点的一个来源，参见 John Lewis Gaddis，"One Germany-in Both Alliance，" *New York Times*，March 21，1990. 戈登·克莱格（Gordon Craig）和蒂莫西·加顿·阿什（Timothy Garton Ash）都亲自看到了撒切尔的反应，并且他们分别向我确认了这一点。

34. Bush and Scowcroft，*A World Transformed*，p.249. 此外参见 Jams M. Goldgeier，*Not Whether But When*：*The U. S. Decision to Enlarge NATO*（Washington：Brookings Institution，1999）.

35. Gorbachev，*Memoirs*，pp.532 - 33.

36. Gorbachev, *Memoirs*, p. 534.

37. Chernyaev, *My Years with Gorbachev*, pp. 269 – 70.

38. Niccolò Machiavelli, *The Prince*, translated by Harvey C. Mansfield, second edition (Chicago: University of Chicago Press, 1998), p. 66.

39. Ronald Grigor Suny, *The Soviet Experiment: Russia, the USSR, and the Successor States* (New York: Oxford University Press, 1998), pp. 462 – 63.

40. Gorbachev, *Memoirs*, pp. 572 – 73.

41. Suny, *The Soviet Experiment*, pp. 478 – 79.

42. Chernyaev, *My Six Years with Gorbachev*, p. 201.

43. Bush and Scowcroft, *A World Transformed*, pp. 141 – 43. 此外参见 Michael R. Beschloss and Strobe Talbott, *At the Highest Levels: The Inside Story of the End of the Cold War* (Boston: Little, Brown, 1993), pp. 103 – 4.

44. Bush and Scowcroft, *A World Transformed*, pp. 498, 500.

45. Chernyaev, *My Six Years with Gorbachev*, pp. 360 – 63; Bush and Scowcroft, *A World Transformed*, pp. 513 – 14.

46. Beschloss and Talbott, *At the Highest Levels*, pp. 417 – 18.

47. Chernyaev, *My Six Years with Gorbachev*, p. 369.

48. Suny, *The Soviet Experiment*, pp. 480 – 82. 戈尔巴乔夫的记述在他的 *Memoirs*, pp. 626 – 45.

49. Suny, *The Soviet Experiment*, pp. 483 – 84; Bush and Scowcroft, *A World Transformed*, pp. 554 – 55.

50. Oberdorfer, *From the Cold War to a New Era*, pp. 471 – 72.

51. Gorbachev, *Memoirs*, p. xxxviii.

## 后记 观后

1. Mikhail Gorbachev, *Memoirs* (New Yokr: Doubleday, 1995), pp. 692 – 93; 以及 Mikhail Gorbachev and Zdeněk Mlynář, *Conversations with Gorbachev on Perestroika, The Prague Spring, and the Crossroads of Socialism*, translated by George Schriver (New York: Columbia University Press, 2002), pp. 172 – 74.

2. 参见 Louise Levanthes, *When China Ruled the Seas: The Treasure Fleet of*

*the Dragon Throne*, 1405 – 1433 （New York: Simon and Schuster, 1994）.

3. *Public Papers of the Presidents of the United States: Richard Nixon*, 1969 （Washington: Government Printing Office, 1971）, p. 542.

4. "The Eighteenth Brumaire of Luis Bonaparte," in Robert C. Tucker, ed., *The Marx – Engels Reader*, second edition （New York: Norton, 1978）, p. 595.

5. John Mueller, *Retreat from Doomsday: The Obsolescence of Major War* （New York: Basic Books, 1989）, 该书给出了最具说服力的论证。

6. Kai Bird and Martin J. Sherwin, *American Prometheus: The Triumph and Tragedy of J. Robert Oppenheimer* （New York: Knopf, 2005）, p. 348.

7. 关于这一点，参见以下文章 John Lewis Gaddis, Philip H. Gordon, Ernest R. May, and Jonathan Rosenberg, eds. *Cold War Statesmen Confront the Bomb: Nuclear Diplomacy since* 1945 （New York: Oxford University Press, 1999）.

8. Paul Kennedy, *The Rise and Fall of the Great Powers: Economic Change and Military Conflict from* 1500 *to* 2000 （New York: Random House, 1987）.

9. 参见 Thomas Cahill, *How the Irish Saved Civilization* （New York: Anchor, 1996）.

10. *Democracy's Century: A Survey of Global Political Change in the* 20*th Century* （New York: Freedom House, 1999）, available at: http: //www. freedomhouse. org/reports/century. html.

11. Seth Mydans, "At Cremation of Pol Pot, No Tears Shed," *New York Times*, April 19, 1998. 此外参见 Jean – Louis Margolin, "Cambodia: The Country of Disconcerting Crimes," in Stéphane Courtois, *et al.*, *The Black Book of Communism: Crimes, Terror, Repression*, translated by Jonathan Murphy and Mark Kramer （Cambridge, Massachusets: Harvard University Press, 1999）, pp. 577 – 635; and Samantha Power, "*A Problem from Hell*": *America in the Age of Genocide* （New York: Basic Books, 2002）, pp. 87 – 154.

# 参考文献

## 文献

Beschloss, Michael R., ed. *Reaching for Glory: Lyndon Johnson's Secret White House Tapes, 1964–1965.* New York: Simon and Schuster, 2001.

————, ed. *Taking Charge: The Johnson White House Tapes, 1963–1964.* New York: Simon and Schuster, 1997.

Burr, William, ed. *The Kissinger Transcripts: The Top Secret Talks with Beijing and Moscow.* New York: New Press, 1998.

Cold War International History Project. *Bulletin.* Washington: Woodrow Wilson International Center for Scholars, 1992–.

Daniels, Robert V., ed. *A Documentary History of Communism.* Revised edition. Hanover, New Hampshire: University Press of New England, 1984.

Etzold, Thomas H., and John Lewis Gaddis, eds. *Containment: Documents on American Policy and Strategy, 1945–1950.* New York: Columbia University Press, 1978.

Ferrell, Robert H., ed. *Off the Record: The Private Papers of Harry S. Truman.* New York: Harper & Row, 1980.

Hanhimäki, Jussi M., and Odd Arne Westad, eds. *The Cold War: A History in Documents and Eyewitness Accounts.* New York: Oxford University Press, 2003.

Jensen, Kenneth M., ed. *Origins of the Cold War: The Novikov, Kennan, and Roberts "Long Telegrams" of 1946.* Revised edition. Washington: United States Institute of Peace, 1993.

Kornbluh, Peter, ed. *The Pinochet File: A Declassified Dossier on Atrocity and Accountability.* New York: New Press, 2004.

Kutler, Stanley I., ed. *Abuse of Power: The New Nixon Tapes.* New York: Free Press, 1997.

May, Ernest R., and Philip D. Zelikow, eds. *The Kennedy Tapes: Inside the White House during the Cuban Missile Crisis.* Cambridge, Massachusetts: Harvard University Press, 1997.

Millis, Walter, ed. *The Forrestal Diaries.* New York: Viking, 1951.

Ostermann, Christian, ed. *Uprising in East Germany, 1953.* Budapest: Central European University Press, 2001.

Pipes, Richard, ed. *The Unknown Lenin: From the Secret Archive.* New Haven: Yale University Press, 1996.

*Public Papers of the Presidents of the United States: Dwight D. Eisenhower, 1953–1961.* Washington: Government Printing Office, 1960–1961.

———: *Harry S. Truman, 1945–1953.* Washington: Government Printing Office, 1961–1966.

———: *Jimmy Carter, 1977–1981.* Washington: Government Printing Office, 1978–1981.

———: *John F. Kennedy, 1961–1963.* Washington: Government Printing Office, 1962–1964.

———: *Lyndon B. Johnson, 1963–1969.* Washington: Government Printing Office, 1965–1969.

———: *Richard M. Nixon, 1969–1974.* Washington: Government Printing Office, 1970–1975.

———: *Ronald Reagan, 1981–1989.* Washington: Government Printing Office, 1982–1990.

Reiss, Hans, ed. *Kant: Political Writings.* Translated by H. B. Nisbet. Second edition. Cambridge: Cambridge University Press, 1991.

Rosenman, Samuel I., ed. *The Public Papers and Addresses of Franklin D. Roosevelt.* New York: Random House, 1941–1950.

Scammell, Michael, ed. *The Solzhenitsyn Files.* Translated under the supervision of Catherine A. Fitzpatrick. Chicago: Edition Q, 1995.

Skinner, Kiron K., Annelise Anderson, and Martin Anderson, eds. *Reagan, In His Own Hand.* New York: Free Press, 2001.

Tucker, Robert C., ed. *The Marx-Engels Reader.* Second edition. New York: Norton, 1978.

U.S. Department of State. *Foreign Relations of the United States: 1946–1964/ 68.* Washington: Government Printing Office, 1970–2003.

## 采访

CNN. *Cold War.* Television documentary, 1998.

PBS/BBC. *Messengers from Moscow.* Television documentary, 1995.

# 著作

Ambrose, Stephen. *Nixon: The Triumph of a Politician, 1962–1972.* New York: Simon and Schuster, 1989.

Andrew, Christopher, and Oleg Gordievsky. *KGB: The Inside Story of Its Foreign Operations from Lenin to Gorbachev.* New York: HarperCollins, 1990.

Applebaum, Anne. *Gulag: A History.* New York: Doubleday, 2003.

Arbatov, Georgi. *The System: An Insider's Life in Soviet Politics.* New York: Random House, 1992.

Bak, Per. *How Nature Works: The Science of Self-Organized Criticality.* New York: Oxford University Press, 1997.

Baum, Richard. *Burying Mao: Chinese Politics in the Age of Deng Xiaoping.* Princeton: Princeton University Press, 1994.

Becker, Jasper. *Hungry Ghosts: Mao's Secret Famine.* New York: Free Press, 1996.

Berman, Larry. *Planning a Tragedy: The Americanization of the War in Vietnam.* New York: Norton, 1982.

Beschloss, Michael R. *The Crisis Years: Kennedy and Khrushchev, 1960–1963.* New York: HarperCollins, 1991.

————. *Mayday: Eisenhower, Khrushchev and the U-2 Affair.* New York: Harper & Row, 1986.

————, and Strobe Talbott. *At the Highest Levels: The Inside Story of the End of the Cold War.* Boston: Little, Brown, 1993.

Bill, James A. *The Eagle and the Lion: The Tragedy of American-Iranian Relations.* New Haven: Yale University Press, 1988.

Bird, Kai, and Martin J. Sherwin. *American Prometheus: The Triumph and Tragedy of J. Robert Oppenheimer.* New York: Knopf, 2005.

Blight, James G., Bruce J. Allyn, and David A. Welch. *Cuba on the Brink: Castro, the Missile Crisis, and the Soviet Collapse.* New York: Pantheon, 1993.

————, and David A. Welch. *On the Brink: Americans and Soviets Reexamine the Cuban Missile Crisis.* New York: Hill and Wang, 1989.

Bohlen, Charles E. *Witness to History: 1929–1969.* New York: Norton, 1973.

Brent, Jonathan, and Vladimir P. Naumov. *Stalin's Last Crime: The Plot Against the Jewish Doctors, 1948–1953.* New York: HarperCollins, 2003.

Brezhnev, Leonid. *On the Policy of the Soviet Union and the International Situation.* Garden City, New York: Doubleday, 1973.

Brodie, Bernard, ed. *The Absolute Weapon: Atomic Power and World Order.* New York: Harcourt, 1946.

Brzezinski, Zbigniew. *Power and Principle: Memoirs of the National Security Adviser, 1977–1981.* New York: Farrar, Straus, Giroux, 1983.

Bullock, Alan. *Hitler and Stalin: Parallel Lives.* New York: Knopf, 1992.

Bundy, McGeorge. *Danger and Survival: Choices About the Bomb in the First Fifty Years.* New York: Random House, 1988.

Bush, George, and Brent Scowcroft. *A World Transformed.* New York: Knopf, 1998.

Cahill, Thomas. *How the Irish Saved Civilization.* New York: Anchor, 1996.

Carr, Edward Hallett. *The Twenty Years' Crisis, 1919–1939: An Introduction to the Study of International Relations.* London: Macmillan, 1940.

Carter, Jimmy. *Keeping Faith: Memoirs of a President.* New York: Bantam, 1982.

Chace, James. *Acheson: The Secretary of State Who Created the Modern World.* New York: Simon and Schuster, 1998.

Chen Jian. *China's Road to the Korean War: The Making of the Sino-American Confrontation.* New York: Columbia University Press, 1994.

———. *Mao's China and the Cold War.* Chapel Hill: University of North Carolina Press, 2001.

Chernyaev, Anatoly S. *My Six Years with Gorbachev.* Translated and edited by Robert D. English and Elizabeth Tucker. University Park, Pennsylvania: Pennsylvania State University Press, 2000.

Christensen, Thomas J. *Useful Adversaries: Grand Strategy, Domestic Mobilization, and Sino-American Conflict, 1947–1958.* Princeton: Princeton University Press, 1996.

Churchill, Winston S. *The Second World War: The Gathering Storm.* New York: Bantam, 1961.

Clausewitz, Carl von. *On War.* Edited and translated by Michael Howard and Peter Paret. Princeton: Princeton University Press, 1976.

Connelly, Matthew. *A Diplomatic Revolution: Algeria's Fight for Independence and the Origins of the Post–Cold War Era.* New York: Oxford University Press, 2002.

Courtois, Stéphane, *et al. The Black Book of Communism: Crimes, Terror, Repression.* Translated by Jonathan Murphy and Mark Kramer. Cambridge, Massachusetts: Harvard University Press, 1999.

Craig, Campbell. *Destroying the Village: Eisenhower and Thermonuclear War.* New York: Columbia University Press, 1999.

Craig, Gordon A., and Francis L. Loewenheim, eds. *The Diplomats: 1939–1979.* Princeton: Princeton University Press, 1994.

Cullather, Nicholas. *Operation PB Success: The United States and Guatemala, 1952–1954.* Washington: Central Intelligence Agency, 1994.

Dallek, Robert. *Flawed Giant: Lyndon Johnson and His Times, 1961–1973.* New York: Oxford University Press, 1998.

————. *Franklin D. Roosevelt and American Foreign Policy, 1932–1945.* New York: Oxford University Press, 1979.

Diamond, Jared. *Guns, Germs, and Steel: The Fates of Human Societies.* New York: Norton, 1997.

Disraeli, Benjamin. *Sybil; or, The Two Nations.* New York: Oxford University Press, 1991; first published in 1845.

Djilas, Milovan. *Conversations with Stalin.* Translated by Michael B. Petrovich. New York: Harcourt, Brace & World, 1962.

Dobrynin, Anatoly. *In Confidence: Moscow's Ambassador to America's Six Cold War Presidents (1962–1986).* New York: Random House, 1995.

English, Robert D. *Russia and the Idea of the West: Gorbachev, Intellectuals, and the End of the Cold War.* New York: Columbia University Press, 2000.

Evans, Richard. *Deng Xiaoping and the Making of Modern China.* New York: Penguin, 1997.

Foot, Rosemary, John Lewis Gaddis, and Andrew Hurrell, eds. *Order and Justice in International Relations.* New York: Oxford University Press, 2003.

Ford, Gerald R. *A Time to Heal: The Autobiography of Gerald R. Ford.* New York: Harper & Row, 1979.

Fox, Richard Wightman. *Reinhold Niebuhr: A Biography.* New York: Pantheon, 1985.

Freedman, Lawrence. *The Evolution of Nuclear Strategy.* New York: St. Martin's Press, 1983.

———— *Kennedy's Wars: Berlin, Cuba, Laos, and Vietnam.* New York: Oxford University Press, 2000.

Freedom House. *Democracy's Century: A Survey of Global Political Change in the 20th Century.* New York: Freedom House, 1999.

Friedberg, Aaron L. *In the Shadow of the Garrison State: America's Anti Statism and Its Cold War Grand Strategy.* Princeton: Princeton University Press, 2000.

Fursenko, Aleksandr, and Timothy Naftali. *"One Hell of a Gamble": Khrushchev, Castro, and Kennedy, 1958–1964.* New York: Norton, 1997.

Gaddis, John Lewis. *The Landscape of History: How Historians Map the Past.* New York: Oxford University Press, 2002.

————. *The Long Peace: Inquiries into the History of the Cold War.* New York: Oxford University Press, 1987.

————. *Russia, the Soviet Union, and the United States: An Interpretive History.* Second edition. New York: McGraw-Hill, 1990.

————. *Strategies of Containment: A Critical Appraisal of American National Security Policy During the Cold War.* Revised and updated edition. New York: Oxford University Press, 2005.

————. *The United States and the End of the Cold War: Implications, Reconsiderations, Provocations.* New York: Oxford University Press, 1992.

————. *The United States and the Origins of the Cold War, 1941–1947.* New York: Columbia University Press, 1972.

————. *We Now Know: Rethinking Cold War History.* New York: Oxford University Press, 1997.

————, Philip H. Gordon, Ernest R. May, and Jonathan Rosenberg, eds. *Cold War Statesmen Confront the Bomb: Nuclear Diplomacy since 1945.* New York: Oxford University Press, 1999.

Gaiduk, Ilya V. *The Soviet Union and the Vietnam War.* Chicago: Ivan R. Dee, 1996.

Garthoff, Raymond. *Détente and Confrontation: American-Soviet Relations from Nixon to Reagan.* Revised edition. Washington: Brookings Institution, 1994.

————. *The Great Transition: American-Soviet Relations and the End of the Cold War.* Washington: Brookings Institution, 1994.

Garton Ash, Timothy. *In Europe's Name: Germany and the Divided Continent.* New York: Random House, 1991.

————. *The Magic Lantern: The Revolution of '89 Witnessed in Warsaw, Budapest, Berlin, and Prague.* New York: Random House, 1990.

————. *The Polish Revolution: Solidarity.* London: Granta, 1991.

————. *The Uses of Adversity: Essays on the Fate of Central Europe.* New York: Random House, 1989.

Gilbert, Martin. *"Never Despair": Winston S. Churchill, 1945–1965.* London: Heineman, 1988.

Gleijeses, Piero. *Conflicting Missions: Havana, Washington, and Africa, 1959–1976.* Chapel Hill: University of North Carolina Press, 2002.

Goldgeier, James M. *Not Whether But When: The U.S. Decision to Enlarge NATO.* Washington: Brookings Institution, 1999.

Goncharov, Sergei N., John W. Lewis, and Xue Litai. *Uncertain Partners: Stalin, Mao, and the Korean War.* Stanford: Stanford University Press, 1993.

Gorbachev, Mikhail. *Memoirs.* New York: Doubleday, 1995.

————. *Perestroika: New Thinking for Our Country and the World.* New York: Harper & Row, 1987.

————, and Zdeněk Mlynář. *Conversations with Gorbachev: On Perestroika, The Prague Spring, and the Crossroads of Socialism.* Translated by George Schriver. New York: Columbia University Press, 2002.

Gordon, Philip H. *A Certain Idea of France: French Security Policy and the Gaullist Legacy.* Princeton: Princeton University Press, 1993.

Gorlizki, Yoram, and Oleg Khlevniuk. *Cold Peace: Stalin and the Soviet Ruling Circle, 1945–1953.* New York: Oxford University Press, 2004.

Gwertzman, Bernard, and Michael T. Kaufman, eds. *The Collapse of Communism.* New York: Random House, 1990.

Hall, R. Cargill, and Clayton D. Laurie, eds. *Early Cold War Overflights.* Two volumes. Washington: National Reconnaissance Office, 2003.

Hamby, Alonzo L. *Man of the People: A Life of Harry S. Truman.* New York: Oxford University Press, 1995.

Hammond, Thomas T., ed. *Witnesses to the Origins of the Cold War.* Seattle: University of Washington Press, 1982.

Harriman, W. Averell, and Elie Abel. *Special Envoy to Churchill and Stalin, 1941–1946.* New York: Random House, 1975.

Harrison, Hope M. *Driving the Soviets Up the Wall: Soviet–East German Relations, 1953–1961.* Princeton: Princeton University Press, 2003.

Hasegawa, Tsuyoshi. *Racing the Enemy: Stalin, Truman, and the Surrender of Japan.* Cambridge, Massachusetts: Harvard University Press, 2005.

Haslam, Jonathan. *No Virtue Like Necessity: Realist Thought in International Relations since Machiavelli.* New Haven: Yale University Press, 2002.

Havel, Václav. *Living in Truth.* Edited by Jan Vladislav. London: Faber and Faber, 1989.

Heikal, Mohamed. *The Sphinx and the Commissar: The Rise and Fall of Soviet Influence in the Middle East.* New York: Harper & Row, 1978.

Hitchcock, William I. *The Struggle for Europe: The Turbulent History of a Divided Continent 1945–2002.* New York: Doubleday, 2002.

Hitchens, Christopher. *The Trial of Henry Kissinger.* New York: Verso, 2001.

Hobsbawm, Eric. *The Age of Extremes: A History of the World, 1914–1991.* New York: Pantheon Books, 1994.

Holloway, David. *The Soviet Union and the Arms Race.* New Haven: Yale University Press, 1983.

———. *Stalin and the Bomb: The Soviet Union and Atomic Energy, 1939–1956.* New Haven: Yale University Press, 1994.

Hull, Cordell. *The Memoirs of Cordell Hull.* New York: Macmillan, 1948.

Hyland, William G. *Mortal Rivals: Understanding the Hidden Pattern of Soviet-American Relations.* New York: Simon and Schuster, 1987.

James, D. Clayton. *The Years of MacArthur: Triumph and Disaster, 1945–1964.* Boston: Houghton Mifflin, 1985.

Jenkins, Roy. *Churchill: A Biography.* New York: Farrar, Straus and Giroux, 2001.

Jervis, Robert. *Perception and Misperception in International Politics.* Princeton: Princeton University Press, 1976.

Johnson, Loch K. *America's Secret Power: The CIA in a Democratic Society.* New York: Oxford University Press, 1989.

Karnow, Stanley. *Vietnam: A History.* New York: Viking, 1983.

Keegan, John. *The Face of Battle: A Study of Agincourt, Waterloo, and the Somme.* New York: Viking, 1976.

Kennan, George F. *Memoirs: 1925–1950.* Boston: Atlantic-Little, Brown, 1967.

———. *Memoirs: 1950–1963.* Boston: Little, Brown, 1972.

Kennedy, Paul. *The Rise and Fall of the Great Powers: Economic Change and Military Conflict from 1500 to 2000.* New York: Random House, 1987.

Kersten, Krystyna. *The Establishment of Communist Rule in Poland, 1943–1948.* Translated by John Micgiel and Michael H. Barnhart. Berkeley: University of California Press, 1991.

Khrushchev, Nikita S. *Khrushchev Remembers.* Translated and edited by Strobe Talbott. New York: Bantam, 1971.

———. *Khrushchev Remembers: The Last Testament.* Translated and edited by Strobe Talbott. Boston: Little, Brown, 1974.

Khrushchev, Sergei. *Khrushchev on Khrushchev: An Inside Account of the Man and His Era.* Edited and translated by William Taubman. Boston: Little, Brown, 1990.

Kimball, Warren F. *The Juggler: Franklin Roosevelt as Wartime Statesman.* Princeton: Princeton University Press, 1991.

Kissinger, Henry A. *American Foreign Policy.* Third edition. New York: Norton, 1977.

———. *Diplomacy.* New York: Simon and Schuster, 1994.

———. *White House Years.* Boston: Little, Brown, 1979.

———. *A World Restored.* New York: Houghton Mifflin, 1957.

———. *Years of Renewal.* New York: Simon and Schuster, 1999.

———. *Years of Upheaval.* Boston: Little, Brown, 1982.

Knight, Amy. *Beria: Stalin's First Lieutenant.* Princeton: Princeton University Press, 1993.

Kunz, Diane B. *The Economic Diplomacy of the Suez Crisis.* Chapel Hill: University of North Carolina Press, 1991.

Kyle, Keith. *Suez.* New York: St. Martin's, 1991.

Leffler, Melvyn P., and David S. Painter, eds. *Origins of the Cold War: An International History.* Second edition. New York: Routledge, 2005.

Lettow, Paul. *Ronald Reagan and His Quest to Abolish Nuclear Weapons.* New York: Random House, 2005.

Levanthes, Louise. *When China Ruled the Seas: The Treasure Fleet of the Dragon Throne, 1405–1433.* New York: Simon and Schuster, 1994.

Levering, Ralph B., Vladimir O. Pechatnov, Verena Botzenhart-Viehe, and C. Earl Edmondson. *Debating the Origins of the Cold War: American and Russian Perspectives.* New York: Rowman & Littlefield, 2002.

Lewis, John Wilson, and Xue Litai. *China Builds the Bomb.* Stanford: Stanford University Press, 1988.

Li Zhisui. *The Private Life of Chairman Mao: The Memoirs of Mao's Personal Physician.* Translated by Tai Hung-chao. New York: Random House, 1994.

Lilienthal, David E. *The Journals of David E. Lilienthal: The Atomic Energy Years, 1945–1950.* New York: Harper & Row, 1964.

Little, Douglas. *American Orientalism: The United States in the Middle East since 1945.* Chapel Hill: University of North Carolina Press, 2002.

Logevall, Fredrik. *Choosing War: The Lost Chance for Peace and the Escalation of the War in Vietnam.* Berkeley: University of California Press, 1999.

Machiavelli, Niccolò. *The Prince.* Translated by Harvey C. Mansfield. Second edition. Chicago: University of Chicago Press, 1998.

McMahon, Robert J. *The Cold War on the Periphery: The United States, India, and Pakistan.* New York: Columbia University Press, 1994.

Macmillan, Margaret. *Paris 1919: Six Months That Changed the World.* New York: Random House, 2001.

McNeill, J. R., and William H. McNeill. *The Human Web: A Bird's-Eye View of World History.* New York: Norton, 2003.

Maier, Charles S. *Dissolution: The Crisis of Communism and the End of East Germany.* Princeton: Princeton University Press, 1997.

Martel, Yann. *Life of Pi.* New York: Harcourt, 2002.

Mastny, Vojtech. *The Cold War and Soviet Insecurity: The Stalin Years.* New York: Oxford University Press, 1996.

——— *Russia's Road to the Cold War: Diplomacy, Warfare, and the Politics of Communism, 1941–1945.* New York: Columbia University Press, 1979.

Matusow, Allen J. *The Unraveling of America: A History of Liberalism in the 1960s.* New York: Harper & Row, 1984.

Mayer, Arno J. *Wilson vs. Lenin: Political Origins of the New Diplomacy, 1917–1918.* New Haven: Yale University Press, 1959.

Merridale, Catherine. *Night of Stone: Death and Memory in Russia.* London: Granta, 2000.

Merrill, Dennis, and Thomas G. Paterson, eds. *Major Problems in American Foreign Policy.* Sixth edition. New York: Houghton Mifflin, 2005.

Miller, James Edward. *The United States and Italy, 1940–1950: The Politics and Diplomacy of Stabilization.* Chapel Hill: University of North Carolina Press, 1986.

Miscamble, Wilson D., C.S.C. *George F. Kennan and the Making of American Foreign Policy, 1947–1950.* Princeton: Princeton University Press, 1992.

Montefiore, Simon Sebag. *Stalin: The Court of the Red Tsar.* New York: Knopf, 2004.

Mueller, John. *Retreat from Doomsday: The Obsolescence of Major War.* New York: Basic Books, 1989.

Murphy, David E., Sergei A. Kondrashev, and George Bailey. *Battleground Berlin: CIA vs KGB in the Cold War.* New Haven: Yale University Press, 1997.

Naimark, Norman M. *The Russians in Germany: A History of the Soviet Zone of Occupation, 1945–1949.* Cambridge, Massachusetts: Harvard University Press, 1995.

Nixon, Richard M. *RN: The Memoirs of Richard Nixon.* New York: Grosset and Dunlap, 1978.

Oberdorfer, Don. *From the Cold War to a New Era: The United States and the Soviet Union, 1983– 1991.* Updated edition. Baltimore: Johns Hopkins University Press, 1998.

Olson, Keith W. *Watergate: The Presidential Scandal that Shook America.* Lawrence: University Press of Kansas, 2003.

Orwell, George. *1984.* New York: Harcourt Brace, 1949.

Oshinsky, David M. *A Conspiracy So Immense: The World of Joe McCarthy.* New York: Free Press, 1983.

Ouimet, Matthew J. *The Rise and Fall of the Brezhnev Doctrine in Soviet Foreign Policy.* Chapel Hill: University of North Carolina Press, 2003.

Overy, Richard. *Why the Allies Won.* New York: Norton, 1996.

Pipes, Richard. *Vixi: Memoirs of a Non-Belonger.* New Haven: Yale University Press, 2003.

Pisani, Sallie. *The CIA and the Marshall Plan.* Lawrence: University Press of Kansas, 1991.

Power, Samantha. *"A Problem from Hell": America in the Age of Genocide.* New York: Basic Books, 2002.

Quandt, William B. *Camp David: Peacemaking and Politics.* Washington: Brookings Institution, 1986.

Quirk, Robert E. *Fidel Castro.* New York: Norton, 1993.

Ranelagh, John. *The Agency: The Rise and Decline of the CIA.* New York: Simon and Schuster, 1986.

Reagan, Ronald. *An American Life.* New York: Simon and Schuster, 1990.

Resis, Albert, ed. *Molotov Remembers: Inside Kremlin Politics: Conversations with Felix Chuev.* Chicago: Ivan R. Dee, 1993.

Reynolds, David. *One World Divisible: A Global History Since 1945.* New York: Norton, 2000.

Rhodes, Richard. *Dark Sun: The Making of the Hydrogen Bomb.* New York: Simon and Schuster, 1995.

Rotter, Andrew J. *Comrades at Odds: The United States and India, 1947–1964.* Ithaca: Cornell University Press, 2000.

Rusk, Dean, as told to Richard Rusk. *As I Saw It.* New York: Norton, 1990.

Sadat, Anwar el-. *In Search of Identity: An Autobiography.* New York: Harper & Row, 1977.

Sakharov, Andrei. *Memoirs.* Translated by Richard Lourie. New York: Knopf, 1990.

Sarotte, M. E. *Dealing with the Devil: East Germany, Détente, and Ostpolitik, 1969–1973.* Chapel Hill: University of North Carolina Press, 2001.

Schell, Jonathan. *The Unconquerable World: Power, Nonviolence, and the Will of the People.* New York: Metropolitan Books, 2003.

Shelden, Michael. *Orwell: The Authorized Biography.* New York: Harper-Collins, 1991.

Shultz, George P. *Turmoil and Triumph: My Years as Secretary of State.* New York: Scribner's, 1993.

Smith, Gaddis. *Morality, Reason, and Power: American Diplomacy in the Carter Years.* New York: Hill and Wang, 1986.

Smith, Tony. *America's Mission: The United States and the Worldwide Struggle for Democracy in the Twentieth Century.* Princeton: Princeton University Press, 1994.

———. *Thinking Like a Communist: State and Legitimacy in the Soviet Union, China, and Cuba.* New York: Norton, 1987.

Stokes, Gale. *The Walls Came Tumbling Down: The Collapse of Communism in Eastern Europe.* New York: Oxford University Press, 1993.

Stueck, William. *The Korean War: An International History.* Princeton: Princeton University Press, 1995.

———. *Rethinking the Korean War: A New Diplomatic and Military History.* Princeton: Princeton University Press, 2002.

Suny, Ronald Grigor. *The Soviet Experiment: Russia, the USSR, and the Successor States.* New York: Oxford University Press, 1998.

Suri, Jeremi. *Power and Protest: Global Revolution and the Rise of Détente.* Cambridge, Massachusetts: Harvard University Press, 2003.

Taubman, William. *Khrushchev: The Man and His Era.* New York: Norton, 2003.

Thatcher, Margaret. *The Downing Street Years.* New York: HarperCollins, 1993.

Thomas, Daniel C. *The Helsinki Effect: International Norms, Human Rights, and the Demise of Communism*. Princeton: Princeton University Press, 2001.

Thucydides. *History of the Peloponnesian War*. Translated by Rex Warner. New York: Penguin, 1972.

Trachtenberg, Marc. *A Constructed Peace: The Making of a European Settlement, 1945–1963*. Princeton: Princeton University Press, 1999.

Vonnegut, Kurt. *Slaughterhouse-Five*. New York: Delacorte Press, 1969.

Waltz, Kenneth N. *Theory of International Politics*. New York: Random House, 1979.

Weigel, George. *Witness to Hope: The Biography of Pope John Paul II, 1920–2005*. New York: Harper, 2005.

Werth, Alexander. *Russia at War: 1941–1945*. New York: E. P. Dutton, 1964.

Westad, Odd Arne, ed. *The Fall of Détente: Soviet-American Relations during the Carter Years*. Oslo: Scandinavian University Press, 1997.

Yaqub, Salim. *Containing Arab Nationalism: The Eisenhower Doctrine and the Middle East*. Chapel Hill: University of North Carolina Press, 2004.

Zaloga, Stephen J. *The Kremlin's Nuclear Sword: The Rise and Fall of Russia's Strategic Nuclear Forces, 1945–2000*. Washington: Smithsonian Institution, 2002.

Zelikow, Philip, and Condoleezza Rice. *Germany Unified and Europe Transformed: A Study in Statecraft*. Cambridge, Massachusetts: Harvard University Press, 1995.

Zhai, Qiang. *China and the Vietnam Wars, 1950–1975*. Chapel Hill: University of North Carolina Press, 2000.

Zhang, Shu Guang. *Mao's Military Romanticism: China and the Korean War, 1950–1953*. Lawrence: University Press of Kansas, 1995.

# 文章

Armitage, John A. "The View from Czechoslovakia." In Thomas T. Hammond, ed., *Witnesses to the Origins of the Cold War*. Seattle: University of Washington Press, 1982, pp. 210–30.

Brodie, Bernard. "War in the Atomic Age." In Bernard Brodie, ed., *The Absolute Weapon: Atomic Power and World Order*. New York: Harcourt, 1946, pp. 21–69.

Broscious, S. David. "Longing for International Control, Banking on American Superiority: Harry S. Truman's Approach to Nuclear Weapons." In John Lewis Gaddis, Philip H. Gordon, Ernest R. May, and Jonathan Rosenberg, eds., *Cold War Statesmen Confront the Bomb: Nuclear Diplomacy since 1945*. New York: Oxford University Press, 1999, pp. 15–38.

Courtois, Stéphane. "Introduction: The Crimes of Communism." In Stéphane Courtois, et al., *The Black Book of Communism: Crimes, Terror, Repression,* translated by Jonathan Murphy and Mark Kramer. Cambridge, Massachusetts: Harvard University Press, 1999, pp. 1–31.

Dingman, Roger. "Atomic Diplomacy During the Korean War." *International Security,* 13 (Winter, 1988/89), 50–91.

Erdmann, Andrew P. N. "'War No Longer Has Any Logic Whatever': Dwight D. Eisenhower and the Thermonuclear Revolution." In John Lewis Gaddis, Philip H. Gordon, Ernest R. May, and Jonathan Rosenberg, eds., *Cold War Statesmen Confront the Bomb: Nuclear Diplomacy since 1945.* New York: Oxford University Press, 1999, pp. 87–119.

Gaddis, John Lewis. "One Germany—in Both Alliances." *New York Times,* March 21, 1990.

———. "Rescuing Choice from Circumstance: The Statecraft of Henry Kissinger." In Gordon A. Craig and Francis L. Loewenheim, eds., *The Diplomats: 1939–1979.* Princeton: Princeton University Press, 1994, pp. 564–92.

Glenn, David. "'Foreign Affairs' Loses a Longtime Editor and His Replacement in Row Over Editorial Independence." *Chronicle of Higher Education,* June 25, 2004, p. A25.

Hertle, Hans-Hermann. "The Fall of the Wall: The Unintended Self-Dissolution of East Germany's Ruling Regime." Cold War International History Project *Bulletin,* #12/13 (Fall/Winter, 2001), 131–40.

James, Harold, and Marzenna James. "The Origins of the Cold War: Some New Documents." *Historical Journal,* 37 (September, 1994), 615–22.

Karalekas, Anne. "History of the Central Intelligence Agency." In U.S. Congress, Senate, Select Committee to Study Government Operations with Respect to Intelligence Activities, *Final Report: Supplementary Detailed Staff Reports on Foreign and Military Intelligence: Book IV.* Washington: Government Printing Office, 1976.

[Kennan, George F.] "X." "The Sources of Soviet Conduct." *Foreign Affairs,* 25 (July, 1947), 566–82.

Kramer, Mark. "Jaruzelski, the Soviet Union, and the Imposition of Martial Law in Poland." Cold War International History Project *Bulletin,* #11 (Winter, 1998), 5–14.

———. "Poland, 1980–81, Soviet Policy During the Polish Crisis." Cold War International History Project *Bulletin,* #5 (Spring, 1995), 1, 116–23.

Mal'kov, Viktor L. "Commentary." In Kenneth M. Jensen, ed., *Origins of the Cold War: The Novikov, Kennan, and Roberts 'Long Telegrams' of 1946,* revised edition. Washington: United States Institute of Peace, 1993, pp. 73–79.

Margolin, Jean-Louis. "Cambodia: The Country of Disconcerting Crimes." In Stéphane Courtois, *et al.*, *The Black Book of Communism: Crimes, Terror, Repression,* translated by Jonathan Murphy and Mark Kramer. Cambridge, Massachusetts: Harvard University Press, 1999, pp. 577–635.

———. "China: A Long March into Night." In Stéphane Courtois, *et al.*, *The Black Book of Communism: Crimes, Terror, Repression,* translated by Jonathan Murphy and Mark Kramer. Cambridge, Massachusetts: Harvard University Press, 1999, pp. 463–546.

Mark, Eduard. "The Turkish War Scare of 1946." In Melvyn P. Leffler and David S. Painter, eds., *Origins of the Cold War: An International History,* second edition. New York: Routledge, 2005, pp. 112–33.

Mydans, Seth. "At Cremation of Pol Pot, No Tears Shed." *New York Times,* April 19, 1998.

"NRDC Nuclear Notebook: Global Nuclear Stockpiles." *Bulletin of the Atomic Scientists,* 58 (November/December, 2002), 102–3.

Niebuhr, Reinhold. "Russia and the West." *The Nation,* 156 (January 16, 1943), 83.

Pechatnov, Vladimir O., and C. Earl Edmondson. "The Russian Perspective." In Ralph B. Levering, Vladimir O. Pechatnov, Verena Botzenhart-Viehe, and C. Earl Edmondson, *Debating the Origins of the Cold War: American and Russian Perspectives.* New York: Rowman & Littlefield, 2002, pp. 85–151.

Raine, Femande Scheid. "The Iranian Crisis of 1946 and the Origins of the Cold War." In Melvyn P. Leffler and David S. Painter, eds., *Origins of the Cold War: An International History,* second edition. New York: Routledge, 2005, pp. 93–111.

Roberts, Adam. "Order/Justice Issues at the United Nations." In Rosemary Foot, John Lewis Gaddis, and Andrew Hurrell, eds., *Order and Justice in International Relations.* New York: Oxford University Press, 2003, pp. 49–79.

Roberts, Geoffrey. "Stalin and Soviet Foreign Policy." In Melvyn P. Leffler and David S. Painter, eds., *Origins of the Cold War: An International History,* second edition. New York: Routledge, 2005, pp. 42–57.

Rogers, William D., and Kenneth Maxwell. "Fleeing the Chilean Coup." *Foreign Affairs,* 83 (January/February, 2004), 160–65.

Rosenberg, Jonathan. "Before the Bomb and After: Winston Churchill and the Use of Force." In John Lewis Gaddis, Philip H. Gordon, Ernest R. May, and Jonathan Rosenberg, eds., *Cold War Statesmen Confront the Bomb: Nuclear Diplomacy since 1945.* New York: Oxford University Press, 1999, pp. 171–93.

Schäfer, Bernd. "Weathering the Sino-Soviet Conflict: The GDR and North Korea, 1949–1989." Cold War International History Project *Bulletin*, #14/15 (Winter, 2003–Spring, 2004), 25–38.

Szalontai, Balázs. "'You Have No Political Line of Your Own': Kim II Sung and the Soviets, 1953–1964." Cold War International History Project *Bulletin*, #14/15 (Winter, 2003–Spring, 2004), 87–103.

Thomas, Daniel C. "Human Rights Ideas, the Demise of Communism, and the End of the Cold War." *Journal of Cold War Studies*, 7 (Spring, 2005), 110–41.

Vargas Llosa, Alvaro. "The Killing Machine: Che Guevara, From Communist Firebrand to Capitalist Brand." *The New Republic*, 233 (July 11 and 18, 2005), 25–30.

Weathersby, Kathryn. "New Evidence on North Korea: Introduction." Cold War International History Project *Bulletin*, #14/15 (Winter, 2003–Spring, 2004), 5–7.

———. "Stalin and the Korean War." In Melvyn P. Leffler and David S. Painter, eds., *Origins of the Cold War: An International History*, second edition. New York: Routledge, 2005, pp. 265–81.

Westad, Odd Arne. "The Fall of Détente and the Turning Tides of History." In Odd Arne Westad, ed., *The Fall of Détente: Soviet-American Relations during the Carter Years*. Oslo: Scandinavian University Press, 1997, pp. 3–33.

———. "The Road to Kabul: Soviet Policy on Afghanistan, 1978–1979." In Odd Arne Westad, ed., *The Fall of Détente: Soviet-American Relations during the Carter Years*. Oslo: Scandinavian University Press, 1997, pp. 118–48.

Zubok, Vladislav M. "Stalin and the Nuclear Age." In John Lewis Gaddis, Philip H. Gordon, Ernest R. May, and Jonathan Rosenberg, eds., *Cold War Statesmen Confront the Bomb: Nuclear Diplomacy since 1945*. New York: Oxford University Press, 1999, pp. 39–61.

# 未发表资料

Greenberg, Harold M. "The Doolittle Report: Covert Action and Congressional Oversight of the Central Intelligence Agency in the mid-1950s." Senior Essay, Yale University History Department, 2005.

Kennedy, Paul. *The Parliament of Man: The Past, Present, and Future of the United Nations*. Draft Manuscript.

Lüthi, Lorenz. "The Sino-Soviet Split, 1956–1966." Ph.D. Dissertation, Yale University History Department, 2003.

Manela, Erez. "The Wilsonian Moment: Self Determination and the International Origins of Anticolonial Nationalism, 1917–1920." Ph.D. Dissertation, Yale University History Department, 2003.

Michel, Chris. "Bridges Built and Broken Down: How Lyndon Johnson Lost His Gamble on the Fate of the Prague Spring." Senior Essay, Yale University History Department, 2003.

Morgan, Michael D. J. "North America, Atlanticism, and the Helsinki Process." Draft Manuscript.

Rosenzweig, Anne Lesley. "Sadat's Strategic Decision Making: Lessons of Egyptian Foreign Policy, 1970–1981." Senior Essay, Yale University History Department, 2005.

Selverstone, Marc. "'All Roads Lead to Moscow': The United States, Great Britain, and the Communist Monolith." Ph.D. Dissertation, Ohio University History Department, 2000.

Wells, Christopher W. "Kissinger and Sadat: Improbable Partners for Peace." Senior Essay, Yale University History Department, 2004.

Wong, Bryan. "The Grand Strategy of Deng Xiaoping." Senior Essay, Yale University International Studies Program, 2005.

# 索 引

（索引页码为本书边码）

Anti-Ballistic Treaty of 1972, 81, 226
Arab-Israeli wars, 261
  of 1967, 204
  of 1973, 204–6, 212
  Suez crisis and, 70, 127–28
Arbatov, Georgi, 202, 207, 213–14
Arbenz Guzmán, Jacobo, 164, 166
Armenia, 253, 256
Aswan High Dam, 127
Atlantic Charter, 20
atomic bomb, 24–26, 40, 47, 61
  Soviet acquisition of, 35–36, 57,
    105
  see also nuclear weapons
Attlee, Clement, 10, 28
Austria, 241, 243
Azerbaijan, 253

baby boom, 146–47
Baker, James, 251
Baltic States, 11, 19, 21, 253, 256
Bandung conference of 1955, 126–27
Baruch, Bernard, 54
Baruch Plan, 54, 56
"Basic Principles" statement of
    1972, 203–4
Bay of Pigs invasion, 74, 76, 166,
    168, 171, 177
Begin, Menachem, 204
Beria, Lavrentii, 104–7
Berlin, see East Berlin; West Berlin
Berlin blockade of 1948, 33–34,
    56, 71
Berlin crisis of 1958–61, 112–14
Berlin Wall, 74, 120, 198, 248, 250
  building of, 114–15
  fall of, 245–46
Bierut, Boleslaw, 108
Bismarck, Otto von, 86, 155, 196
Blair, Eric, see Orwell, George
Bohlen, Charles E., 83, 98, 117

Bolivia, 148
Bolshevik Revolution of 1917, 8, 18,
    38, 87, 121, 237–38, 257
Brandt, Willy, 154, 187, 213
  at Erfurt meeting, 213
BRAVO nuclear test, 64–65, 66
Brezhnev, Leonid, 120, 134, 181,
    183–84, 200, 201–2, 204, 214,
    230, 242, 248, 264
  Afghanistan invasion and,
    210–11
  Czechoslovakia invasion and,
    144, 150, 152–53
  death of, 224
  Helsinki Accords and, 186–88,
    189, 190, 192, 193
Brezhnev Doctrine, 150, 153, 185, 188,
    212, 213, 221, 234, 247
Britain, Battle of, 17
Brodie, Bernard, 51
Bulgaria, 20, 99, 219, 246
Bush, George H. W., 229, 233–34,
    239–40, 251, 254, 257
  "chicken Kiev" speech of, 255–56
  Cold War seen as permanent
    by, 222
  at Malta summit, 248–249, 259
  review of U.S.-Soviet relations
    ordered by, 239
Byelorussia, 253, 256

Cambodia, 145–46, 173, 266
Canada, 188
capitalism, 91–92, 94, 95, 98, 197, 217,
    261, 264
  in Lenin's theory, 87–89
  in Marx's theory, 85–86
  and occupation of Germany
    and Japan, 101–3
  postwar success of, 115–17
  World War I and, 86–89

Germany, Democratic Republic
 of (*cont.*)
  emigration issue and, 113–15,
   136–37
  reunification issue and, 248–52
  revolution of 1989 and, 243–46
Germany, Federal Republic of
   (West Germany), 34, 136,
   138, 140, 148, 213, 244, 246
  Berlin crisis and, 112–14
  NATO and, 134–35
  *Ostpolitik* strategy of, 153–54
  reunification issue and, 248–52
Germany, Imperial, 16, 52, 86, 87, 89
Germany, Nazi, 5, 7, 8, 10, 12, 17, 18,
   19, 21, 25, 46, 89, 90, 92, 99,
   263, 265
  occupation of, 101–2
Gierek, Edward, 193
*glasnost* (publicity), 231, 253
Goldwater, Barry, 133, 169
Gomulka, Wladyslaw, 100, 108
Gorbachev, Mikhail, 95, 197, 216,
   252, 255
  assessment of, 257
  Bush administration's distrust
   of, 239–40
  Chernobyl disaster and, 231
  domestic contempt for, 252–53
  German reunification issue
   and, 248–51
  at Malta summit, 248–49, 259
  Reagan and, 230–36
  revolution of 1989 and, 239, 241–
   45, 247–48
  at Reykjavik summit, 231–32
  Yeltsin's replacement of, 256–57
Gorbachev, Raisa, 229
Gorbachev Foundation, 259–60
Great Britain, 8, 9, 12, 14, 15–18, 20,
   25, 30, 31, 46, 49, 52, 71, 76,

85, 86, 89–90, 94, 123,
 125, 139, 140, 159, 197,
 200, 228
Egypt's non-alignment strategy
 and, 126–27
Fuchs spy case in, 39–40
occupation of Germany and,
 22, 24
Suez crisis and, 70, 77, 127–28
Thatcher government in, 197,
 216
World War II objectives of,
 17–18
Great Depression, 12, 90, 116
Great Leap Forward, 111–12, 141,
 142, 161
Great Society, 169–70
Greece, 20, 31, 95
Gribkov, Anatoly, 221
Gromyko, Andrei, 188, 211, 212, 228
Guatemala, 160, 166, 178
Guevara, Che, 148, 166

Havel, Václav, 191–92, 246, 257, 263
Helsinki Accords of 1975, 186–91,
 214, 265
 Soviet Union as affected by,
  190–91
Hinckley, John W., 222
Hiss, Alger, 39–40
Hitler, Adolf, 5, 7, 9–10, 14, 19, 89,
 90, 92, 250, 254
Hobsbawm, Eric, 116–17
Ho Chi Minh, 42, 121–22, 129, 132
Honecker, Erich, 243–45, 259
Hongxi, emperor of China, 260
Hopkins, Harry, 6
House of Commons, British, 65
House of Representatives, U.S., 175,
 177, 178
Hull, Cordell, 93

Metterlnich, Klemens von, 155, 183,
    196
Mexico, 99
Mielke, Erich, 243–44
Mikoyan, Anastas, 76, 114
"missile gap," 74, 76
Mitchell, John, 175
Mitterrand, François, 250
Modrow, Hans, 250
Mohammad Reza Shah Pahlavi,
    167, 208, 212
Moldavia, 253
Molotov, Vyacheslav, 21, 28, 30, 31,
    42, 105, 107, 114, 187
Mondale, Walter, 228
moon landings, 260
Moscow Olympics, see Olympic
    Games of 1980
Moscow summit of 1972, 182,
    200
    "Basic Principles" statement in,
    203–4
Moscow summit of 1989, 255
Mossadegh, Mohammed, 164
Mussolini, Benito, 89
Mutual Assured Destruction
    (MAD), 80–81, 180, 198,
    200, 225, 226

Nagy, Imre, 109, 241
Napoleon I, emperor of France, 84,
    183
Nasser, Gamal Abdel, 70, 204
    non-alignment strategy of,
    126–28
National Association of
    Evangelicals, 224
National Front for the Liberation
    of Angola, 179
nationalism, 125, 128, 234
    colonialism and rise of, 123–24

National Security Council, 42
C.I.A.'s role expanded by,
    162–63
National Student Association,
    177
National War College, 46
NATO, see North Atlantic Treaty
    Organization
Nazi-Soviet Pact of 1939, 11, 19, 21,
    90, 254
Nehru, Jawaharlal, 125–26, 128
Németh, Miklós, 240–41
Netherlands, 123
New Deal, 91, 169
New Economic Policy, 110
New York Times, 3, 157, 173, 174,
    255–56
Ngo Dinh Diem, 129, 132–33
Nicaragua, 212
Nicholas II, tsar of Russia, 87
Niebuhr, Reinhold, 91
1984 (Orwell), 1–2, 47, 263
Nitze, Paul, 164–65
Nixon, Richard M., 145–46, 154, 155,
    166–67, 171–78, 181–84, 186,
    200, 204, 206, 260
    China opening and, 149–52, 215
    credibility gap of, 172–74
    Plumbers unit of, 174–75
    resignation of, 157, 175–76
    on secrecy, 172–73
    taping system of, 173,
    175–76
    Vietnam War and, 150–51
    Watergate affair and, 155–58, 175,
    176
Nixon administration, 158, 177, 183,
    200
Nobel Peace Prize, 204, 257
"no cities" doctrine, 79–80
non-alignment strategy, 124–28

Wilson, Woodrow, 16–17, 20, 27, 87,
  92–95, 158
Fourteen Points of, 87, 121
relevance of, 92–93
World War II and vision of,
  90–91
World Bank, 93–94
World War I, 12, 16, 33, 50, 52, 53, 92,
  94, 262
capitalism and, 86–89
colonialism and, 121
World War II, 7, 12, 14, 15, 17, 26–27,
  43, 46, 48–49, 50, 52, 69, 79,
  87, 89–90, 94, 139, 157, 238,
  248, 250, 262
colonialism and, 121–22

second front in, 18–20
separate peace issue in, 18–20
strategic bombing, 53–54

Yalta Conference of 1945, 5–6, 21, 22
Yeltsin, Boris, 254–56
Yugoslavia, 37, 99–100, 126, 153
non-alignment strategy of,
  124–25
Soviet Union's rift with, 33

*Zelig* (film), 230
"zero option," 225, 231
Zhdanov, Andrei, 32
Zhivkov, Todor, 246
Zhou Enlai, 125, 151

图书在版编目（CIP）数据

冷战／（美）约翰·刘易斯·加迪斯
（John Lewis Gaddis）著；翟强，张静译. -- 北京：
社会科学文献出版社，2016.12（2019.10 重印）
　书名原文：The Cold War：A New History
　ISBN 978 - 7 - 5097 - 9990 - 1

　Ⅰ.①冷…　Ⅱ.①约…②翟…③张…　Ⅲ.①冷战 -
国际关系史 - 研究　Ⅳ.①D819

　中国版本图书馆 CIP 数据核字（2016）第 273083 号

# 冷　战

著　者／〔美〕约翰·刘易斯·加迪斯（John Lewis Gaddis）
译　者／翟　强　张　静

出 版 人／谢寿光
项目统筹／段其刚　董风云
责任编辑／周方茹

出　　版／社会科学文献出版社·甲骨文工作室（分社）（010）59366527
　　　　　地址：北京市北三环中路甲 29 号院华龙大厦　邮编：100029
　　　　　网址：www. ssap. com. cn
发　　行／市场营销中心（010）59367081　59367083
印　　装／三河市东方印刷有限公司

规　　格／开　本：880mm × 1230mm　1/32
　　　　　印　张：11.5　插　页：0.375　字　数：260 千字
版　　次／2016 年 12 月第 1 版　2019 年 10 月第 6 次印刷
书　　号／ISBN 978 - 7 - 5097 - 9990 - 1
著作权合同
登 记 号／图字 01 - 2012 - 3480 号
定　　价／49.00 元

本书如有印装质量问题，请与读者服务中心（010 - 59367028）联系

▲ 版权所有 翻印必究